国际商务文化

GUOJI SHANGWU WENHUA

靳娟 ◎ 主编

首都经济贸易大学出版社
Capital University of Economics and Business Press
· 北 京 ·

图书在版编目(CIP)数据

国际商务文化/靳娟主编. —北京:首都经济贸易大学出版社,2013.10
ISBN 978-7-5638-2127-3

Ⅰ.①国… Ⅱ.①靳… Ⅲ.①国际商务—商业文化 Ⅳ.①F740

中国版本图书馆CIP数据核字(2013)第167046号

国际商务文化
靳 娟 主编

出版发行	首都经济贸易大学出版社
地　　址	北京市朝阳区红庙(邮编100026)
电　　话	(010)65976483 65065761 65071505(传真)
网　　址	http://www.sjmcb.com
E-mail	publish@cueb.edu.cn
经　　销	全国新华书店
照　　排	北京砚祥志远激光照排技术有限公司
印　　刷	北京九州迅驰传媒文化有限公司
开　　本	710毫米×1000毫米 1/16
字　　数	310千字
印　　张	17.5
版　　次	2013年10月第1版 2021年6月第1版第3次印刷
书　　号	ISBN 978-7-5638-2127-3/F·1215
定　　价	29.00元

前　言

在经济全球化时代，世界经济活动超越国界，通过对外贸易、资本流动、技术转移和提供服务，世界经济正日益成为紧密联系的一个整体。在跨文化的环境中，人们所面对的是不同文化背景、语言、价值观、心态和行为的合作者，一切活动都是在和异文化沟通交流的基础上进行的。对于处于国际经济和商务环境中的企业或个人来说，这些文化上的差异难免对国际商务活动造成摩擦和障碍。因此，消除这些摩擦和障碍，提高国际商务活动的有效性已变得越来越重要，甚至成为决定国际商务活动成败的决定性因素。

自 2002 年起，我开始在北京邮电大学经济管理学院为本科生讲授“管理沟通”和“营销沟通与商业函电”课程。由于教学需要，我当时研读了美国学者艾里斯·瓦尔纳和琳达·比默合著的英文版《跨文化沟通》一书，对跨文化管理产生了浓厚的研究兴趣。这期间，我在授课过程中对文化管理问题有了切身感受，也积累了一些经验。2008 年初，我得到国家留学基金委的资助，前往美国纽约城市大学布鲁克林学院做访问学者。在纽约这个号称“大熔炉”、全世界文化多元化程度最高的城市，我也亲身体验过文化震荡，遇到过一系列跨文化沟通的尴尬，同时也培养了自己的文化敏感性、文化宽容性和文化适应性。回国后，在研读大量理论文献和收集诸多案例的基础上，我决定将自己的感受、观点系统整理成书。将思想、感触系统成书，其实并非易事，越写越觉得自己的认识肤浅，越写笔下越迟疑，但终于还是决定要做个抛砖引玉的人。因此，作为主要撰写者，编写了这本适用于经济管理专业本科学生使用的《国际商务文化》。

本书在内容安排上主要分为三部分。第一部分包括第一章、第二章，主要介绍国际商务文化的理论基础、基本概念和基本问题。第一章介绍有关文化和商务文化的基本概念、基本问题；第二章介绍影响商务文化的重要文化理论。第二部分包括第三章、第四章、第五章、第六章，主要从不同角度分析国际商务活动中经常遇到的文化差异和文化障碍。第三章从国际商务礼仪的角度进行分析；第四章从语言沟通的角度进行分析；第五章从非语言沟通的角度进行分析；第六章从跨文化商务谈判的角度进行分析。第三部分包括第七章、第八章、第九章，主要是结合时代特点，提出在国际商务活动中应对文化差异的思路和对策。第七章研究跨文化团队的管理问题；第八章研究企业文化的冲突与整合问题；第九章探讨跨文化商务交际能力的培训问题。

本书不仅吸收了国内外理论研究领域的最新成果，而且融入了我在教学科研中的理论思考和最新体会；在理论上具有创新性和前瞻性，在实践上具有实用性和可操作性，既考虑到教学内容的国际通用性，又考虑到要适合中国国情。

本书具有以下特点：第一，本书每一章开始设有引入案例，通过案例分析导出本章主题；第二，每一章后附有思考案例，便于读者加深对本章内容的理解，帮助读者学会在实际工作中运用相关的理论和技巧，真正做到学用结合，知行统一；第三，运用经典的中外电影来讲述国际商务文化的相关理论，主要在本书的第二章、第四章，使枯燥的理论变得生动和鲜活，使阅读成为一种享受。

本书编写的具体分工如下：靳娟负责第一章、第二章、第四章、第五章、第六章、第七章、第九章的编写；司杨负责第三章的编写；何滢负责第八章的编写。靳娟对全书进行总纂。

在本书编写过程中，我们参阅并引用了国内外许多学者的有关著作和论述，并从中得到不少启发，在此表示由衷的谢忱。

由于知识与经验的局限，加之时间紧促，书中错误和疏漏之处在所难免，希望专家、学者和广大读者不吝赐教，以使本书在修订时能够更加完善。

目　录

第一章　文化及文化差异概述

引入案例

外籍上司与中国下属的离职面谈

亚历克斯(Alex)是一家世界500强公司由美国总部派至中国的部门经理,他最近遇到了一件困惑的事:中国下属王先生认为上司没有认可自己的工作,决定转向其他公司发展,并向亚历克斯递交了辞职信。于是,亚历克斯决定找王先生来面谈。亚历克斯单刀直入:"王先生,你知道我们不想失去你这么优秀的员工,如果你对自己的待遇有什么不满意,不妨提出,我们尽可能地满足你的要求。"王先生的回应是:"谢谢亚历克斯和公司一直以来对我的器重,但是,我已经决定离开。"亚历克斯又做了几次尝试,试图挽留王先生,但他始终不愿深谈,并谢绝了亚历克斯的好意。最终,无论亚历克斯怎么努力,王先生还是毅然决然地离开了该公司。

自己的诚恳挽留丝毫不起作用,问题出在哪里?这让亚历克斯感到十分不解。于是,他找到中国籍人力资源部经理李先生倾诉:"如果王先生愿意告诉我他有什么要求,我会考虑尽量满足他,但为什么他那么坚决,一点儿商量的余地都不留呢?"李先生告诉他:"中国员工递交辞职信时,通常都是经过深思熟虑的,基本上已经没有挽留的余地了。"

从上述案例可以看出,外籍上司认为员工跳槽的目的无非是为了升职或者加薪,所以,在面谈过程中,只要双方经过充分沟通、坦诚相告,公司能够满足员工提出的某些要求,员工自然就会留下来。而中国员工即使对公司有明确要求,一般也不会直接提出。因为,他们认为如果把升职加薪作为讨价还价的筹码,外籍上司会认为自己是个唯利是图的人。如果提出的要求不能得到满足,更会有损面子。同时,很多中国员工习惯去揣摩上司的言外之意。所以,当他们遇到外籍上司时,也会用这种中国式惯性思维来琢磨直来直去的外籍上司的弦外之音。可见,这是文化差异导致的企业上下级之间的沟通出现障碍和产生的误解。

第一节　文化与亚文化的含义

一、文化的含义

文化是国际商务文化研究中的核心要素之一，也是人们耳熟能详、使用频率极高的概念。我们在日常生活中常常这样理解文化：把一些有教养的、有素质的人称为文化人，把一些没有受过教育的、粗鲁的人称为没有文化的人，但是，对于文化研究者来说，文化却具有更深刻的内涵。很多人文学科涉及文化方面的研究，如人类学、社会学、哲学和语言学等。专门研究人类文化现象的学科是文化学。文化学是一门新兴科学，它主要研究人类文化各个层面之间或子系统之间的相互联系，以及文化现象和自然现象之间的相互联系和关系。

在汉语中，“文化”一词古已有之。《易经·贲卦》之《彖传》中，有“观乎天文，以察时变；观乎人文，以化成天下”之语。以“人文”而“化成天下”，用当今用语诠释，则是指用礼仪、风俗、典籍，以教化天下苍生。此处“文”与“化”虽未连接成词，但已有当今“文化”所指之意。西汉时，刘向的《说苑·指武》中，有“圣人之治天下也，先文德而后武力。凡武之兴，为不服也，文化不改，然后加诛”。这里的“文化”是指文治为法，以礼乐典章制度为依据而教化臣民，已与当今“文化”之所指十分接近，这也是当今国内学术界所掌握的“文化”一词的最早出处。

在西方，英文、法文的 culture，德文的 kultur 都来源于拉丁文 cultura，原意是耕种、居住、练习、注意、敬神。自 15 世纪以后，这些原意逐渐被引申使用，主要指自然成长的倾向，把对人的品德和能力的培养也称之为文化。

西方学术界对文化的定义基本上循着两个维度展开：一是广义文化，认为文化是一切物质财富和精神财富的总和，如赫斯科维茨（Herskovits）认为：文化，是人工创造的环境，也就是说，除了原生态之外，所有由人添加上去的东西都可以称之为文化；二是主观文化，认为文化是除了政治、经济、军事之外的一种观念形态或精神活动的产物。其中，英国人类学鼻祖爱德华·泰勒（Edward Taylor）是现代第一个界定文化含义的学者，他在 1871 年出版的《原始文化》一书中把文化作为一个中心概念提出，将其定义为：“文化，或文明，就其广泛的民族学意义来说，是包括全部的知识、信仰、艺术、道德、法律、风俗以及作为社会成员的人所掌握和获取的各种能力和习惯的复合体。”这是最为经典的文化定义。这个定义对学术界所产生的影响一直延续至今。法国人类学家 C. 列维－施特劳斯

(C. Levi - Strauss)从行为规范和模式的角度给文化下定义，他提出："文化是一组行为模式，在一定时期流行于一群人之中，并易于与其他人群之行为模式相区别，且显示出清楚的不连续性。"C. S. 福德(C. S. Crawford)从心理学角度来定义文化，他认为："文化包括传统上解决问题之方式。文化系由反应而组成，因具成效而为社会成员所接受。总之，文化是由通过学习所得解决问题之道所组成。"这里，福德强调文化是一个调适、学习和选择的过程。L. J. 卡尔(L. J. Carl)从遗传的角度来定义文化，他认为，文化的本质正在于"团体中过去行为之积累与传授的结果"。

为了研究国际商务文化的方便，我们对"文化"作出一个比较完整的定义：文化是由人类创造的，经过历史检验沉淀下来的物质财富和精神财富，它包括表层文化(通过某一文化的外在物品来表现)、中层文化(通过某一文化的语言、态度、社会规范、人情世故、风俗习惯和行为准则来体现)和核心文化(通过某一文化的价值观、信仰和思维方式来体现)。

二、亚文化的含义

亚文化是一个相对的概念，即与主文化相对应的那些非主流的、局部的文化现象。它是总体文化的次属文化(subculture)，又称小文化、集体文化或副文化，指的是某一文化群体所属次级群体的成员共有的独特信念、价值观和生活习惯。一种亚文化不仅包含着与主文化相通的价值与观念，也有属于自己的独特的价值与观念，而这些价值观是分布在种种主导文化之间的。

亚文化有各种分类方法，罗伯逊(Robertson)将亚文化分为人种的亚文化、年龄的亚文化和生态学的亚文化等。如：年龄的亚文化可分为青年文化、老年文化等；生态学的亚文化可分为城市文化、郊区文化和乡村文化等。由于亚文化是直接作用或影响人们生存的社会心理环境，其影响力往往比主文化更大，它能赋予人们一种可以辨别的身份和属于某一群体或集体的特殊精神风貌和气质。

第二节　文化的特征

文化具有许多特征，这里我们着重论述与本书研究主题相关的一些基本特征。

一、文化具有群体性和约束力

文化不是一种个体特征，而是一种群体共享的东西。一种观念、一种思想、一种行为规范、一件事情必须为一个社会或群体的全体成员共同接受、认可和遵循，才能成为文化。纯属个人私有的东西,如个人的某种观念、生活习惯或怪癖等,不为社会成员所理解和接受,则不是文化。文化的群体性保证了群体内部成员在交往过程中不会产生基于文化的误会,如中国同事在周末下班分手时通常会这样打招呼:“喂,你周末都打算干什么?”这在大家看来是一种非常正常的事情,同时也是一种关心。

文化既然为一个社会或群体的全体成员共同接受,那么在人与社会的互动过程中,文化就会向个体施加强大的约束力,如在中国,我们提倡“百善孝为先”,那么一个不孝敬父母的人必然会受到社会舆论的强烈谴责。当然,文化的约束力并不是否定个体在文化发展中的自由度。一般来说,文化提供了相对宽松的环境,个体在其界限内有一定发展的空间,只有在超越这个界限时,我们才会感受到文化的约束力。

二、文化具有后天习得性

文化既然是由人类创造的、经过历史检验沉淀下来的物质财富和精神财富,人类就不可能生而有之,因此,文化不是先天的遗传本能,而是后天习得的经验和知识。例如:男男女女不是文化,“男女授受不亲”或男女恋爱才是文化。前者是遗传的,后者是习得的。文化的一切方面,从语言、习惯、风俗、道德、价值观到行为规范都是人们通过后天学习得到的。

社会化是人类学习文化的最基本途径。从文化人类学的观点来看,人类的进化过程既是生物遗传过程,也是文化传递过程。人类的童年期是所有灵长类动物中最长的,这一方面是人类漫长进化的结果,另一方面也是因为人类有大量需要习得的内容,而文化是其中重要的组成部分。文化的代际传递现象是社会文化稳定和延续的基本条件。

人长大后,进入学校接受系统教育,这时,人类对自己的文化开始有了更广泛和深刻的认识。除此之外,其他的学习途径包括朋友、同事、阅读、偶像以及媒体等,都是文化成长与传递的必经之路。

三、文化具有差异性

文化的差异性即文化的相对性,文化的群体性决定了文化的相对性。由于自然条件、生产方式、历史传统、经济发展水平和社会制度的不同,世界各地形成了丰富灿烂的文化种类,不同国家、不同民族都有其独特而鲜明的文化。下面我们通过两个小案例来说明这一点。

小案例 1

中西文化差异的主要表现

首先，从人类最基本的生存需要——饮食来说，中国人和西方人无论在烹调技法上，还是在进餐方式上，都大相径庭。中国人利用各种烹调技法，尽其所能追求菜肴的色、香、味俱全；西方人的烹饪方法则简单很多，他们不太在意菜肴的颜色和造型，而更注重"怎样尽量保留食物的营养价值"。因此，中国人注重形式，西方人注重内容。再看进餐方式，中国人往往一家人围坐在桌边，对整桌饭菜各取所需；西方人则事先将食物分成小份，每人一份，各吃各的，互不相干。

其次，从对颜色的好恶上看，中国人喜欢红色，把红色当成喜庆、兴旺的象征；西方人更喜欢蓝色，他们认为，蓝色是沉着、冷静的代表。因此，中国人崇尚热情，西方人注重理性。

再次，从造字方法上看，中国人以象形字为主；西方人以"尽量使人明白一个字的含义"为宗旨。因此，中国人注重外形的美感，西方人注重内在的实用性。

最后，从艺术角度上看，中国的国画大开大阖、泼墨写意、气势如虹；西方油画讲究的却是人体比例和光学原理。写意和写实的不同风格，表现出两种不同的民族个性：情感和理智。

小案例 2

弃船逃生

有一艘轮船航行在茫茫的大海上，走了一半的航程时，轮船出现意外状况，船长要求大家弃船逃生，转移到救生艇上。他到船舱里向游客解释了轮船目前遇到的状况，要求大家马上跳到救生艇上，但是等他解释完以后，居然没有一个人愿意这样做。

船长十分生气，懊恼地回到甲板上，大副见他一个人出来，感到十分奇怪，了解到情况以后，他自告奋勇地向船长请命去说服这些乘客。5 分钟之后，这些游客都自愿跳到救生艇上。船长感到十分奇怪，问大副是怎样做好这件事情的。

大副对船长说："我对他们几个不同国家的人说了不同的话。"

我对英国人说："这是一件很有绅士风度的事。"

我对德国人说:“这是命令。”
我对法国人说:“这是一件很浪漫的事。”
我对美国人说:“你是被保了险的。”

四、文化具有共性

文化的差异性并不否认文化的共性。尽管东西方之间因为历史背景、地理环境和国情的不同,确实会导致文化的不同,但这并不能否认人性和人心的不同。人类生存的有限性以及人类在生理上的相似性,决定了所有社会的人都有最基本的生理需求,即衣、食、住、行、性等,都以生存、繁衍为社会最基本的功能。所以,人类无论其种族和社会形态如何,心理的发生、发展都遵循着共同的规律,即人类心理统一性。

五、文化是一个连续不断的动态过程,具有不断变迁的特性

文化既是一定社会、一定时代的产物,是一份社会遗产,又是一个连续不断的积累过程。每一代人都出生在一定的文化环境之中,并且自然地从上一代人那里继承了传统文化。同时,每一代人都根据自己的经验和需要对传统文化加以改造,促进文化的不断发展和新文化的形成。例如:在中国古代社会,妇女地位低下,被当做传宗接代的工具,人们认为女子无才便是德,而在当今时代,妇女地位提高,强调男女平等,因此,我们提出妇女能顶半边天。

第三节　商务文化的含义与特征

一、商务文化的含义

商务活动历史久远,它是一系列经济行为的表现,是市场经济主体之间通过交换各种经济资源来达到一定收益目的的过程,具体讲,商务活动包括三个层次:第一,企业为保证正常生产活动所进行的采购、销售、储存和运输等活动,这是商务组织最基本的商务活动。第二,为稳定商务组织主体与外部的经济联系及有效开展购销活动所进行的商情研究、商业机会选择、商务洽谈、合同签订与履行、商务纠纷(冲突)处理等活动,这是为生产和购销服务的商务活动。第三,企业为保持自身的竞争优势和长期稳定发展所进行的塑造组织形象、制定和实施竞争战略、扩展经营资本、开拓新市场以及防范经营风险等活动,这是战略型的商务活动。

商务文化是一种亚文化,是社会文化整体的一个分支,又是一个具有相对独立

意义的文化体系。所谓商务文化是指以产品和服务为载体，以企业的商务活动为动力和纽带，反映、传播、创造和弘扬社会的物质文明和精神文明的总称。

二、商务文化的特征

对于商务文化，我们可以从以下几个方面分析其特征：第一，产品是文化的载体。一个产品问世，它身上不仅具有某种使用价值，体现着生产者拥有的技术水平和工艺高度，它的造型、色泽、艺术图案和品牌等外在表现形态还反映着生产者所处的自然环境、社会生产生活方式和人们的思想意识与社会习俗。总之，产品本身体现着一个地域、一个群体、一个民族、一个国家既有的社会文化内容。因而，商品的交换过程同时也就是文化的交流过程。第二，企业的经营理念是商务文化的重要内容。经营理念是企业文化的重要组成部分，它来源于社会的伦理道德传统和商务经营活动的实践过程。一切商务活动都以获取最大利润为基本目标，但是，在任何社会、任何时代，企业的获利都要受到反映社会公共利益的社会公德的制约。在中国历史上长期争议不休的义与利的问题就是商业谋利与社会公共利益矛盾的表现。所以，企业的经营理念总是在营利同社会公共利益之间取得平衡，并在反映公共利益的社会伦理道德约束下形成。第三，企业的经营方式是商务文化的主要表现形式。企业既然以获利为立足点，那么有利于扩大销售量又符合社会伦理道德的经营方式就是它的最佳选择。第四，企业的建筑、技术设施、商标、厂徽、厂服和厂歌是商务文化的物质表现形式。第五，企业的管理方式是其商务文化的直接反映。企业如何看待员工的价值、如何对待员工，已经成为企业文化的重要组成部分。第六，企业的营销手段也是商务文化水平高低的重要标志。从历史上看，企业营销手段的文明程度是同社会文化进步同步发展的。用损人利己的手段进行竞争并获取利润，是商品经济不发达、商务文化水平低下的产物。第七，企业的服务观念、服务质量和服务方式也都蕴含着商务文化的重要内容。

小案例 1

沃尔玛的成功之道

作为全球零售业的龙头老大，目前沃尔玛在全球数 10 个国家开设了超过 4 900家连锁店，拥有 4 000 多家供应商、4 457 个仓库、并向全球 2 000 多家商场供货，每个商场经营的品种平均在两万种以上，每年的销售额超过 2 170 亿美元。公司已开设和即将开设的连锁店以及会员店遍及美国、巴西、加拿大、中国、德国、英国、韩国及墨西哥等国，员工总数达150多万人，其中国际员工25万多人。每周光临沃尔玛的客人近1.4亿人次。

经过几十年的发展，沃尔玛已经创立了极为有价值的企业文化，这成为其吸引、留住人才的关键所在。其创始人山姆·沃尔顿曾有段名言："对员工要像对待花园中的花草树木，需要用精神上的鼓励、职务晋升和优厚的待遇来浇灌他们，适时移植以保证最佳的搭配，必要时还要细心除去园内的杂草以利于他们的成长。"这段话可谓道出了沃尔玛企业文化的精髓。

沃尔玛把员工作为企业的合伙人来对待，管理者与员工的关系也是真正意义上的伙伴关系。沃尔玛几乎所有的经理人员都用上了刻有"我们关心我们的员工"字样的包纽扣，他们非常注意倾听员工的意见。为真正把员工当作合伙人，沃尔玛于1971年实行了"利润共享"政策。山姆·沃尔顿认为：如果公司与员工共享利润，不论是以工资、奖金还是以红利、股票折让等方式，那么流进公司的利润也就会源源不断。因为员工们会不折不扣地以管理层对待他们的态度来对待顾客。如果员工善待顾客，顾客们感到满意，就会经常光顾本店，而这正是连锁店行业利润的真正源泉。现在，沃尔玛公司已有80%以上的员工或借助利润分享计划，或通过雇员认股计划直接拥有公司的股票，这将公司和员工结成了一个利益的共同体，使员工们将公司看成是自己的，对公司的认同感也大大增强，从而更加努力地工作。除了经济利益上的措施，沃尔玛公司也比较重视对员工的精神鼓励，其总部和各个商店的橱窗中都悬挂着先进员工的照片，对特别优秀的管理人员，会授予"山姆·沃尔顿企业家"的称号。"沃尔玛词典"里还有一个常用的词汇叫"分享信息"。分享信息和分担责任是构成沃尔玛合伙关系的另一个重要内容，它使人产生责任感和参与感。在各个商店里，沃尔玛公布该店的利润、进货、销售和减价情况，并且不只是向经理及其助理们公布，而是向商店的每个员工、计时工和兼职雇员公布各种信息。虽然部分信息也会流传到公司以外，但他们相信与员工分享信息的好处远大于信息泄露给外人可能带来的副作用。实际上到目前为止，这样做并没有对沃尔玛构成损害。损耗是零售业的大敌，沃尔玛控制这一损失的方法是与员工共享公司因减少损耗而获得的赢利。如果某家商店将损耗控制在公司的目标之内，该店每个员工都可获得奖金，最多可达200美元。因此，沃尔玛的损耗只是同行平均水平的一半，且增进了员工之间的信任感。

不但有留住人才的良好平台，沃尔玛还有一套挽留人才的制度。门户开放政策确保无论何时何地，任何员工有关于自己或公司的意见、建议、想法和投诉等，都可以以口头形式或书面形式报告公司管理层，而不必担心遭到打击或报复。沃尔玛有专门的人员来从事员工关系工作，受理投诉、听取员工意见、为员工排忧解难、开展各种娱乐活动，让每一位同事感受到沃尔玛大家庭的温暖。离职面试制度确保每一位离职员工离职前有机会与公司管理层坦诚交流和沟通,从而能够了解到每一位同事离职的真实原因,有利于公司制订相应的人力资源策略。挽留政策一方面可以将员工流失率降低到最低程度;另一方面,即使该同事离职,也可成为公司的一名顾客。

小案例 2

海尔企业的新标志

企业视觉识别系统 VIS(Visual Identity System,简称 VI)是企业形象识别系统 CIS(Corporate Identity System,简称 CI)的核心组成部分之一,与企业理念识别系统 MIS(Mind Identity System,简称 MI)、企业行为识别系统 BIS(Behavior Identity System,简称 BI)共同组成企业形象,是近代企业形象推广中最具代表性的全球化、国际化行为,是表达企业的经营理念、文化内涵及精神所必备的策略系统。

2004 年年底,海尔开始以一个全新的企业视觉形象,正式向外界发布。新的海尔标志(参见图 1-1)由中英文标准字组成,与原来的海尔标志相比,新的标志延续了海尔 20 年发展形成的品牌印象,也就是延续了品牌价值的文化;同时,新的设计更加强调了时代感,通过简洁、自然、和谐、时尚的设计,赋予海尔企业标志新的内涵,使其成为海尔发展新阶段的精神承载。

图 1-1 海尔标志

海尔新的中文标准字使用中国书法体替代了原来的美术字,字体大气舒展,浑然天成。中国书法独有的历史文化氛围结合字体本身活力、紧凑、和谐、韵律的形态特点,传达出崭新的视觉感受。对海尔新标志,海尔有关人士认为:其一,用动态的字体替代原有规矩的美术字，既充满活力，又体现了动态中的平衡，充分体现出企业在信息时代对动态环境的理解和应变能力，意味着企业所处的环境随时在变，企业必须以变制变；其二，中国书法蕴含几千年的东方文化精髓，和谐、自然、追求完美，表达了海尔追求企业和社会环境、企业和自然环境、企业和人文环境和谐统一的理念，倡导环境保护，以达到天人合一的境界；其三，“海尔”两个书法字体完美结合在一起，视觉上具有强烈的飞翔动感，同时，每一笔走势又体现出整体平衡的完美境界，意味着海尔平衡中的奋进和动态中的平衡和谐。

新的英文标准字比较原有字体，更加简约、时尚，富有更强烈的识别性和时代感，体现出经济全球化背景下的企业形象，象征着海尔从无到有、从小到大、从大到强，走出去、走进去、走上去的过程。这一简约设计的代表是字母 a 和 r，整体字母组合简洁明亮，具有很强的识别性和记忆性。同时，简约的设计意味着：①扁平化：信息化管理基础上的企业，企业的每一个人都是SBU（策略经营单位）；②企业和外界的沟通更简洁，更直接；③简约就是速度感，就是消除繁琐后的更快更有力的发展；④整体字母组合像一个目标明确的队列，最后的字母 r 高高向上昂起，象征着企业一定会走上去，实现更高更快的发展目标。

小案例 3

内涵与象征相结合的“红豆”品牌

唐代大诗人王维曾写下千古绝唱的相思诗：“红豆生南国，春来发几枝。愿君多采撷，此物最相思。”从此“红豆”一词总与情爱相连，勾起人们的相思之情。年轻的情侣们喜用“红豆”相互馈赠，远居他乡的人们见了红豆，也会勾起对家乡、亲人的思念。

正因为如此，时任红豆集团总经理的周耀庭意识到了“红豆”所蕴涵的商务文化价值在于：“豆”是种子，种子能生根发芽，开花结果，它充满勃勃生机，具有旺盛的生命力、生存力、竞争力，有着奋发向上的精神。而“红”是中华民族较喜爱的一种颜色，它象征着欢快、喜悦、热情。同时“红豆”两字又是最佳的组合，“红”是精神，“豆”是物质，“红豆”是精神与物质的结合。另外，“红豆”一词读起来朗朗上口，自古就是相思信物，“红豆”用于服装品牌，其特有的情感魅力必然能吸引广大的消费者。老年人把“红豆”服装视为吉祥物；年轻的情侣则通过互赠“红豆”服装以表爱慕之心；知识分子能由“红豆”服装想起“红豆”诗词，从而激起购买欲望；海外侨胞则以“红豆”服装寄托其思乡之情。由此可见，“红豆”被定为品牌就是钟情于“红豆”的潜在价值和它丰富的文化内涵。在标志设计上，设计者们把“红豆”两字的内涵、拼音“Hong Dou”（爱的种子）和“红豆”图形的象征意义有机地结合在一起，从而使“红豆”品牌标志新颖独特、含义丰富。

“红豆”被确定为品牌后，周耀庭总经理继续挖掘它的内涵，升华它的象征意义：“红豆”作为品牌，对外表达了企业对消费者的一片爱心；对内则象征着全体职工的爱厂意识，要像爱家乡的红豆一样热爱自己的企业。

这样，“红豆”渐渐成为该企业的文化理念和企业精神，是企业形象的象征。红豆集团正是把“红豆”的文化内涵和深刻的象征融进了商品之中，从而使“红豆”服装不仅在国内打响了牌子，同时也走向了世界。

小案例 4

春兰首创“服务质量保证体系”

每到空调销售旺季，各空调厂商都在竭力抢占已有和潜在的市场。然而，每到此时，总有一些消费者抱怨个别厂商“店大欺客”“萝卜快了不洗泥”，投诉它们不能履行“立购即装”和确保质量的承诺。

作为一种特殊产品，空调从生产线走入市场，充其量只是半成品，安装的规范程度直接影响空调使用质量，行业中因不正当安装而损害消费者权益的事屡屡发生。以“四全”金牌服务享誉社会各界、备受业内推崇的春兰，秉承着“从设计开始，由细节做起，到满意为止”的大服务理念，增设了为消费者个性化设计、制造的服务内容和“800 免费服务热线”，形成及时送货、安装、调试、保养、维修及回访等一整套售后服务的严格制度，从而率先打造了空调业“服务质量保证体系”。据了解，该体系囊括了服务人员的行为规范、语言、着装、操作等各个方面，仅服务行为规范就有 100 多条，其中受理来电、接待用户、咨询解答、服务准备、上门服务、服务结果审核、函电处理、信息反馈等八个方面的具体要求十分明确，对上门服务的规定和要求更加详尽，如：上门时服务人员必须“耐心倾听用户需求，关心用户切身利益，细心清洁工作现场，诚心谢绝用户馈赠”等，并特别强调非专业人员或未经培训人员不得从事相关家电产品的安装和维护，以确保消费者对春兰产品买得放心、用得称心、永远舒心。与此同时，春兰还将以行业最高标准构建的服务考核机制纳入“服务质量保证体系”中，对上百项服务内容以及每一项服务内容的各个细节，进行月、季、年度分值制量化设计和考核，凡不达标者一律清除出服务队伍。

第四节 国际贸易的发展与跨文化意识

一、经济全球化推进国际贸易迅猛发展

国际贸易的发展是基于经济全球化的基础。经济全球化是指生产要素跨越国界,在全球范围内自由流动,各国、各地区相互融合成整体的历史过程。经济全球化的过程从第二次世界大战结束之后就已开始,进入 20 世纪 90 年代,世界经济全球化的进程大大加快了。一方面,在世界范围内,各国、各地区的经济相互交织、相互影响、相互融合成统一整体,即形成全球统一市场;另一方面,在世界范围内建立了规范经济行为的全球规则,并以此为基础建立了经济运行的全球机制。在这个过程中,市场经济一统天下,生产要素在全球范围内自由流动和优化配置。

经济全球化、国际化的现象主要从以下几个方面表现出来:第一,生产国际化。这主要是指国际生产领域中分工合作及专业化生产的发展。现代生产分工已经不仅仅是在国家层面上的综合分工,而是深化到部门层面和企业层面的专业化分工。这种分工在各国间进行,形成了国际生产网络体系,其中最典型的是企业生产零部件工艺流程和专业化分工,例如:波音 747 飞机有 400 万个零部件,由分布在 65 个国家的 1 500 个大企业和 15 000 多家中、小企业参加协作生产。德国拜耳公司与 35 000多家国内外企业建立了协作关系,拜耳向它们提供中间产品,由它们加工成各种最终产品。这种企业层面的国际化,使未来在一个企业内部进行的设计、研制零部件的加工或购入、组装和总装等一系列的活动环节分布到国外进行,即企业的不同部门、工厂、车间,甚至工段、工序等都在国际范围内进行组织,从而也形成了生产组织的国际化。第二,产品国际化。也就是说,生产总额中出口生产所占的比重大大提高,直接表现为现代国际贸易的迅速增加。世界上几乎所有的国家和地区以及诸多的企业都以这种或那种方式卷入了国际商品交换之中。现在的国际贸易已占到世界总生产额的 1/3 以上,并且还在稳步增长,国际贸易的商品范围也在迅速扩大。从一般商品到高科技产品,从有形商品到非商品形态的服务等几乎无所不包。在我们的国家里,到处可以吃“麦当劳”快餐,喝“可口可乐”饮料,看“日立”电视机,坐“奔驰”汽车等。第三,投资金融国际化。生产和产品的国际化使得各国间资金流动频繁,大大促进了投资金融的国际化。为适应国际化的潮流,各国放宽了对投资金融的管制,甚至采取诸多措施鼓励本国对外投资的发展。与此同时,国际资本的输出、输入更加自由,金融资本严重地与商品资本相分离,脱离生产发展而迅速膨胀。目前,世界金融交易量已远远超过了世界贸易量。世界大银行

致力于在世界各国广设办事处、代表处和分行,建立海外附属银行以及附属金融机构,并与其他银行组成合资银行或国际银行集团。金融投资的国际化反过来又会促进生产和产品的国际化。第四,技术开发与利用的国际化。首先,从国际技术贸易的发展来看,由于技术对生产和经济的重要作用,生产国际化自然带动国际技术贸易的不断增长。其次,从研究与开发的情况来看,一方面由于各国在科技发展水平上的不平衡,而企业又为了获得先进的科技成果,因而各国间设立研究与开发据点便成为了一种趋势,以至于许多企业形成了全球范围内的研究与开发网络,从而促进了研究与开发组织体系的国际化。另一方面,由于现代科技发展以高科技开发为中心,而高科技研究开发投入高、风险大,使很多企业感到力不从心,所以形成了越来越多的国际联合开发,这是现代技术开发活动国际化的又一显著特征。第五,世界经济区域集团化。生产、投资、贸易发展的国际化使各国间经济关系越来越密切,特别是表现在区域间经济关系上。为了适应新形势的发展,以区域为基础,形成了国家间的经济联盟。如欧洲共同体,美、加、墨自由贸易区等。欧共体自成立以来,一直朝着经济一体化和政治一体化方向推进。这种区域集团化的趋势,不仅大大推动了集团内的经济自由化程度,而且也会影响到经济全球化和国际化的进程。

(一)国际贸易全面发展

经济全球化促进了服务贸易、加工贸易和技术贸易的迅猛发展,使得国际贸易以超越物质生产发展的速度迅猛增加,达到空前水平。第二次世界大战后,国际贸易的主要变化表现在以下几个方面:第一,国际贸易中工业制成品的比重大大提高。第二,国际贸易已经从过去发达国家垄断的时代,逐步转变为各种类型国家相互合作、相互竞争的时代。第三,服务贸易迅速发展,成为国际贸易中的重要组成部分。第四,区域性自由贸易迅速发展。

随着国际贸易的日益增加和经济全球化的不断深入,来自不同文化背景的人们之间的商务活动日益频繁,人们所面对的是不同文化背景、语言、价值观、心态和行为的合作者,因而文化障碍和文化问题逐渐引起广泛关注,提升跨文化商务交际能力逐渐成为人们在国际商务活动中取得成功的关键所在。正如英国著名经济学家托马斯·门(Thomas Mun)所指出的,一个优秀的跨国企业管理人员和商人所具备的品质之一是应该能说几种语言并熟悉各国的法律、风俗、政策、礼节、宗教、艺术状况。

(二)跨国公司的不断涌现

经济全球化使得各国在市场和生产方面的相互依存度日益加深,生产要素实现了跨国界的流动，资源配置得到优化，促进了跨国公司的发展。据统计，跨国经营的企业已占全世界企业总数的60%，几乎所有的企业，其业务都与其他国家企业有直接或间接关系，或与其他国家企业合作，或与其他国家企业竞争。

跨国公司主要具有五个特征：第一，一般都以一个实力雄厚的大型公司为主体，通过对外直接投资或收购当地企业的方式，在许多国家建立子公司或分公司。第二，一般都有一个完整的决策体系和最高的决策中心，各子公司或分公司虽各自都有自己的决策机构，都可以根据自己经营的领域和不同特点进行决策活动，但其决策必须服从于最高决策中心的安排。第三，一般都从全球战略出发安排自己的经营活动，在世界范围内寻求市场和合理的生产布局，定点专业生产，定点销售产品，以谋取最大的利润。第四，一般都因有较为强大的经济和技术实力，有快速的信息传递，以及资金快速跨国转移等方面的优势，所以在国际上都有较强的竞争力。第五，许多大的跨国公司，由于经济实力、技术实力或在某些产品生产上的优势，对某些产品，或在某些地区，都带有不同程度的垄断性。

随着跨国公司和合资企业的不断出现，劳动力的来源日益呈现出多元化的趋势。来自不同国家、不同民族的员工具有不同的文化背景，这种文化差异很可能引起管理理念和行为上的冲突，甚至导致企业效率的下降。管理专家戴维·A.利克斯（David A. Ricks）认为："凡是跨国公司大的失败，几乎都是因为忽略了文化差异所招致的结果。"因此，如何处理文化障碍和文化问题已成为跨国经营企业生存与发展的一个难题，能否克服由于文化差异所带来的文化冲突是跨国经营企业走向全球化进程中所面临的巨大挑战。

小案例1

东风日产合并之初面临的文化问题

由于文化差异造成的管理差异，使合资企业在经营过程中必然会产生各种各样的矛盾和冲突，这些冲突在早期的东风日产内部也十分突出，主要表现在以下两个层面上。

从表面上看，由于双方语言障碍或因翻译不准确而造成对对方意图理解迟缓甚至误解是引发文化冲突的直接原因。即使中日两国的传统文化背景有一些相似之处，但正如东风日产的日方总经理吉田卫所说："即使使用相同的汉字，表达的意思可能也不同，没有充分的沟通就可能导致误解。"所以，受语言不通的影响，东风日产的中国员工和日本员工之间10分钟可以解决的事情往往要花一到两个小时，导致中日双方员工间主动沟通减少，阻碍了员工之间信息和情感的顺畅交流。由于合资双方未能进行有效的沟通，使双方缺乏对对方社会文化环境的进一步理解。同时，随着文化自我意识膨胀而以己度人，不愿对对方管理方式和企业文化进行深入了解，以至对对方期望值过高，进而在思维方式、行为习惯等方面产生摩擦和碰撞。

文化冲突对企业经营的影响，从根本上说是源于不同的利益诉求：在合资企业里，由于双方各自有自己的母公司，代表着各自的利益诉求。不同利益诉求在合资企业里如果得不到统一，则使双方无法建立相互理解和相互信任的协调机制，从而无法形成共同的价值观。这一冲突在东风成立伊始表现尤为突出。日产刚进入中国，日方对中国市场了解甚少，公司完全以日方管理为主导，而以东风日产副总经理任勇为代表的中方管理团队了解中国市场，擅长市场推广，却分管生产制造。中日双方不以合资公司利益为重，各为其主，彼此不信任，以争取自己母公司的利益为先，以至决策缓慢甚至出现决策失误，由此导致了恶劣的后果：合资不久后的东风日产比合资前的中方母公司风神公司要差许多，经营业绩跌出了行业的前10位，甚至面临被边缘化的危险。

二、跨文化意识

面对全球化浪潮的冲击，商务人士首先必须具备强烈的跨文化意识，才能从容应对各种文化问题，跨越文化障碍，正确处理跨文化沟通和管理过程中的种种矛盾。所谓跨文化意识就是对于与本民族文化有差异或冲突的文化现象、风俗、习惯等有充分正确的认识和理解，并在此基础上做出适当反应的一种商务意识。换言之，反映商务人士本土文化的价值观和行为标准已不能满足国际商务活动和跨国公司发展的需要，国际化企业运作中的各个环节，如人力资源管理和激励机制、国际营销、交流决策都需要具备较强的跨文化意识。下面，我们用几个小案例来说明，在国际商务活动中树立跨文化意识的重要性。

小案例2

成功的异国之行

北京某外贸公司的程玲燕秘书，对阿拉伯国家的民俗礼仪进行了一番深入研究。为了开展与中东某国的出口业务，该外贸公司的经理同程玲燕秘书一同前往该国洽谈业务并推销产品。到了该国，经理和程玲燕尊重阿拉伯国家的习惯，穿上素服，带上头巾不露秀发，深得客户信任。在客户应邀来北京谈判时，她又处处注意礼仪，坚持平等互利。每逢伊斯兰教节日，她便中止谈判，安排客户前往清真寺进行宗教礼拜活动，这样既建立了友谊，又取得了对方的信任和尊重，不但和对方签署了上百万元的合同，而且这位客户以后所有的业务都愿意找程玲燕所在的公司商谈。

小案例 3

尴尬的握手

在某阿拉伯国家的国际机场，一位中国工程师想对一位阿拉伯官员表示谢意，因为这位官员在行李检查中态度很友好。由于这位工程师根本不懂阿拉伯语，他唯一能做的就是与这位官员握手。

这位工程师两只手都拿着东西——他左手拿着一只小旅行袋，右手提着一件行李，出于方便，这位工程师很快把左手所提的旅行袋放入右手中，腾出左手伸向那位官员——他期待着与这位官员握手。

然而，意想不到的事情发生了，那位官员面带微笑的面孔突然变得苍白，他非但没有与那位工程师握手，反而在他伸出的左手上“啪”地拍了一下，然后愤怒地走开了。

这位工程师错在何处？因为在阿拉伯文化中，左手是肮脏的，是用来洗下身的，所以，任何人用左手与他人握手将被视为对他人的侮辱。

小案例 4

被怠慢的墨西哥客户

有些文化有比较严格的等级制度，强调地位、等级和权力的差别。相反，有些文化的价值观则是建立在权力和地位差别很小的民主制度之上，强调地位平等。商务人士如果忽视这些差别，在商务谈判中就会产生许多问题。

罗西·加西亚·罗拜兹(Rossi Garcia Luo Baizi)是墨西哥的一名进口商，他和丹麦的一个制造商在哥本哈根进行了几个月的谈判，商务会谈进行得很顺利，加西亚决定返回墨西哥后就与丹麦方签订合同。

在加西亚离开哥本哈根的前一天晚上，丹麦方面邀请加西亚出席他们举办的城市晚宴。负责这次谈判的丹麦方代表、有40年出口管理经验的弗莱明(Fleming)和其助手马格努斯(Magnus)特地准备了丰盛的晚宴，并带他们的墨西哥客人参观了哥本哈根夜总会。临近午夜时，弗莱明看了看手表，然后说："加西亚先生，我将乘明天的早班飞机去日本，因此，请原谅我现在离开。我的助手马格努斯保证能够带你顺利回到宾馆，明天早晨送你到机场。祝你旅途愉快！"

第二天，在去机场的路上，加西亚一直沉默不语。临上飞机前，他对弗莱明年轻的助手说："马格努斯，请你转告你们老板，我决定不再签那份合同了。当然，这不是你的错。如果你想到了昨天晚上发生的事情，我相信你能够猜得出我不再和你们公司做生意的原因。"

跨文化意识自我训练

超市里的文化密码

指导语：选择一个有特色的大卖场，花30分钟~60分钟来观察以下情况：购物者、商品及陈列和员工的服务，并进行记录。根据记录，回答下面的问题，并整理成报告。

商场名——

商品的种类——

日期及观察时间——

1. 超市里哪一种商品最多？哪一种商品最少？哪一种食品最多？哪一种食品最少？（商品的丰富度反映物质生活的丰富度；食品的丰富度反映人们对生活的享受度。）

2. 促销的食品上写了什么内容？这些内容强调味道、营养价值和方便性，还是强调厂家、代言人的知名度。（前者为低情境文化，强调商品本身的性质；后者为高情境文化，强调与商品相关的其他线索。）

3. 超市里最贵的商品是什么？同一种类的商品有各种不同的价格，是什么把低价商品和高价商品区分开？（最贵的商品应该是普通顾客无须购买也能生活的东西；价格区分越明显，表明人们对价格越敏感。）

4. 肉类和家禽是怎样陈列的？超市做了哪些努力让这些产品与其原来的动物形态保持距离？（肉类和家禽的陈列分类越细致，如猪肉的部位区分越多，与原始动物形态越远，表明人们的生活越精细。）

5. 观察不同商品是否有尺码大小？（这些尺码使它们在不同场合更方便地被使用，反映以人为本的程度。）

6. 来自不同民族、地区的食品在整个超市是怎样被划分的？是否有一些民族、地区的食品被认为是标准的，而其他地区的食品被认为是不寻常的或外来的？（反映文化的兼容性、宽容性和开放性。）

7. 顾客买一次东西通常花多长时间？他们花时间比较、挑选商品吗？还是毫不犹豫地购买或阅读商品说明？你能猜测到他们的购买动机吗？他们花了多少时间在最终没有购买的商品上？他们享受购物时间还是急匆匆地买好就走？（一是反映时间的知觉；二是思维方式：关注商品的外在特性还是内在特性。）

8. 当顾客有问题时，他们会怎样做？他们是尝试自己解决，即更仔细地阅读商品说明，是看其他货架，还是寻求超市员工的帮助。（自己独立解决者其独立和自我概念更强，而寻求帮助者其依赖他人概念更强。）

9. 顾客购物时的主要情绪是什么？他们是开心的还是面无表情的？（个人主义文化中人们的情绪表达外露，集体主义文化则强调含蓄。）

10. 观察超市员工的行为方式有何特点？他们是主动向顾客提供服务，还是等顾客招呼后再提供服务？（反映服务背后的文化假设。）

本章思考题

1. 文化的含义是什么？什么是亚文化？
2. 文化具有哪些特征？
3. 什么是商务文化？
4. 商务文化具有哪些特征？请举例说明。
5. 什么是跨文化意识？请举例说明。
6. 在经济全球化时代，商务人士为什么要树立跨文化意识？

本章思考案例

在新德里等待

理查德（Richard）是一个30岁的美国人，他被芝加哥某公司派驻印度，建立一个采购办事处。这个新办事处的主要任务是采购大量的印度消费品，如：棉织品、服装、生活必需品和鞋；也包括工业品，如：帐篷、纤维织品和铸铁。

理查德的办事处实际上是公司在南亚的第一个国际采购办事处。印度的外贸部邀请理查德的公司开办这个采购办事处，其主要目的是促进印度的出口贸易、解决一部分工人的就业问题并带动相关产业的发展。印度外贸部希望这个办事处能够成功运作，这样就能吸引其他西方国家和日本的公司来此开办类似的办事处。

由于印度政府严格管制所有贸易和工业业务，理查德决定首先帮助那些为他们公司生产半成品的厂商和合作者获得进口许可。可是，一段时间下来，理查德觉得印度政府办事人员的效率非常令人沮丧。尽管他们已经在电话约好面谈时间，可是这些官员们还是要让他等上一个小时，甚至更长时间。不仅如此，会谈还不断地被电话和其他的访问者所打断，办事员也会带进一打文件和信件要政府官员签字。由于较长的等候加之不停的干扰，本来 20 分钟的事情，却常常要花掉理查德半天甚至更长的时间才能办成。

三个月后，理查德开始考虑将办事处移到世界其他地方。他不能理解：印度政府官员为什么这般无礼？为什么总是让他等候？为什么不能在会谈结束后再去接听电话和给送进来的文件、信件签字，以避免会谈被打断？

案例思考题

理查德为什么会对印度官员的行为产生不解和困惑？

第二章　影响商务文化的理论基础

引入案例

美国人的商务行为规范

沃尔特·克纳普(Walter Knapp):“琼斯看上去吃了一惊,或许他感到受到了侮辱。”

萨托(Sartori):“为什么?”

沃尔特·克纳普:“我违反了美国人的商务行为规范。”

萨托:“你做了些什么?”

沃尔特·克纳普:“我敲了敲琼斯的门,敲得很轻、很快,接着就走了进去。”

萨托:“那又怎么样?”

沃尔特·克纳普:“他看上去大吃一惊,因为我进他的办公室之前,既没有得到他秘书的同意,也没有通知他本人。”

萨托:“他的秘书当时在哪儿?”

沃尔特·克纳普:“不在他的办公桌前。”

萨托:“你为什么要得到他秘书的允许才能进入他的办公室?”

沃尔特·克纳普:“我感觉,在美国公司里,某人办公室的门如果是关闭的,那是一个非常重要的提示,它的意思是经过允许才能进来。”

萨托:“你是怎么知道这一点的? 琼斯是这样告诉你的吗?”

沃尔特·克纳普:“没有,但他的行为告诉我他非常恼火,我能从他讲话的语气中,从他快速把文件翻得哗啦哗啦响的动作上,看出他非常生气。”

上述案例说明:不同文化之间的人产生误解源自于“空间概念”的差异。对于美国人来讲,办公室是私人空间,在进入任何人的办公室之前必须敲门等候,获得对方允许后方可入内,这早已成为一种商务习俗。但在日本,情况则大不相同。日本人最关心的是“团体空间”,即所有公司成员所分享的空间,这就是为什么他们在无墙办公室里办公的原因所在。正因如此,日本公司从不要求员工在进入别人办公室之前必须敲门等候,“敲门即进”的做法在日本非常普遍,但对于美国经理来说，"敲门即进"这种做法则是很难被接受的，这无异于是对他们办公室行为规范的一种侵犯。因此，他们会感到非常恼火。

第一节　文化价值观的含义

正如企业文化表现为企业的核心价值观一样，民族文化通常表现为一个民族的价值观。美国已故人类学家克莱德·克拉克洪(Clyde Kluckhohn)在定义文化时明确指出："文化存在于各种内隐的和外显的模式之中，借助符号的运用得以学习和传播，并构成人类小群体的特殊成就，这些成就包括他们制造物品的各种具体式样"，他进而指出："文化基本核心由两部分组成，一是传统(即从历史上得到并选择)的思想，二是与人类有关的价值观。"克莱德·克拉克洪的思想在文化研究上产生了重大的影响，因为越来越多的研究表明，一个民族文化的特色主要由其传统的思想和价值观决定。

文化价值观是被一群人认为有益的、正确的或有价值的信条或特点。换句话说，文化价值观是人们在判断"什么是重要的，什么是不重要的，什么是对的，什么是错的，什么是该做的，什么是不该做的"等原则问题的依据和准则。虽然价值观是后天形成的，每个人都有一套其独特的价值观，但在每一种文化中总有一种主导的价值观，这种价值观被称为"文化价值观"。

比如，在某一文化中(简称文化 A)，很多人只愿意和小团体中的人发展牢固的友谊——一辈子的友谊，这类文化的人一旦加入到某个团体中，一辈子都会认定自己属于这个团体。因此，我们可以说，属于文化 A 的人持有某种人际关系或团体从属感方面的价值观。在另一文化中(简称文化 B)，这些人的特点可能和文化 A 的人恰恰相反，他们可能有一大群熟人(而不是亲密的朋友)，他们不太愿意与一个团体维系长久的关系，相反地，在生活的不同阶段，他们会频繁地加入或离开不同的团体。我们可以说，属于文化 B 的人也持有某种人际关系或团体从属感方面的价值观。

文化 A 和文化 B 的人虽然持有不同的价值观，可是他们在各自的团体中，其交友状况都如鱼得水。实际上，不管我们观察文化中的哪种因素，比如上面所述的"人际关系"和"团体从属感"，我们都会发现，在文化 A 和文化 B 之间存在着差异，可是这并不代表一个文化可以把另一个文化评价为"没有价值的"，也不能说这个文化是正确的，另一个文化是错误的。来自两种文化的人所持有的价值观以及其形成的原因可能是完全不同的，但是在他们各自所属的文化背景中，又都是正确的。

第二节　影响商务文化的重要理论基础——有关文化价值观的研究

一、六大价值取向理论

弗洛伦丝·克拉克洪(Florence Kluckhohn)与弗雷德·斯多特贝克(Fred Strodtbeck)是较早提出文化理论的美国人类学家。已故的美国哈佛大学女学者弗洛伦丝·克拉克洪曾在太平洋战争时参与了由美国战争情报处组建的一个约30人的专家队伍,主要研究不同文化的价值观、民心和士气。这个研究小组通过对日本民族的心理特点和文化价值观的分析,向美国政府提出了不要打击和废除日本天皇的建议,并依此建议修改要求日本无条件投降的宣言。第二次世界大战结束后不久,哈佛大学加强了对文化价值维度研究的支持力度,并与洛克菲勒基金会一起资助弗洛伦丝·克拉克洪等人在美国德克萨斯州一片方圆40英里的土地上针对五个不同的文化社区展开一项大规模的研究。这项研究的主要成果发表于《价值取向的变奏》一书中。在该书中,弗洛伦丝·克拉克洪沿用了她的丈夫克莱德·克拉克洪(Clyde Kluckhohn)提出的有关价值观的定义:“价值观是一种外显的或内隐的,有关什么是‘值得的’的看法,它是个人或群体的特征,它影响人们对行为方式、手段和目的的选择。在一个个有关‘值得的’看法的背后,是一整套具有普遍性的、有组织的观念系统,这套观念系统是有关对大自然的看法、对人在大自然的位置的看法、对人与人的关系的看法以及在处理人与人、人与环境关系时对值得做和不值得做的看法”,克莱德·克拉克洪将其称之为“价值取向”。这个概念使得“价值观”在概念结构上清晰了很多,它影响个体在某种可能的行为状态、方式或结果中做出选择。既然价值取向是一种稳定的、动态的表现,在价值取向层面进行测量也就成为可能。

弗洛伦丝·克拉克洪与弗雷德·斯多特贝克的价值取向理论基于三个基本假设:第一,任何时代的任何民族都必须为某些人类的共同问题提供解决的方法;第二,这些问题的解决方法不是无限的或任意的,而是在一系列的选择或价值取向中的变化;第三,每种价值取向都存在于所有的社会和个体中,但每个社会和个体对价值取向的偏好不同。

弗洛伦丝·克拉克洪与弗雷德·斯多特贝克提出:某一社会所青睐的解决这些问题的方法所反映的就是这个社会的价值观。因此,他们提出了六个任何社会都要解决的基本问题:第一,人性取向——人性本善(good)、人性本恶(evil)或善恶兼而有之（mixed）；第二，人与自然的关系取向——征服（mastery）、服从（submissive）或和谐（harmonious）；第三，时间取向——过去（past）、现在（present）或将来（future）；第四，人类活动取向——存在（being）、成为（being - in - becoming）或做（doing）；第五，关系取向——个体主义的（individualistic）、附属的（collateral）或等级的（hierarchical）；第六，空间概念——公开（open）、私密（private）或混合（mixed）。

（一）人性取向

人性取向涉及人类本质的内在特征。弗洛伦丝·克拉克洪和弗雷德·斯多特贝克认为，在回答人性取向这一问题时要考虑两个方面：首先是人性是善、是恶或是善恶的混合体；其次还要考虑到人性是否可变。此外，他们进一步提出“混合”既可以指善恶兼而有之，也可指无恶无善。因此，在回答人类的本性这个问题时，我们可以有八种解决问题的方法：第一，人性本恶但可变；第二，人性本恶且不可变；第三，人性善恶兼而有之但可变（或变好或变坏）；第四，人性善恶兼而有之且不可变；第五，人性无恶无善但可变；第六，人性无恶无善且不可变；第七，人性本善但可变；第八，人性本善且不可变。

不同文化中的人们对人性的看法差别很大。西方人受基督教影响，崇尚“原罪说”，认为“人性本恶”，而中国人受儒家学说影响，认为“人性本善”。美国文化对人性的看法比较复杂，不单纯地认为人生来善良或生性险恶，而认为人性可善可恶，是善恶混合体。他们同时认为，人性的善恶有可能在出生以后发生变化。基督教的原罪说反映的是人性恶的理念，认为通过忏悔和行善可以洗脱罪孽、升上天堂，反映的则是人性可变的信念。相反，有的社会对人性采取较单一的看法，比如，在中国，儒家思想占主导地位，而儒家思想最基本的理论基础就是“性善论”。孟子认为：人与其他动物的根本差别，就是人的本性是善良的。人的性善就如水向下流一样，是绝无例外的。中国古代流行的教子歌《三字经》当中的第一句话是“人之初，性本善。性相近，习相远”，孟子也曾说：“恻隐之心，人皆有之……仁义礼智，非由外烁我也，我固有之也。”也就是说，人的本性（天性）是向善的，是好的。而且，这种本性是相同相近的，带有普遍性的。只因为后天生活习惯和环境的变化，才造成了各种行为的差异，导致背离“善”的现象。因此，尽管在春秋战国时期，有人性本善与人性本恶之争，但当今的中国主流文化还是持人性本善的观点。

（二）人与自然的关系取向

根据弗洛伦丝·克拉克洪和弗雷德·斯多特贝克的价值取向理论，人与自然之间存在着三种潜在的关系，即征服自然、与自然和谐相处以及服从自然。

儒家人性观从天人一体的角度阐释人与自然的关系，认为人与自然合一既是人性的必然，也是人应该追求的目标，显示出人与自然统一的思想。孟子将天与人的心性联系起来，认为尽心即能知性，知性就能知天。《孟子·离娄上》主张："诚者，天之道也；思诚者，人之道也"，指出人应顺从于天，顺天道而行，真实而无妄。人类要达到与天道的合一，将天所给予人类的东西保存、扩充，并且最终要发扬光大。

然而，西方的人本主义则提倡在生活中用理性和意志来改造环境，鼓励人们去征服自然，享受现世的物质生活。这种取向所持有的观点是所有的自然力都能并应该被征服和利用。比如，美国人愿意每年花费上亿元经费从事癌症研究，因为他们相信可以找到癌症的病因，发现癌症的治疗办法，最终消除这种疾病。这种通过药物对疾病进行控制的行为就是人类征服和改造自然的表现。

除了以上两种取向之外，有些文化认为，人与自然的关系是服从自然。比如，对于前几年的东南亚海啸事件，大部分的东南亚人将此事归结于命运，认为赶上了海啸是上天的安排，虽然悲痛，但没什么可以抱怨的；也有的东南亚人认为，此次天灾的降临是人类冒犯自然的结果，是人类应受的报应。而美国人对此的反应则完全不同，他们认为，这是人类预测不精准，对可能发生的灾难准备不够的结果，如果人类能设计出更精确的科学仪器，或对可能发生的灾难提前做好防御准备，灾难就完全可以避免。

小案例 1

中国建筑与美国建筑的区别

众所周知，中国人讲求"风水"。风水的本质就是阴阳，郭璞创造"风水"二字的原意乃是指龙的行和止，讲的就是阴阳相对、阴阳交媾。龙行必然呼啸而生风，风主动；龙止必有砂环水报而为征，水主静。风水的含义就是选择龙行止有度的地方，通过建筑的手段将其利用，从中内乘龙之生气，收纳旺盛的堂气。风水的本质是强调人与大自然之间的和谐关系。中国人选厂址、盖房子、建工厂，都要请人先看风水，另外，房子的朝向、形状等也都要与周围的自热环境相和谐，那样才能人丁兴旺、生意发达。像海尔的工作大楼四面看上去都一样的建筑风格恐怕就与此相关。而美国人则从不考虑建筑与风水的关系，强调的是人通过改变自然环境去实现自己的创作意图，达到自己的目标。因此，我们可以得出这样的结论，人主导环境是美国建筑文化的特色，而人与环境的和谐则是中国建筑文化的特点。

(三)时间取向

人类的时间取向可以分为三种:一是过去取向,强调传统和尊重历史;二是现在取向,通常注重短期和眼前;三是未来取向,这种社会强调长期和变化。

过去时间取向主要存在于高度重视传统的文化里。这种时间取向的文化中的人们通常假定生命是遵从由传统或上帝的意志预先注定的轨道,他们崇拜祖先,强调密切的家庭关系。如:中国人非常重视“过去”,他们崇拜祖先、尊敬老人、尊重老师、重视年龄和经验,因为这些方面都与“过去”有关,过去取向一直影响着中国人的行为和思维方式。在中国社会,人们对未来不太感兴趣,除非是很遥远的或理想的未来。人们做事情通常要考虑这个事情过去有没有人做过,有什么成功的经验可以借鉴,有什么失败的教训应当吸取,因此,循规蹈矩早已成为一种社会规范。

现在时间取向的人们不太关注过去已经发生的事和将来可能发生的事,他们认为只有现在才是最重要的,倾向于只争朝夕地生活,几乎不做明天的打算。现在取向的人们通常只注重短期和眼前。如:传统的伊斯兰教文化就属于现在时间取向的文化。他们认为,将来的事是属于真主的,不为凡人所掌控。任何妄图预测未来的人都有些精神不正常,因为只有真主才知道未来的事情,凡人即使只是谈论未来的事也是过于放肆。因此,阿拉伯人在时间观念上是现在取向,不愿意对未来的事进行预测。菲律宾、拉丁美洲一些国家及美国亚利桑那州北部印第安人的文化也属于现在时间取向。这些文化与其他文化相比,在对时间的态度上有更多的随意性和随机性。这种对时间有些满不在乎的作风常使西方人产生误解,把它当作是懒惰、效率不高的表现。

未来时间取向的文化很注重变化。在这种时间取向的社会里,变化通常被认为是必要和有益的,而过去则是过时的,应当被抛弃的。弗洛伦丝·克拉克洪和弗雷德·斯多特贝克与美国另一文化人类学家霍尔(Hall)都认为,这种时间取向存在于美国社会。在美国,新产品的种类和包装层出不穷,因为他们认为只有这样才能吸引顾客,而在过去取向的中国社会里,人们通常更相信老品牌和老字号。

小案例 2

中美影视作品的不同

说起科幻片,最多产的国家应该是美国。从我们最早接触的《大西洋底来的人》到现在新鲜出炉的《异星战场》，可以说是琳琅满目了，尤其是那些经典之作：《星球大战》6部曲、《超人》5部曲、《终结者》4部曲，还有《黑客帝国》系列都是可以收藏的巨作。其主题都是正义战胜邪恶；目的都是要树立一些正面的英雄和反面的典型；情节是相似的但是故事发生的背景和时代是不同的。从这些题材中我们可以看到美国这个国家及其民族的精神状态和价值取向，即：美国这个民族是面向未来的民族；从他们的精神状态来看，美国这个民族是积极向上的。

说起宫廷剧，最多产的国家恐怕是中国。清朝的“大辫子”戏从皇太极演到宣统，从孝庄演到慈禧早已泛滥成灾。清朝演得差不多，又开始演武则天、唐太宗、唐明皇、明太祖、明成祖、明英宗、元太祖、汉武帝、汉高祖、秦始皇、吴王夫差和越王勾践。反正中国的皇帝也多，如果都拿出来拍一遍，每年拍十部的话，估计21世纪的题材够拍到22世纪了。如果过个20年或是30年再翻拍一次的话，23世纪也不用发愁了。从这些题材中我们可以看到中国这个国家及其民族的精神状态和价值取向，即：中华民族是面向过去的民族。

（四）人类活动取向

人类的活动取向有三种，即做、存在和成为。

美国社会是一个强调行动的社会，人们必须不断地做事，不断地处于行动之中才有意义，才创造价值。美国人工作非常勤奋，并希望借助自己的成就而获得提升、加薪以及其他方式的认可。他们同时还注重行动的类型，行动通常要具有外在形式，必须是可以量化的行动类型，能够看得见，摸得着。在评估一个人时，美国人总是问“他/她做过什么？”和“他/她有什么成就？”

“存在”取向与“做”取向刚好相反。安然耐心被视为美德之一，而非无所事事的表现。中国文化便是“存在”取向，提倡“以静制动”“以不变应万变”。此外，在中国，当人们想了解一个人时，总是先打听他的背景，如家庭出身、受教育程度、工作单位及社会关系等，而不管这个人曾做过什么，有哪些个人成就。

“成为”取向强调的是“我们是谁”，而不是我们做了什么。这种文化认为，人类活动的中心是在自我发展的过程中努力成为更完整的自我。如禅宗派和尚就是一个最好的例子，为了圆满自己，他们愿意花费一生的时间进行沉思与冥想。

（五）关系取向

弗洛伦丝·克拉克洪和弗雷德·斯多特贝克提出人类在处理人与人之间的关系时也存在三种取向，即：个体主义取向、等级制取向与附属性取向。个体主义取向以个人自治为特征，个人被认为是独一无二的独立个体。在这种取向下，个人的目标与目的优于群体的目标与目的。等级制取向则注重群体，群体的目标优于个人的目标。在等级制取向的国家中，群体被分成不同的层次等级，每个群体的地位保持稳定，不随时间的改变而改变。等级社会倾向于实行贵族统治，很多欧洲国家中的贵族就是这一取向的例子。附属性取向也注重群体，但这个群体并不是具有时间延续性的群体，而是在时空中与个人关系最密切的群体成员。事实上，这一取向考虑的只是人们的群体成员身份而不是具体的人。例如：中国文化是附属取向，中国人习惯把自己看成是群体的一员，认为个人不应特立独行，而应尽量合群，与群体保持和谐的关系。当个人利益与群体利益发生冲突时，个人应牺牲自己的利益，保全群体的利益；而美国文化则是个体主义取向，他们认为每个人都是独立的个体，都应为自己负责，强调个人的独立性。所以，美国青年 18 岁就离家生活，即使自己的学校或工作地点离父母家很近，也一定会自己另找房子，独立生活。父母和孩子在经济上也分得很清楚。

（六）空间概念

不同文化的“空间概念”差别也非常大。如中国人倾向于把空间看成公共的东西。中国家庭中的房间常常没有单独的门锁，家里任何人都可随意进出，包括父母的房间和孩子的房间。父母进入孩子的房间无须敲门，有的父母甚至擅自拆读子女的信件、翻阅子女的日记而不以为然。日本的组织也表现出他们社会的公开特性。那里几乎没有私人办公室，经理和操作工人在同一间屋子里、在中间不分隔的桌子上办公。相反，北美人的公司也反映出他们文化的价值观，他们通过一个人使用的办公室和拥有的秘密来反映这个人的地位。重要会议都要在关着门的房间里进行。自己的空间常常是其他人无权使用的。在具有混合取向的社会中，隐私和公开也是交融在一起的。比如：这里可能拥有很大的办公室，但隔断墙却仅 1.5 米～1.8米高，因而创设了“有限的隐私”。

综上所述，弗洛伦丝·克拉克洪和弗雷德·斯多特贝克提出的价值取向模式，既简明又扼要，虽然只提供了六个普遍性问题，而针对每个问题只提出三种价值取向，却有极大的应用价值。用弗洛伦丝·克拉克洪与弗雷德·斯多特贝克提出的六大价值取向理论来区分不同文化，能够帮助我们理解许多平时观察到的文化差异现象，并对有些“异常”的行为进行合理的解释，其后的学者们发展出来的模式，都是以这个模式为基础的。

小案例3

日本文化的价值取向

基于弗洛伦丝·克拉克洪的六大价值取向理论,我们来分析日本文化的特征。

第一,日本人认为,应该维持人与环境之间的平衡。假设某公司的产品存在不易察觉的缺陷,并且会给消费者带来伤害,在许多国家,受害者的家人会联合向制造商提起控告,但是这种现象在日本很少出现。日本文化中,人们倾向于认为,个人无法控制所有的情形,意外事故时有发生。因此,当这种情况发生时,日本的受害者会接受厂商真诚的道歉,接受一个小小的补偿,并要求厂商承诺以后不会再出现类似情况。

第二,日本文化更关注未来。因为日本文化强调个人和组织,包括公司之间的紧密联系,所以,在日本经营业务时,与他人建立长期的关系相当重要。在商务关系中,日本公司会与顾客保持紧密的、持续的接触,以保证顾客的需求得到满足。这种关系也构成了供应商了解消费者在将来想得到什么商品和服务的基础。

第三,日本文化认为,人们是值得信任的。日本公司之间的商业往来是建立在互相信任的基础上的。双方一旦签订合约就很难终止,除非出现非常严重的不可控因素。这是因为人们都很害怕因为无法履行商业承诺而"丢面子"。除了商务活动之外,社会生活的方方面面也反映了日本人之间的相互信任。

第四,日本人注重成就感——不一定是为了自己,更是为了雇主和工作团队。日本的孩子通过参与对学校的维护,很早就意识到集体的重要性,他们一起拖地、擦窗户、擦黑板和整理课桌椅。他们还把这种在学校养成的习惯带到工作岗位上,管理者和员工都朝着公司的目标而共同努力——日本的管理者通常会在考虑下属的情况后才作决策。采购员、工程师、设计师、工厂监管人员以及市场营销人员在生产的每一个环节上都通力合作。

第五,日本文化具备公开化的特性。人们经常可以发现日本公司的高层就在开放的办公室里办公,他/她的办公桌被许多员工的办公桌包围着。这个特点也深入到日本社会的方方面面,如日本人比较钟爱公共浴室。

二、文化维度理论

随着跨国公司的兴起,从20世纪80年代起,许多学者从各个层面对组织文化进行了深入的研究,其中,荷兰国际文化合作研究所所长、荷兰管理学家吉尔特·霍夫斯泰德(Geert Hofstede)提出的文化维度理论是迄今最具影响力的一个理论。

霍夫斯泰德认为:“在全球经济一体化中,世界各公司的策略都着重发展如何能够满足最大市场、最多顾客的产品及其服务。而对不同文化及价值观的研究,是此类策略成功的关键。”1980年,他在调查40个国家的117 000位IBM员工的工作价值观的基础上,根据对所得数据的量化分析,发现有四种文化维度可以分辨出不同文化中公民的行为差异。这四个文化维度分别是:个人主义和集体主义;权力距离;不确定性规避;价值观的男性度与女性度。他在《文化的结果》一书中发表了该研究的成果。

20世纪80年代后期,霍夫斯泰德的研究样本扩大到60个国家和地区,这次的研究不但证实了上述四个维度的存在,同时结合他的学生彭克麦在香港的研究成果,又发现了一个新的维度:长期导向和短期导向。

(一)个人主义与集体主义

个人主义与集体主义(individualism/collectivism)维度表示的是个人与群体间的关联程度。霍夫斯泰德将个人主义和集体主义定义为“人们关心群体成员和群体目标(集体主义)或者自己和个人目标的程度(个人主义)”。个人主义指的是一种松散的社会结构,而集体主义则是一种紧密的社会结构;个人主义文化注重个体目标,相反,集体主义文化则更强调集体目标;个人主义文化中,人们应当自己照顾自己和直系亲属,而在集体主义文化中,人们期望他们的内群体或集体来照顾他们,作为这种照顾的交换条件,他们对内群体拥有绝对的忠诚,做事更多地考虑到人际关系的和谐而胜于工作本身。

霍夫斯泰德指出,管理决策方式在这一文化层面上所呈现的差异表现为:一般说来,在集体主义倾向的公司,管理者在决策时常鼓励员工积极参与决策,决策达成时间较长,但执行和贯彻决策迅速,因为几乎每个员工都参与了决策过程,明白决策的目的和内容。而个人主义倾向强烈的公司管理者,常常自己独立决策,决策迅速但执行贯彻时间较长,因为他们不得不用更多的时间向员工来“推销”自己的决策目的、决策内容等。

霍夫斯泰德曾就40个国家和地区的个人主义取向程度做过调查和比较,调查结果表明:美国社会中的个人主义取向占第一位,日本占第二十二位,香港地区占第三十七位,台湾地区占第四十四位。可见,东西方在个人主义取向方面的差异相去甚远。

小案例 4

中美就餐习惯的差异

在美国,几个朋友相约一起到餐馆吃饭,服务员会给每人一份菜单,每个人阅读菜单后,选择自己喜欢吃的食物。吃完饭后,各人付各人的账。在这整个过程中,除了聊天的时候要顾及别人的感受外,其余的一切,每个人只考虑自己的感觉,与他人无关。

在中国,情况就大不相同了。在中国的宴席上,大家团团围坐,共享一席。宴席最好用圆桌,体现礼貌、团结、共享的氛围。点菜时,大家要征询别人的意见,充分考虑别人的口味,以免菜上来后没人吃。几分钟后,一个菜上来,大家边吃边聊,过了一会,另一个菜上来,大家又开始上筷,直到菜上齐,大家也吃得差不多了。这时,服务员送来账单,谁来结账呢?如果一开始召集吃饭的人没有明说是他买单,那么,为了处好关系,每个人都要表现得和对方亲如一家、不分你我,所以抢着付钱,服务员则从他认为比较有钱的人手中接过钱,以结束这场"纷争"。

这个例子充分说明了个体主义文化强调独立、自我,而集体主义文化则强调人际关系的和谐。

小案例 5

中美流行歌曲折射出的文化差异

华东理工大学英文教师颜静兰 、陈乐认为,流行歌曲作为一种典型的文化现象,对文化研究具有不容忽视的意义。首先,由于流行歌曲和流行音乐一样是一种"文化产品",它必须为社会大众所接受,因此,它所揭示的文化问题必然具有一定的普遍性。其次,流行歌曲必须满足当代大众的需要,随着社会的发展和文化的演变,必须不断新陈代谢、吐故纳新, 因此,流行歌曲同其他用于文化研究的对象相比,往往具有更强的现实性。同时,流行歌曲作为文化研究的素材,还具有直接性和具体性。

为了了解不同文化的价值观差异,他们在 2002 年曾经做过一个有趣的调查研究,分析对象为随机挑选的 30 首流行歌曲,其中,中美歌曲各占 15 首。

歌曲挑选的标准和依据是:在社会上流行较广;词曲作者或演唱者有较高的知名度;各类主题的歌曲都占有一定的比例,从而使该研究具有一般性和代表性。

研究结果显示，中美文化差异在两国流行歌曲中通过“我”“我们”的使用频率可以得到淋漓尽致的体现。美国歌曲中“我”的使用频率平均值为10.11，比中文歌曲中“我”的使用频率平均值(2.5)要高出7.5分值，而中文歌曲中“我们”的使用频率平均值(1.30)比美国歌曲中“我们”的使用频率平均值(0.51)要高出2.5倍多。可见，美国文化突出“我”，突出个人，相形之下，“我们”就显得不是那么重要，集体主义观念相对淡薄；而中国文化则突出“我们”，突出群体，“我”始终处于较为次要的地位，个人隶属于群体。

(二)权力距离

权力距离(power distance)维度表示人们对组织或机构内权力分配不平等这一事实的接受程度。权力距离大的文化成员视权力为社会的基本因素，强调强制力和指示性权力；而权力差距小的文化成员则认为权力的运用应当合法，重视专家或合法性的权力。在美国，人们拥有平等的观念，即人人生而平等，没有任何团体或者个人能够拥有特权，这是典型的低权力距离的文化。加拿大、以色列、新西兰、丹麦和奥地利等国家都属于这样的一种文化。生活在这种文化背景下的人从小被灌输人人生而平等的观念，尽管有些人的出身带有一定优势，例如，财富和名誉等，但他们并非理应比别人更优越一些。不过这并不代表生活在这种社会中的人们一定会受到平等的待遇，他们只是比别人更加拥有平等的观念。

相反，在高权力距离文化里面，权力是分等级的，某些群体比如贵族或者执政党比一般的平民拥有更多的权力。生活在这种文化背景下的人从小就被告知有些人生来高贵一些，因此，他们拥有更多的权力，而尊重权力比尊重平等更有意义。墨西哥、巴西、印度、新加坡还有菲律宾都属于这种文化影响下的国家。

权力距离在组织管理中常常与集权程度、领导和决策联系在一起。在一个高权力距离的组织中，下属常常趋于依赖其领导人，在这种情况下，管理者常常采取集权化的决策方式：管理者做决策，下属接受并执行。而在低权力距离的组织中，管理者与下属之间只保持一个较低程度的权力差距，下属则广泛参与影响他们工作行为的决策。

小案例6

不同国家的心理学测量结果

社会心理学家曾在中美两国做了一个心理小测验。

情景1　如果你开着一辆桑塔纳轿车，正在十字路口等待绿灯，你的前面是一辆夏利或长安，这时候绿灯亮了，但是你前面的车迟迟没有发动，这时你会：

A. 按喇叭　　B. 不按喇叭

情景2　如果你开着一辆桑塔纳轿车，正在十字路口等待绿灯，你的前面是一辆奔驰或宝马，这时候绿灯亮了，但是你前面的车迟迟没有发动，这时你会：

A. 按喇叭　　B. 不按喇叭

两个国家的社会心理学测量结果显示：在美国，情景1中被测者选择按喇叭的比例为60%，情景2中被测者选择按喇叭的比例为30%；在中国，情景1中被测者中选择按喇叭的比例为100%，情景2中被测者选择按喇叭的比例为70%。

（三）不确定性规避

所谓不确定性规避（uncertainty avoidance）指的是一个社会感受到的不确定性和模糊情景的威胁程度，并试图以提供较大的职业安全和建立更正式的规则，不容忍偏离观点和行为。一个鼓励其成员战胜和开辟未来的社会文化，可被视为高不确定性规避的文化；反之，那些教育其成员接受风险，学会忍耐，接受不同行为的社会文化，可被视为低不确定性规避的文化。高不确定性规避国家的人们比较起来更忙碌，常常坐立不安，喜怒形于色，积极活泼，其文化对法律、规章的需要是以情感为基础的，这不利于产生一些根本性的革新想法，但却可以培养人们精细、守时的特质，因而善于将别人的创意付诸实施，使之在现实生活中生效；而低不确定性规避国家的人们比较起来则显得更沉静些，也更矜持，随遇而安、怠惰、喜静不喜动、懒散，人们对于成文法规在感情上是接受不了的，除非绝对必要，社会不会轻易立法，其文化能容忍各种各样的思想和形形色色的主意，因而有利于产生一些根本性的革新想法，但却不善于将这些想法付诸实施。

希腊、葡萄牙、日本、法国和秘鲁是比较不能够容忍模糊性和不确定性的文化，而比较能容忍模糊性和不确定性的文化有丹麦、印度、美国、瑞典和英国等。

不确定性规避倾向影响一个组织使其活动结构化需要的程度，也就是影响到一个组织对风险的态度。在一个高不确定性规避的组织中，组织趋向于建立更多的工作条例、流程或规范以应付不确定性，管理也相对以工作和任务指向为主，管理者决策多为程序化决策。在一个低不确定性规避的组织中则很少强调控制，工作条例少、流程规范化和标准化程度较低。例如：日本是不确定性规避程度较高的社会，因而在日本，“全面质量管理”这一员工广泛参与的管理形式取得了极大的成功，“终身雇佣制”也得到了很好地推行。与此相反，美国是不确定性规避程度低的社会，同样的人本主义政策在美国企业中则不一定行得通，在日本推行良好的“全面质量管理”，在美国却几乎没有成效。中国与日本相似，也属于不确定性规避程度较高的社会，因而在中国推行员工参与管理和增加职业稳定性的人本主义政策,应该是适合的并且是有效的。此外,在不确定性规避程度低的社会,人们较容易接受生活中固有的不确定性,能够接受更多的意见,上级对下属的授权被执行得更为彻底,员工倾向于自主管理和独立地工作;而在不确定性规避程度高的社会,上级倾向于对下属进行严格的控制和做出清晰的指示。

小案例 7

不确定性规避在夫妻关系中的体现

夫妻关系在家庭当中有着举足轻重的地位,而人们在不同文化的熏陶下,对待婚姻、对待配偶有着自己的模式与态度。

谈到婚姻,必然要从爱情谈起,中美的爱情观差别很大。在中国,相爱的人互表情愫是说一句"我爱你",这往往被认为是一生一世的承诺,意思是:我现在爱你,将来爱你,永远爱你,甚至只能爱你,表明双方从此愿意共度余生、不离不弃。在这种情愫的作用下,人们会习惯性地信守这个承诺,即使有时爱情已逝去,两人感情已经破裂,往往也会念及相处时间太久或者家庭等其他原因而走进婚姻的殿堂。按照中国传统的婚姻观,一旦结婚一般都讲究百年好合、一定终身。所以,当一方遇到了新的感情,导致婚姻结束时,那么无论婚姻内部有什么样的情况,人们都会谴责背叛婚姻的一方。中国人认为婚姻应该是一辈子的事,要从一而终,人们不到万不得已是不会离婚的。离婚在中国人眼中是一件丢人的事,甚至被当做一件丑事。在美国,情况则大不相同。首先,当两个年轻人说出"我爱你"时,只是代表我现在爱你,只是一种对当下事实的表述,绝不是承诺。在美国人看来,爱情永远是自由的,不应该受到任何因素的制约,因此,男女双方因为爱而结合,因为不爱而分开,一切都是非常正常的事情,不会受到任何道德上的谴责,相反,他们认为没有爱情的婚姻才是不道德的。

中美两国对待婚姻的态度可从不确定性规避中找到部分原因。中国属于高不确定性规避的国家,人们总是希望安定团结,拥有一个稳定的生活是大多数人的向往,而离婚则意味着生活即将发生重大变化,离婚后必然要重新寻找生活伴侣,会不会没有第一个好,家庭生活会不会变得太复杂等都是不确定的因素,人们总是担心这些不确定的因素会产生更糟糕的结果,这就是人们宁愿维持现状也不愿意离婚的原因。而美国属于低不确定性规避的国家,人们认为未来本来就应该是不确定的,因此,中国人所担心的问题在他们眼中根本就不是问题,他们愿意去接受这些不确定的因素。

(四)价值观的男性度与女性度

霍夫斯泰德把以社会性别角色的分工为基础的“男性化”倾向称之为男性或男子气概所代表的维度,即所谓男性度(masculinity dimension),它是指社会中两性的社会性别角色差别清楚,男人应表现得自信、坚强、注重物质成就,女人应表现得谦逊、温柔、关注生活质量;而与此相对立的“女性化”倾向则被其称之为女性或女性气质所代表的文化维度,即所谓女性度(feminine dimension),它是指社会中两性的社会性别角色互相重叠,男人与女人都表现得谦逊、恭顺、关注生活质量。男性度或女性度的倾向常常用男性度指数(MDI:Masculinity Dimension Index)来衡量,这一指数的数值越大,说明该社会的男性化倾向越明显,男性气质越突出;反之,数值越小,说明该社会的男性化倾向越不明显,男性气质弱化,而女性气质突出。

在男性价值观较强的国家中(最典型的代表是日本),社会竞争意识强烈,成功的尺度就是财富功名,社会鼓励、赞赏工作狂,人们崇尚用一决雌雄的方式来解决组织中的冲突问题,其文化强调公平、竞争,注重工作绩效,信奉的是“人生是短暂的,应当快马加鞭,多出成果”,对生活的看法则是“活着是为了工作”;而在女性价值观较强的国家中,生活质量更为人们所看中,人们一般乐于采取和解的、谈判的方式解决组织中的冲突问题,其文化强调平等、团结,人们认为人生中最重要的不是物质上的占有,而是心灵的沟通,信奉的是“人生是短暂的,应当慢慢地、细细地品尝”,对生活的看法则是“工作是为了生活”。

小案例8

压力驱使着日本人拼命工作

在日本人背后似乎有一只看不见的手,驱使着他们拼命地工作,而且在工作中互相督促、精益求精。在工作时间,日本男性白领最常见的装束是西装、衬衫加领带,即使在夏天室外温度高达40多摄氏度的时候也是如此。大热天裹着这么正规的装束,业务员在街上中暑昏倒的事情也就不足为奇了。不仅是白领,连出租车司机也都是西装革履,尽管热得不停擦汗,但就是不会把外套脱下来。事实上可能没有谁管他们的着装,但这是他们的职业化习惯。

在日本街头,经常可以看到60多岁的警察或保安在跑步指挥车辆,专心致志。书店的工作人员趴在地上擦地,跪下来工作是再正常不过的事情了。如果去酒店用餐,进餐厅时顾客把脱下的鞋子乱糟糟地堆在一起,出来时发现服务员都给摆好了，一律头朝外，一伸脚就可以穿上。

在任何单位，如果有人做事不努力或者把事做砸了，就会有好多“好管闲事”的人上来指责：“哎呀，纯子小姐，怎么这么做事啊？”“木村先生，你的失误，让我为你没面子啊！”日本人宁可自己付出更多，也必须要获得或保留干预和指责他人的权力。正是这样一种氛围，逼着每个人必须不断提高自己的工作质量。

如果工作的事情没有做完，日本人是不可能下班的，这是他们的一种习惯，很多根本没法一下做完工作的人就只好推迟下班。晚上11点半，在地铁站还可以看到人流如潮。不少人一天打两份工，一上车就睡着了，因为太累了。另外，如果在上班时间，家里发生了意外，比如孩子生病，妻子生产，很多人依然坚守岗位，因为这样的行为是会受到赞赏的。

在日本，男士平均结婚年龄是35岁，当父亲的平均年龄是36岁，甚至不敢结婚、不敢生孩子的人更多，特别是职业女性。因为女人一生孩子往往就意味着职业生涯的结束。女人不出来工作，主要原因是小孩没人带。如果请一个人带孩子，比自己打一份工还贵，自己带孩子五六年，无法跟上社会的发展，只好继续做家庭妇女。

（五）长期导向和短期导向

长期导向和短期导向（long - term oriented/ short - term oriented）是霍夫斯泰德在后来的研究中加进去的一个重要评价维度，这个维度表明一个民族对长远利益和近期利益的价值观。具有长期导向性的文化和社会主要面向未来，对待事物以动态的观点进行考察，注重节约，做任何事留有余地；短期导向性的文化与社会则面向过去与现在，着重眼前利益，注重对传统的尊重和担负社会的责任。

霍夫斯泰德发现，亚洲四小龙（香港、韩国、台湾、新加坡）都属于长期导向的文化，凡事都想到未来，并非只想当前，做一锤子买卖。这种长期导向是促使这些地区经济腾飞的重要原因。而美国人、加拿大人做事的特点是只考虑眼前利益，四处交友但不注意维持关系，正如英语成语所说：“来得容易去得快”，那些即刻的友谊不会长久。

小案例9

中美广告的不同特点

中国是一个持长期导向文化价值观的国度，传统的思想规则、方法等延续至今,表现在销售上较多采用劝诱方式,许多酒类广告显示了这一观念。为说明其产品品质,酒类广告一般都借助"传统方法酿制"之类的词语,还要引用唐诗宋词、历史典故,来说明此酒历史如何源远流长等。这里有两例:张裕葡萄酒——传奇品质,百年张裕;剑南春酒——唐时宫廷酒,盛世剑南春。仅仅两句话,就把张裕和剑南春产品悠久的历史表达出来,流露出它们对消费者的情深意长,拉近了产品与消费者的距离。美国则是属于短期导向的文化,主要原因是它的历史相对较短。美国人不像中国人那样常利用历史和传统等因素进行销售,而更常用强直(hard sale)的推销策略。他们的广告也都以产品的"立即见效"为卖点,如"go and get it at once""buy it""fit you well""take action right now""call now"等是广告中的常用语。

可以说,霍夫斯泰德的研究是里程碑式的。他为跨文化研究创立了一个可操作的理论框架,找到作为衡量文化核心的价值观的维度,并尝试用实证方法进行测量,从而使得跨文化研究成为可能,这些成果对于理论和实践都产生了重大而深远的影响。自问世以来,霍夫斯泰德的理论一直是海外学者进行跨文化研究的主要工具之一,国际上出现了大量以这一理论为基础的研究成果。

三、商业文化理论

在其后的研究中,霍夫斯泰德的研究招来一些批评之声,如:样本全部来自IBM公司的员工;在因素分析时,每个国家在一个项目上只有一个均值;调查的维度只有五个而显得过少等。到了20世纪90年代,另一位学者特朗皮纳斯(Trompenaars)对47个国家、15 000名职业经理人进行了人际沟通方面的调查,特朗皮纳斯的研究成果主要反映在他与英国学者汉普登-特纳(Hampden-Turner)合著的《在文化的波涛中冲浪》一书中。在这本书中,他提出了关于商业文化分析的七个维度,在每一维度上又提出两种对立的价值取向,并指出在不同文化中人们对现存问题和所处的基本困境的反应方式大相径庭。尽管他提出的这七个维度没有经过严谨的实证研究,但是他对跨文化管理这一领域的研究还是作出了杰出贡献。因为,相对于霍夫斯泰德对国家文化和民族文化的关注及所建立的维度,特朗皮纳斯建立的文化分析维度主要反映的是工商管理中的文化多样性,也就是不同文化背景下商业文化存在异同。因此,其研究内容更加丰富并且更具有操作性。

特朗皮纳斯提出的七个文化维度如下。

(一)普遍主义与特殊主义

普遍主义与特殊主义的概念最早由社会学当代结构功能主义的开山鼻祖、著名社会学家帕森斯提出。这个维度界定了人们如何判断他人的行为。在普遍主义的商业文化中，人们看中的是“规则”，强调用法律和规章指导行为，而且这些原则不应因人而异。世界上只存在一个真理和一种解决问题的方法，“法律面前人人平等”就是普遍主义最响亮的口号。相反，在特殊主义的文化中，人们强调“具体问题具体分析”“条条大道通罗马”，认为应当因人而异、因时而异、一切都是相对的，没有绝对真理，也不存在唯一正确的方法。

这两种文化对管理有不同的影响。普遍主义者倾向于就事论事，不偏离规则；特殊主义者倾向于灵活性，不会让规则影响自己的行动。在对 14 个国家的比较后发现：加拿大、芬兰、美国都属于典型的普遍主义文化；俄罗斯和韩国则属于典型的特殊主义文化。参见表 2 – 1。

表 2 – 1　普遍主义者与特殊主义者文化管理的比较

普遍主义者	特殊主义者
努力达到前后一致及统一的程序	建立非正式的关系网，并创造私人理解
改变做生意的方式需要正规的程序	试图变动形成的行为方式
调整系统，这样系统可以调整自己	调整与自己的关系，这样自己就会调整系统
公开显示变动	私下里进行改动
一视同仁，以示公平	因人而异，因事而异

小案例 10

你会为男朋友作伪证吗？

假设有一天你和男朋友驾车外出，在一条小胡同行驶时，你男朋友的车速达到每小时 60 公里，而当时允许的车速为每小时 40 公里。当开到一个拐弯处时，你男朋友来不及刹车，把行人撞伤了，警察来处理事故，找你核实事情真相。假如你不作伪证，你的朋友将会承担严重后果。你会为他作伪证吗？

在中国的调查结果显示，大约有一半以上的人愿意为男朋友撒谎；而在美国的调查结果显示，只有 10% 左右的人愿意为男朋友撒谎，这说明美国是普遍主义文化，而中国是特殊主义文化。

（二）个人主义与集体主义

这个维度与霍夫斯泰德的维度几乎一致。这一维度回答了下面的问题：人们把自己看成是孤立的还是群体的一部分？是把着眼点放在个人上，使其对社会做出贡献呢？还是首先考虑组织或群体呢？个人主义文化鼓励个人的兴趣、自由和责任；集体主义文化把人们看作是群体的一分子，鼓励人们为群体的利益而工作。参见表2－2。

表2－2　个人主义者与集体主义者文化管理的比较

个人主义者	集体主义者
调整个人需要以适应组织的需要	寻求把个性与在群体中的权威结合起来
采用个人激励方法，如：按表现付酬、个人评估等	注意整体士气、精神状态和凝聚力
希望工作变动和高流动性	希望工作稳定和低流动性
工作表现出色者、英雄、冠军受到表彰	表扬整体，避免突出个人
让个人发挥主动性和自由开创性	坚持人们共同要达到的大目标

（三）中性与情绪化

这一维度反映的是人际交往中情绪外露的程度。情绪外露微弱的文化被称为中性文化，情绪外露明显的文化被称为情绪化文化。中性文化认为，商业上的关系是典型的工具性关系，人们所做的一切都是为了达到目的。情感被认为是会干扰所谈问题的，人们在工作中要很好地控制情绪，不轻易外露。其特点是人与人的沟通和交流比较微妙，需要心领神会。而情绪化文化则认为，商业关系也是个人的事情，人的全部情感都被认为是恰当的。其特点是人与人沟通交流时表情丰富，用词夸张，多使用肢体语言。在14个国家的比较中，日本、英国、新加坡属于典型的中性文化，而墨西哥、荷兰、瑞士则属于典型的情绪化文化。参见表2－3。

表2－3　情感中性与情感外露文化管理的比较

情感中立	情感外露
避免热情、外露的或热烈的举止	避免冷淡、模糊、不动感情的行为举止，这会被认为鄙视、讨厌和有社会距离等负面评价，认为你正把他们从“大家庭”中排斥出去
如果事先经过充分的准备，会发现讨论中性话题更容易一些	如果发现某人的工作、能力、激情全部投入到某些项目中，最好对这种坚韧的态度给予肯定
寻找一些关于某人高兴或生气的线索，并从中引申出问题的重要性	对那些情感的过度发泄要容忍，不要被吓着或是就范

小案例 11

雷诺兹在曼谷遇到的困惑

北美洲和地中海地区属于世界上文化最开放的地区，而泰国则正好相反——它是文化最保守的地区之一。这种文化的差异在人们交往的过程中就会体现出来。

简·雷诺兹(Jane Reynolds)是新加坡某贸易协会的执行理事，是一个对人非常友好热情的美国人，而且非常精明能干，曾经多次成功帮助协会的公司成员获利。她已在新加坡居住十年，和那里的人们一直相处得非常好。有一次，她被邀请担任泰国曼谷的一个妇女组织的年度会议主席。尽管雷诺兹女士是一位经验丰富的演讲者和讨论组织者，但对她来说，毕竟这是第一次在泰国担任会议主席，因此，她还是有些紧张。在雷诺兹向朋友和同事们征求意见时，他们提醒她说，泰国妇女的特点是：在公众场合有些害羞，她们当众表达自己的观点和看法时可能会有些犹豫，但是，雷诺兹却忽视了这一点。在上午的会议中，当前三位泰国妇女平静地发表完有意义的评论和提出有价值的建议后，雷诺兹感到很满意，她以美国人的方式表达了她的兴奋——从椅子上站起来，扬起眉毛，挥动着双臂，感谢这三位发言的泰国女士，并称赞她们的表现。轮到自己讲话时，雷诺兹女士声音洪亮，手势夸张，以便引起所有与会者的注意，但整个会场几乎没有回应，泰国妇女们不再回答这个会议主席提出的任何问题，大多数人一直保持沉默。更令雷诺兹没想到的是，散会后，有两个在会议中发言的泰国妇女走近她并含泪问道："为什么在会议上您这样生气？我们不知道做了什么让您这样心烦。"雷诺兹慌忙回答说，她根本就没生气，也并不心烦，但这两位泰国妇女还是嘟囔着说了声再见，然后伤心地离开了。当天下午，雷诺兹回到她住的酒店，泰国与会者们的反应让她感到极其困惑和不解。

(四)关系特定与关系散漫

在关系特定型文化中，公共空间很大、不封闭，私人空间小、封闭；对外人友善，愿意帮助他人；见面熟，但交往浅；倾向于各领域不重叠、不渗透。表现为一个管理者有严格的私人空间，且严加守卫，将他/她与下属在工作上的关系和他们之间的其他交往截然分开，但在关系散漫型文化中，公共空间小、封闭，私人空间大、不封闭；对熟人友善，陌生人难以进入；难交往，但交往深；倾向于把各种领域的关系联系起来。

在 14 个国家的比较中，美国、加拿大、荷兰和意大利属于典型的具体特定型文化，而韩国、印度、日本、新加坡和中国都属于典型的广泛扩散型文化。参见表2－4。

表2－4　关系特定与关系散漫文化管理的比较

关系特定文化	关系散漫文化
管理是与报酬相关的目标和标准的实现	管理是一个不断完善的过程，而且质量也得到改善
私人和公务上的日程是彼此分开的	私人和公务上的问题是彼此渗透的
不赞成利益的冲突	在对雇员做出判断之前，考察他或她的整个情况
清晰地、准确地和具体地批示被看做是对更好地遵从的保证，或是允许雇员清晰地表达不同意见	含糊的和模糊的批示被看做是可以进行微妙的和回应性的解释，通过它雇员可以进行个人判断
用一个可执行的摘要来展开报告	用一个总结性的回顾来结束报告

小案例12

你会在周末去老板家刷墙吗?

在测定关系特定或关系散漫的题目中，特朗皮纳斯设计了这样一个题目："如果你的老板让你在周末去帮他家刷墙，你内心不愿意去，你会怎么办?"关系特定的人可能会拒绝，因为这是老板的私事，工作中的人际关系可以与私下的人际交往分得清楚，而且这又是属于个人时间的周末，完全可以拒绝，老板也不会因此而愤怒；而关系散漫型文化的人可能会去，因为不去会让老板丢面子，老板也会因此不高兴，即使不去，也要编出一个让双方的面子都过得去的理由。

（五）成就与归属

成就与归属维度也可译为自致性与先赋性，反映的是以什么作为给予某些社会成员以高于他人的社会地位的尺度。成就取向的文化往往根据人们最近取得的成就和业绩记录进行或做出判断，而归属文化往往根据人们的出身、血缘关系、年龄、教育背景、性别或社会关系进行或做出判断。也就是说，可以把人们对身份地位的评估基准分为两种类型：第一种类型的身份地位被称为成就型；第二种类型的身份地位被称为归属型。成就型指的是"做成了什么事"；归属型指的是"是什么样的"，即我的想象是建立在我是谁的基础上，而不是我做了什么。

成就取向的文化对管理的影响表现在三方面：不注重资历，重视能力；按劳取酬；下级可以选择上级；归属取向的文化对管理的影响表现在两方面：重视资历、归属的团队、社会阶层;下级应该服从上级。比如,在一个归属型文化的组织中,人们更愿意听工作时间较长的人的话,因为人们尊重他们的年龄和在公司中的资历。同样,和高层管理者是朋友的人地位也会较高。在 14 个国家中,俄罗斯、韩国、日本属于典型的归属文化,加拿大、美国属于典型的成就文化。参见表 2 –5。

表 2 –5　归属文化与成就文化管理的比较

归属文化	成就文化
对经理的尊重是以知识和技能为基础的	对经理的尊重是以资历为基础的
目标管理和按照业绩付酬都是有效的管理手段	目标管理和按照业绩付酬不如直接来自经理的酬劳更有效
决策通常会因为技术或实施的原因而被质疑	决策只会被更有权威地位的人所质疑

小案例 13

他是合适的候选人吗?

安东尼(Anthony)先生(法国人):“我们市场营销部副总裁有了一个很合适的候选人。”

玛丽(Mary)女士(美国人):“太好了,是谁呀?”

安东尼先生:“让·佛朗索瓦·贝特兰。”

玛丽女士:“他的能力如何?”

安东尼先生:“他读的是法国高等商科大学。”

玛丽女士:“他学的是……”

安东尼先生:“你说什么?”

玛丽女士:“他学的专业是什么?”

安东尼先生:“我不太清楚,可能是财会,要不就是其他相关专业。”

玛丽女士:“你都不知道他学的是什么专业,怎么知道他会胜任呢?”

从上面的对话可以看出,他们的误解在于对营销部副总裁胜任标准的问题上。法国高等商科大学是法国一流大学,相当于美国的哈佛大学、斯坦福大学,或者中国的北京大学、清华大学。对安东尼来说,只要是这个大学毕业的学生就能胜任营销部副总裁这个职位,不管学的是什么专业,而对习惯美国文化的玛丽来说,学什么专业对胜任工作更为重要,只有学营销的人才能胜任这个职位,学习财会的人怎么能当好营销部副总裁呢?

小案例 14

谁将得到提拔?

一位瑞典经理在巴基斯坦执行一个项目,有一个重要岗位出现了空缺,必须马上填补。在进行了认真的评估后,他要在两位很有发展前途的雇员卡恩和萨兰中做出选择。这两位雇员都受到过高等教育,都是机械管理学的硕士,而且都是该领域的专家。萨兰比卡恩早两年从美国同一所大学获得硕士学位,因此,萨兰自认为比他的同事卡恩更有机会获得这个职位,然而,卡恩却由于近期的突出成绩最终得到了提拔,萨兰落选了。萨兰看到结果后很难过,就去找他的瑞典老板理论。老板向他解释道,理由很简单,因为只有一个空缺,所以两个人中只能有一个被提拔,且你的进步没有卡恩大。

这个小案例说明:瑞典文化是典型的成就文化。

(六)时间取向

时间取向维度包括对过去、现在和未来的取向以及有关活动是次序性的还是同序性的。在一些文化中,人们认为更重要的是要知道他们为未来制订了什么计划;在另一些文化中,人们可以用过去的成就而不是今天的成绩给人更深的印象。

有些文化把做事看作是和时间赛跑,一件事做完后再做另一件事,而有些文化把时间看作循环往复的舞蹈,可能同时会做好几件事情。

(七)内控与外控

维度反映的是人们对待环境、对待人与自然的关系的态度上的文化差异。内控型文化认为,人们能够而且应该以人类的意志来控制自然;外控型文化认为,人是自然的一部分,应该遵循自然的规律、知识和力量,重视外部环境的力量。

在内控型文化中,管理者强调下属的内在动机,认为个人应该对自己的行为负责;在外控型文化中,管理者强调严格的管理措施和明确的规章制度,认为下属无自觉性,因此,上级指导下属工作非常重要。

从对企业经营活动的影响来看,内控型文化主张将精力集中于自己擅长的事情上;外控型文化主张要适应顾客的要求。

从七个维度论述关于人、时间和环境的文化假设如何影响组织文化,特朗皮纳斯得出了由组织中的等级、相互关系、目标和结构方面形成的四大类的组织类型。在分析这四个组织类型特点的基础上,提出了对每一种组织的学习文化、提高和变革的方式的指导，这四种组织文化分别是：家庭型、埃菲尔铁塔型、导弹型和孵化器型。

根据特龙帕纳的研究，按照中国商业文化在各个维度上的得分以及与其他国家相比所处的相对位置，中国的商业文化大致上是集体主义的、中性化的、扩散性的、归属取向的，而在对待环境方面更多地表现为一种外控型文化。在普遍主义—特殊主义的得分上中国处于中间位置。值得注意的是，在时间取向上，中国文化的态度是微妙的，一方面表现为一种长期时间取向，认为过去、现在、未来同样重要，但同时又表现为一种次序文化，即过去、现在和未来之间没有联系。

四、个体主义—集体主义理论

霍夫斯泰德的文化维度理论认为，个体主义与集体主义是同一维度上的两极，即一种文化如果在个体主义上得分高，就意味着在集体主义上得分低；反之亦然。一种文化不可能既很个体又很集体。

美国心理学家蔡安迪斯（Cai Andres）在将近 30 年的对文化差异研究的基础上，否定了霍夫斯泰德的观点，提出个体主义—集体主义理论。她认为，个体主义与集体主义不是一个维度的概念，也不是两个维度的概念，而是一个文化综合体，并将这个概念降到个体层面，用它来描述个体的文化导向而非国家或民族的文化导向。

蔡安迪斯提出了五个定义个体主义—集体主义的重要特征：个体对自我的定义；个人利益和群体利益的相对重要性；个人态度和社会规范决定个体行为时的相对重要性；完成任务和人际关系对个体的相对重要性；个体对内群体和外群体的区分程度。

蔡安迪斯从水平和垂直两个方向对个人主义—集体主义做了区分：水平个人主义是指该文化中的个体追求个人利益最大化（水平方向比较），但并不在意自我与他人的社会比较，并不追求自己比别人更好、更多。人们更为看重的是平等关系；垂直个人主义则指的是该文化中的个体不仅追求自我利益最大化（垂直方向比较），而且要求自己比别人更好，着重突出自己，张扬个性。水平集体主义是指该文化中为个体追求内群体利益的最大化，但并不太关心自己的群体是否高过其他群体；垂直集体主义者既关心内群体的利益最大化，同时还追求自己的群体好过其他的群体。这样的区分弥补了霍夫斯泰德理论在这一维度上的单薄和不足，会让个人主义和集体主义的区分更为细化、更为丰富，对解释东西方文化差异起到了极大的推动作用，为跨文化理论研究作出了巨大贡献。但是，蔡安迪斯的理论注重个体研究而不是对国家和民族总体文化的分析，仅聚焦在个体—集体维度进行分析，所以很不全面，用于解释当今世界不同国家、民族、地域和行业形形色色的文化差异、文化融合显然是不够的。

五、文化价值取向模式

施瓦茨是以色列耶路撒冷希伯来大学的教授，多年来一直从事跨文化的教学和研究。他认为，以前的文化研究存在一些缺陷，比如霍夫斯泰德的文化维度理论完全是基于数据提出的，而这些数据并不是在有理论指导的基础上收集的，因此，有可能遗漏了一些相当重要的价值观维度。而蔡安迪斯的研究主要关注个体主义一 集体主义这一价值取向，研究虽然深入，但很不全面。因此，他认为，很有必要从人类行事动机的方方面面来全面思考对人类行为最有指导意义的价值观念，然后检验这些价值导向在不同文化中的主导程度，说明文化之间的差异。经过多年的观察和思考，施瓦茨在 1992 年提出了他的十大价值/需要导向理论，并认为这些价值导向放之四海而皆准。一言既出，作为一个严谨的专业学者，就需要用数据证明自己的结论。于是，在随后的十多年时间里，施瓦茨孜孜不倦地在全世界作调研，搜集数据，终于向大家展现了其十大价值/需要导向的理论价值和实践意义。因为该理论与前面我们论述过的理论有许多重合之处，在本书中只对该理论做简要的论述。

施瓦茨提出的十大价值/需要导向的具体内容如下。

第一，权力：社会地位和尊严，控制他人，控制资源（权威、社会权利、财富、公共形象）。

第二，成就：按照社会标准通过自己的能力取得个人成功（雄心、成功、才干、影响力）。

第三，享乐主义：自我享乐和感官满足（快乐、享受生活、自我陶醉）。

第四，鼓舞：激动、新奇、有挑战性（敢想敢干、有变化的生活、令人激动的生活）。

第五，自我引导：独立思考和行动——选择、创造、探索（创造力、自由、独立、自己选择目标、好奇）。

第六，普遍主义：理解、欣赏、容忍并保护所有人和环境的利益（平等、社会正义、智慧、胸襟宽阔、保护环境、与自然融为一体、美丽世界）。

第七，仁爱：对于自己亲近的人愿意保护并增加他们的利益（助人为乐、诚实、谅解、忠诚、负责）。

第八，传统：尊重、接受并承诺传统文化或宗教提倡的习俗和说教（奉献、尊重传统、谦逊、中和）。

第九，合乎规范：自我控制那些与社会规范不符的、或者会使别人不安或受到伤害的行为、倾向和冲动（自我约束、礼貌、敬老、顺从）。

第十，安全：社会、人际关系和自我安全、和谐与稳定（家庭安全、国家安全、社会秩序、整洁、报答别人的帮助)。

施瓦茨认为,这十大价值/需要导向可以进一步从以下两个维度来分析:

开放—保守的维度。开放包括刺激、自主导向和享乐主义;保守包括安全、传统和遵从。

自我强化—自我超越的维度。自我强化包括成就、权力和享乐主义;自我超越包括普遍主义和仁慈。

之后,施瓦茨的研究小组开发了测量这十大价值/需要导向的工具,即57个条目的“施瓦茨价值观问卷”,并用此工具在60多个国家选取样本进行测试,证实了这两个维度普遍存在于不同的文化中,同时发现了支持数据。这十大价值/需要导向彼此概念不同,而且邻近的两种价值观有互相渗透的现象。比如,自主导向与刺激之间存在正向关系,而刺激又与享乐主义存在正向关系,也就是说,追求自主导向的人更可能具有寻求刺激的价值导向,同时倾向寻求刺激的个体更有可能持有享乐主义的倾向。施瓦茨十几年来的研究结论是:虽然某一价值观对个体的重要性有本质的不同,但是这些价值/需要导向却是由一个共同的结构组成的,这个结构中包含了动机的对立和统一,对在不同文化中生活的有知识的成人都适用。更重要的是,价值/需要导向在研究中表现出了对个体的态度、性格特征和行为方式等相当一致的、有意义的和有预测性的结果。比如,他发现具有普遍主义、仁慈和遵从价值导向的个体在人际分配中更有合作性,而具有权力、成就和享乐主义价值/需要导向的个体在人际分配中更有竞争性。在选举行为上,他发现具有自主导向、刺激、享乐主义和成就取向的个体更积极地参加选举,而那些具有传统和遵从导向的个体则相当消极。

第三节　文化价值取向模式的局限性

文化维度理论研究从20世纪50年代发展至今,已呈现出多学科交叉、多层次关联、多维度重叠和多视角整合的网络化、立体化和系统化的发展格局。上述学者提出的文化价值取向模式,对于我们了解和研究国际商务文化具有很大的启发性与应用性,但和其他各种模式一样,它们仍然难以避免自身的局限性。特别是在当今全球化的国际形势下,其解释力更显不足。

一、现有理论框架的适用性还有待探讨

文化价值取向模式研究领域影响最大、应用最广泛的是霍夫斯泰德的文化维度理论。该理论是1980年提出来的,用以支撑该理论的数据都是在1968年和

1972年搜集的，和1980年相比，现代人的人生观、价值观已经发生了很大变化，这些都制约了该理论在国际环境中的阐释力。

二、研究范式有待完善

文化维度理论作为一个新的研究领域，沿袭了传统管理领域的访谈和问卷调查的研究范式，但仅仅采用原有的研究范式显然是不够的，因为复杂的文化变量无法被科学地处理。

三、文化价值取向只有在被整体对待时才具有意义

在学习或研究时，我们把文化价值取向区分为不同项目，而且分开论述，这是可行与无可厚非的。但是实际上，所有文化价值取向是项项相连、不可分割的。也就是说，一项价值取向的变化，同时会导致其他项目的变化。例如：电视连续剧《奋斗》中展示出中国新生代对“自我”看法的变化，同时意味着中国家庭结构的变迁、个人主义的增强、社会关系的日趋淡薄。因此，只有把各项文化价值取向联系起来，做整体性看待，才能较为准确地了解某一种文化。

第四节　从电影中看文化——日本电影《迷失东京》中所反映的日美文化差异

《迷失东京》讲述了这样一个故事：鲍勃(Bob)是一位电影明星，来东京的目的是为了拍摄一部关于威士忌的商业广告，而夏洛特(Charlotte)则是陪伴其工作狂的丈夫(一位摄影师)来此旅游的少妇。在一个无眠之夜，鲍勃与夏洛特在一家豪华饭店的酒吧里相遇。这一次偶然的相遇很快便在两人之间铸就了一段奇妙的友谊。夏洛特与鲍勃在东京开始了一段冒险的旅程，期间他们遇到了各层次的市民，令他们深感不虚此行。欢欣之余，他们也找到了新的人生信念。影片体现了日美文化的巨大差异，主要可以概括为以下三个方面。

一、社交问候体现出的日美文化差异

鲍勃抵达日本，进入宾馆时看到有一排日本人毕恭毕敬地站在那里迎接他，而且都向他鞠躬，十分正式地向他递送名片、赠送包装精美的礼物，让他感到有些惊讶和不适应。因为美国人是任务导向型的，他们注重的是工作本身，而不是建立人际关系。在美国，一般不会有这么多的工作人员晚上专门到宾馆等待合作伙伴，而是大家直接在工作场所见面，更不会第一次见面就送礼物。因此，鲍勃没有准备任

图 2-1　《迷失东京》剧照

何礼物，甚至没有准备名片。但日本人是关系导向型的，他们注重第一次见面就建立良好的关系，因此隆重迎接，以示合作的诚意。同时，日本是讲究集体主义的国家，喜欢集体决定、集体行动，这是许多人一起迎接鲍勃的另一原因。另外，美国人对名片远没有日本人重视。因为美国属于个人主义文化，个人主义文化强调的是“我是谁”，而不是“我的单位和头衔”，因此鲍勃没有准备名片以供交换。而集体主义文化的人强调来自于某个组织，容易对名片上的头衔肃然起敬。同时，日本是一个权力距离相当大的国家，等级分明，名片上的头衔越大，地位就越高，越受人尊重。

二、对日程的尊重体现出的日美文化差异

鲍勃在日本的行程事先已确定，包括往返航班和回美国的日期。但在拍摄广告中途，日方兴奋地告知鲍勃，有一日本当红电视节目想邀请他作为嘉宾，并带着理所当然的口气希望他改变行程，留下来接受采访。鲍勃皱了皱眉，马上给其经纪人打电话并生气地表示他想按原定行程尽快离开日本，不愿接受任何采访，后由经纪人协调才不情愿地留了下来。由此我们可以看出美日文化中时间观念的不同。美国人的时间观是单元时间观，他们认为凡事要准时并依计划而行，一个时段只能做一件事情。日本人的时间观是多元时间观，他们以人际关系与和谐为重，准不准时是次要的，人决定时间，只要有充分的理由就可改变时间安排，一个时段内常同

时安排几件事情。如果鲍勃最终决定不接受电视采访而按原计划回国，日方可能会觉得难以理解和遗憾。

三、道别方式体现出的文化差异

最后，鲍勃即将离开日本，日方人员集体等候在酒店大堂与其合影留念并一一握手告别。而此时信守个人主义文化的鲍勃真的很渴望多一点私人空间处理自己个人的事情，能好好地与夏洛特道别。但习惯了集体主义的日本人根本没意识到私人空间对美国人的重要性，没意识到那么多人等在那里，看着鲍勃与夏洛特道别有何不妥。鲍勃在众目睽睽之下浑身不自在地与夏洛特道别，心里总觉得不完整、不是滋味。随后他特意从送他离开酒店的车上下来，追上了走在人群中的夏洛特，以自己内心认同及渴望的方式与夏洛特依依惜别。

本章思考题

1. 什么是文化价值观？
2. 弗洛伦丝·克拉克洪文化价值取向模式的主要内容是什么？
3. 霍夫斯泰德文化维度理论的主要内容是什么？
4. 特朗皮纳斯文化维度理论的主要内容是什么？
5. 蔡安迪斯个体主义—集体主义理论的主要内容是什么？
6. 施瓦茨的文化价值取向模式的主要内容是什么？
7. 文化价值取向模式有何局限性？

本章思考案例

沉默的日本工人

美国人："杉木先生，我观察到你在装配线上干得非常出色。我希望其他工人都能效仿你，尽心工作。"

日本人：（感到不安）"表扬就没有必要了，我只是在做我该做的事。"（他希望其他日本工人什么也没有听见）

美国人："您是我在琼斯公司所看到的最优秀、最杰出、最尽心尽力的工人。"

日本人：（他的脸红了，点了好几下头，继续做他的事情。）

美国人："唔，杉木先生，您是打算说声'谢谢'还是继续保持沉默？"

日本人:“对不起,琼斯先生,我可以请五分钟假吗?”

美国人:“当然可以。”(他很生气地看着杉木走开)

我真是不敢相信,一些日本工人竟然会这样粗鲁,他们好像对表扬感到不安,不作回答而只是保持沉默。

案例思考题

这段对话说明了什么？日本工人为什么对表扬保持沉默？

第三章　国际商务礼仪

引入案例

错过了一次重要的会议

一位马来西亚女商人飞往美国参加一个重要的会议，会议计划在星期一上午十点钟开始。她到波士顿时已是星期日深夜了，由于旅途的颠簸，很快就进入梦乡，并在第二天早晨睡过了头。

星期一早上，这位马来西亚女士乘出租车迷失了方向，怎么也找不到开会地点，终于，她在午饭后赶到，这时会议已经进行了四个小时。她要会见的美国人从会议室中走出来，对她说，“对不起，现在我们正在召开下午的会议，并且我们这周的安排已经满了。噢，我看看，你可以在下个星期三补救一下，可以吗？”但是，很遗憾，她必须如期返回吉隆坡，这位马来西亚女士再也不能参加那个重要的会议了。

在返回马来西亚不久，这位女士出席了在东南亚召开的全球谈判者论坛。午间休息期间，她向别人讲述了这次惨痛的经历，抱怨美国人是如何的无礼与固守计划：“我飞越了半个地球赶到波士顿，就是为了参加那个会议。那里的人们没有给晚到一会儿的外国访问者留一点点面子，重新安排日程。你能相信吗？”

上述案例说明，随着经济全球化进程的加快，国与国之间、公司与公司之间的跨国、跨文化商务活动越来越频繁，然而不同民族、国家和地区的文化差异造成了跨文化商务活动中行为举止的差异，一些商务人士由于缺乏对国际商务礼仪的了解，在跨文化商务活动中产生的笑话和误解比比皆是。随着中国加入 WTO 以及 2008 年奥运会和 2010 年世博会成功举办，我们的商务活动越来越全球化，商务礼仪也扮演着越来越重要的角色。学习商务礼仪、了解商务礼仪，可以指导人们在商务活动中减少失误和消除因文化差异而引起的误会、摩擦及冲突，从而更有效地从事跨文化的国际商务活动，赢得更多的商机和利润。

第一节　礼仪、商务礼仪与国际商务礼仪的含义

一、礼仪的含义与特点

(一)礼仪的含义

一般认为,礼仪有两种起源:第一种,人类早期社会中群体生活的需要。说明礼仪最初的动机是为了保证生存,是一种务实的需要,因而促进了礼仪的产生;第二种,膜拜、祭祀、供奉神的习俗。说明礼仪最初的动机是为了确认神灵的地位、权利及利益而产生的。归结到一点,礼仪的出发点是在确保他人利益的前提下,保护自己的权利、维护自身的利益。

礼仪属于道德范畴,是礼节和仪式的总称。是指人们在各种社会交往中,为了互相尊重而约定俗成、共同认可的行为规范和程序。这种行为规则和形式是在长期的社会生活中、在风俗习惯的基础上形成的。

礼仪是人类文化的一个重要组成部分,它反映了人类社会的进步和文明。礼仪在人们交往过程中具有重要作用。它可以沟通人们之间的感情,感受人格的尊严,增强人们的尊严感。随着经济全球化的逐步实现,跨国商务合作也日益增多和频繁,礼仪在对外交往中的作用愈显突出。个人、企业、国家的形象往往是通过其对礼仪的重视及履行程度来体现的。从个人修养的角度来看,礼仪可以说是一个人内在修养和素质的外在表现,有助于促进人们的社会交往,改善人们的人际关系。但凡国际化的企业,都把礼仪作为其企业文化的重要内容,对于礼仪都有高标准的要求,同时,也是获得国际认证的重要软件。得体的礼仪在一定程度上反映了一个国家、一个民族的文明程度和社会风尚。

(二)礼仪的特点

礼仪具有以下特点。

第一,礼仪具有普遍认同性特点。所谓认同性是全社会约定俗成、共同认可、普遍遵守的准则。一般来说,礼仪代表一个国家、一个民族、一个地区的文化习俗特征,但我们也看到不少礼仪是全世界通用的,具有全人类的共同性。例如:问候、打招呼、礼貌用语、各种庆典仪式、签字仪式等,大体是世界通用的。礼仪的普遍认同性,主要源于共同的经济生活和文化生活。经济生活的共同性必然导致礼仪的变化。比如:现代经济的快节奏、高效率,使现代礼仪向简洁、务实的方向发展;共

同的文化生活培养了共同的礼仪。礼仪的普遍认同性表明，社会中的规范和准则必须得到全社会的认同，才能在全社会中通用。

第二，礼仪具有规范性特点。所谓规范性，主要是指它对具体的交际行为具有制约性。这种规范性本身所反映的实质是一种被广泛认同的社会价值取向和对他人的态度。无论是具体言行还是具体的姿态，均可反映出行为主体的思想、道德等内在品质和外在行为的标准。

第三，礼仪具有广泛性特点。所谓广泛性特点，主要是指礼仪在整个人类社会的发展过程中普遍存在，并被人们广泛认同。可以说，礼仪无处不在，礼仪无时不在。

第四，礼仪具有差异性特点。礼仪作为一种约定俗成的行为规范，其运用要受到时间、地点和环境的约束，同一礼仪会因时间、地点或对象的变化而有所不同。这就是礼仪差异性的特点。礼仪的差异性主要表现为民族差异性，不同民族的礼仪多姿多彩，各具特色。各民族的习俗礼仪都凝结着本民族本地区人民的文化情结，人们严格遵循，苦心维护，难以改变。同样是面对尊贵的客人，有的文化的人们认为握手就是尊重的表示，有的用鞠躬、有的用拥抱、有的用亲吻来表达尊敬之意。与英语为母语的人士交往，如果我们把英国人中流行的一些礼仪和礼貌，运用在与北美人的交往中，可能起不到礼貌的效果，反而显得迂腐可笑，正如英语中的谚语说：One person's medicine is another person's poison.（一个人的良药是另一个人的毒药。）

第五，礼仪具有沿袭性特点。所谓礼仪的沿袭性特点，是指礼仪形成本身是个动态发展过程，是在风俗和传统变化中形成的行为规范。在这种发展变化中，表现为一种继承和发展。礼仪一旦形成，就有一种相对独立性。我们今天的礼仪形式就是从昨天的历史中继承下来的，有不少优秀的礼仪形式还要继续传承下去。

二、商务礼仪的含义

商务礼仪是指企业在商务活动及相关的人际交往中，在礼仪形式和言行中必须遵循的特定的行为规范和准则。简单地讲，就是商务活动中应该遵守的交往艺术，是社会礼仪的具体体现和运用，其核心作用是为了体现人与人之间的相互尊重，在商务活动中创造良好氛围，促成商务活动顺利、有效的开展。可见，商务礼仪在商务活动中起着重要的作用，能帮助商务人士及时调整自己的行为，创造轻松愉快的商务环境。

三、国际商务礼仪的含义

国际商务礼仪是在跨国商品交换的过程中产生的。国际商务礼仪指的是人们在国际商务活动中应遵循的礼仪原则与方法。它体现的是在确保商务利益的同时,充分尊重人们长期以来形成的,以英美文化为基础,以不同的民族文化与道德传统为背景的行为与思维习惯,特别是礼仪习俗,保证以更加体面和友好的方式顺利完成商务利益的再分配与再确认。

在国际商务界,人们一般都认为具有绅士风度之美誉的英国交际礼仪,是商务礼仪的代表。这要追溯到1840年前后,当时,英国的大机器生产已基本取代了工厂手工业生产。英国率先完成了工业革命,成为世界上第一个工业国家,并成为当时最富强的国家。英国国力的迅速崛起,使英国商务礼仪成为了世界各国商务活动效仿的对象。因此,长期以来,在国际商务活动中,人们大都以英式商务礼仪为基础。这就是代表英国礼仪的“绅士风度”在国际上流传开来的重要原因。英国绅士风度起源于900年前的英国诺曼底封建王朝,是贵族上流社会的交际礼仪和行为准则。在英国,尊重妇女是体现绅士风度的一个重要方面,女士优先是一个人人皆知的行为准则。上车、进门、上电梯、下楼梯等,都要女士优先;在酒会、在餐馆,男士一定要为女士拉开椅子,接过女士大衣,帮她们就座。

国际商务礼仪随着世界经济格局的变化也在不断地发展变化。它在英式商业礼仪的基础上,逐步融汇了主流礼仪,形成了一系列国际商务活动中需要遵守的行为准则和程序规范,称之为国际惯例。

由此可见,国际商务礼仪除了具备礼仪的认同性、规范性、广泛性、差异性、沿袭性等特点以外,还有其自身两个鲜明的特色。

第一,当前的国际商务礼仪是在英美文化的基础上形成的。目前,世界上通用的国际商务交际语言是英语。国际商务礼仪习俗,很多都与英美文化有关。不管是在餐饮时的礼仪、会谈会见时的礼仪、座次排序的方法等,我们都可以看到英美文化的明显影响。

第二,国际商务礼仪是一个个性和共性的结合体。它是由共同遵守、约定俗成、在国际上通行的商务礼仪实践惯例和各地各民族不同的礼仪习惯相结合组成的。

第二节 国际商务礼仪的主要原则

一、尊重为本

礼仪的核心是尊重。在国际商务交往中,更要强调以尊重为本。这里所讲的尊重包括两个方面的内容。

(一)尊重自己

在商务活动中,无论面对什么样的交往对象,要想获得对方的尊重,获得平等的话语权,就一定要懂得自尊自爱、不卑不亢。

1. 言行规范,行为举止落落大方

要用规范的礼貌用语来表达你对对方的尊重和自己的交往诚意。在商务礼仪的形式上,要用规范的行为举止,强调的是注重细节。因为小细节在不同程度体现了一个人的真实人格。就像你把镜子打碎,即使破碎成很多片,随便拿起一片也可以知道它反射的本质。在国际商务活动中,懂得并掌握规范的行为举止是对外商务人员必须具备的基本素质,不要做一些异乎寻常的动作,如:不要用手指指人;不喧哗;站立时,身子不要歪;坐着时腿不要乱跷、摇晃;手不要搭到邻座的椅背上;女士不要叉开双腿;参加对外商务活动前不要吃蒜、葱等味重的食品等。"细节决定成败"。很多时候国际商务合作的失败就在于礼仪细节的不到位,会被对方视为无礼的、不自爱的表现。

2. 不卑不亢

每一个人在自己的国度里不过是成千上万同胞中的一名普通公民,而在参与国际交往时,你就是"中国人""西班牙人"或"法国人"等。你的言谈举止决定着他国人士对你的国家和企业的评价。也就是说,你在外国人的眼里,已经代表着自己的国家,代表着自己的民族,代表着自己所在的企业或部门。因此,在外国人面前既不应该表现得畏惧自卑、低三下四、过分谦虚,也不应该表现得高傲自大、放肆嚣张,更不能弄虚作假,损毁商业信誉。

(二)尊重他人

这是待人接物的基本要求。无论是在欧洲、在美洲、在亚洲,商务礼仪中相同之处都是以自己所在的社会文化为背景,通过礼仪的形式,向别人传递出尊重对方的信息。这包括尊重商务交往对象的文化习俗、个人习惯偏好(生活、饮食、信仰等)。

二、自律宽容

自律宽容就是要求人们既要严于律己,又要宽以待人,这既是中国人的传统美德,也是在国际商务交往中必须遵循的原则。礼仪规范是对双方的要求,是双方的互动过程,要做到既不使自己被动,又给对方留有充分余地,这样才能体现平等和相互尊重的原则。

严格自律是指遇事能够做到自我要求、自我约束、自我反省,时时处处用礼仪

规则规范自己的言行举止，将良好的礼仪规则转化为个人素质的一部分。在商务活动中，自律还要求在交往中的行为不出格、举止不失态、言语不失礼、不能忽视礼仪细节。

对对方宽容，是要求遇事多容忍他人、多体谅他人、多理解他人，而不能求全责备、斤斤计较、过分苛求、咄咄逼人。要善于做换位思考，不应当强求他人按照自己的爱好和习惯来行事。唯有宽容才能排除人际交往中的各种障碍，更好地进行沟通。

三、女士优先

尊重妇女是一种美德，女士优先是国际社会公认的一条重要的礼仪原则。人们早已普遍认为，在社交活动中，遵守女士优先原则，是男士个人教养的基本体现，还可以显示男子气质与绅士风度。这种尊重体现在一些日常生活细节的关怀上，是通过一系列的具体做法来贯彻和实现的。比如：上下电梯、进入大门、入座离席、介绍引见等，女士都可以获得一种优先的权利。女士优先原则还要求，在尊重妇女、照顾妇女、体谅妇女、关心妇女、保护妇女方面，男士们应对所有的妇女一视同仁。

但是，在具体的实践当中，也要认识到在这样两种情况下，这一原则不能照搬：第一是在正式的国际商务活动中；第二是在部分阿拉伯国家里。

在正式的国际商务活动中，一个重要的礼仪原则是对等原则。这种场合下，不管是男士女士都必须要服从于职位上的排序和对等要求，职位高的人就具有相应的优先权，也称之为“Order of Precedence”。

另外，在部分阿拉伯国家里，其宗教对社会生活的影响很深，到目前为止，妇女在社会生活中还不能同男人处于平等地位，男女甚至不同席、不同室，因此，尊重妇女的原则要谨慎使用。

四、以右为尊

在正式的国际交往中，依照国际惯例，将多人进行并排排列时，最基本的规则是右高左低，即以右为上，以左为下；以右为尊，以左为卑。大到政治磋商、商务往来、文化交流，小到私人接触、社交应酬，但凡有必要确定并排列具体位置的主次尊卑时，“以右为尊”都是普遍适用的。

西方右贵左贱的渊源有两种说法：一种说法是古代君王为了安全，会将最信任的人安排在右手，因为佩剑手柄朝向右边，由此产生了“以右为贵”的习俗。另一种说法与基督教教义中耶稣的预言有关。临终前，他对审判的法官说：“But from now on, the son of Man will be seated at the right hand of the mighty God.”（从现在开始,人之子将会被安排坐在伟大的上帝右手边。)这样就形成了“以右为贵”的习俗。不论是哪种起源,“右为贵”的观念被延续下来,而且被应用到很多场合中。这一点与中国商务活动中坚持“以左为上”的原则相违背。

位次排列是商务活动中的基本礼仪,其排序能保证商务活动的有序进行。在国际场合中,我们应自觉根据国际惯例来做,即遵循以右为贵的原则。

小案例 1

张先生的失误

张先生是一位名牌大学市场营销专业的本科毕业生,就职于某大公司销售部。由于工作积极努力,业绩显著,毕业三年后升任公司销售部经理。一次,公司要与美国某大型跨国公司就新产品开发问题进行谈判。出于慎重考虑,公司将接待安排的重任交给张先生负责。张先生为此做了大量的、细致的准备工作,经过几轮艰苦的谈判,双方终于达成协议。可就在正式签约的时候,美方代表团一进入签字厅就拂袖而去,项目告吹,张先生也因此被调离岗位。

原来在布置签字厅时,张先生错将美国国旗放在签字桌的左侧。中国传统的礼宾位次是以左为上,右为下,而国际惯例的座位次序是以右为上,左为下。可见,在涉外谈判时,应按照国际通行的惯例来做,否则,哪怕是一个细节的疏忽,也会导致功亏一篑、前功尽弃。

五、信守约定

“信守约定”是国际商务礼仪的一项重要原则,是指在一切正式的国际交往之中,都必须认真而严格地遵守自己的所有承诺。

孔子的《论语·学而》中就讲到“与朋友交,言而有信。”所谓“一诺千金”也是这个道理。信守约定这一中国人千百年来遵从的行为规范也是国际商务活动中的行为准则。许诺一定要兑现。在商务会见、商务协议等正式的商务活动中,守时是一个最为基本的原则。约会时间一旦确定就必须如约而至。在恪守时间观念(恪守时间、崇敬计划日程)的文化中,比如:北欧、德国、北美、日本,按日程表的时间安排赴约是必须的。即使是在非严格恪守时间观念(经常变更计划,更侧重交际双方的人际关系)的文化中,比如:阿拉伯、非洲、南亚、东南亚,会面者也都希望对方准时,以表示受到尊重。因此,商务人士在一切有关国际商务活动的时间方面的正式约定中要恪守不怠。由于难以抗拒的原因,致使自己单方面失约,需要尽早向有关各方进行通报,如实地解释,并且还要郑重其事地向对方致以歉意,并且主动地承担按照规定和惯例因而给对方所造成的某些物质方面的损失。

六、尊重隐私

个人隐私,泛指一个人出于个人尊严和某些方面的考虑,不愿告之于人或不愿公之于众的个人情况。在国际交往中,尊重个人隐私权是至关重要的。在许多国家,个人隐私是受到法律保护、不容侵犯的。之所以重视个人隐私的保护,一方面是为了保护个人自由选择生活方式的权利;另一方面也是为了保护个人安全。

在国际商务交往中,应有意识地回避涉及对方个人隐私的一切问题,保留一定的距离。一般而言,下列几方面的问题均被视为个人隐私:第一,收入支出。收入是个人能力和地位的直接体现,西方人非常忌讳他人对此进行直接或间接的打听。其他诸如:银行存款、住宅面积、汽车价格、服饰品牌等反映个人经济状况的问题,也不宜问及。第二,年龄及婚姻状况。这个问题普遍被西方人认为是最不愿公之于众的机密,一旦问及,不仅会造成不愉快,有时甚至可能带来不必要的麻烦。第三,健康状况。在国外,人们通常很反感他人对自己的健康过分关注,因为,在一定程度上,健康被视为个人的资本。第四,个人学历、经历。在国际商务交往中,西方人一般不希望对方对自己的过去有过多的了解。第五,家庭住址。西方人大都视住所为私生活领地,忌讳别人无端干扰,除非至交,一般不邀请外人前往家中做客。第六,宗教信仰。宗教信仰问题是一个严肃而敏感的问题,交谈中易产生误解和意见分歧,因此,在国际商务交往中需有意回避这类问题。

事实上,由于文化传统、风俗习惯的不同,中国人平常所爱谈论的许多内容都是被西方人视为个人隐私的内容。因此,在国际商务交往中,切不可按照自己的习惯向外国客人问长问短,不能深究其个人的隐私。

七、入乡随俗

正所谓"十里不同风,百里不同俗",世界上的各个民族、国家和地区,在其历史发展的进程中,形成了各自的宗教、语言、风俗和习惯,这就自然地形成了文化的差异。例如:伊斯兰教徒不吃猪肉,也忌谈猪,连猪革制品也要回避;有些佛教徒不吃荤;在印度、马里、阿拉伯等国家,不能用左手与他人接触或用左手传递东西,因为他们认为左手不清洁;天主教把"13"和"星期五"看作是不吉利的数字和日子等。这种差异,是不以人的主观意志为转移的,也是世间任何人都难以强求统一的。

西汉《礼记・曲礼上》讲到:"入境而问禁,入国而问俗,入门而问讳。"虽然我们无法从根本上改变彼此的行为方式,但是我们可以通过对彼此文化的学习来加深相互的理解。这就要求商务人士在遵从国际惯例的基础上,具备跨文化意识,以一种开放的心态来对待发生在异国土地上的独特礼仪,静心观察当地人是怎么做的,然后自己尽力去适应。如果有条件,在前往其他国家或地区进行商务活动前,事先了解当地人的衣食住行、言谈举止、待人接物等方面所特有的讲究与禁忌,将会在之后的商业交往中胸有成竹,表现自如。这就是"入乡随俗",它已成为国际商务人士的一项共识,也是增进双方之间的理解和沟通的有效原则,是进行国际商业活动的成功之道。

八、规范适度

商务人士在应用国际商务礼仪时,为了保证取得成效,必须合乎规范、切合场景、表现适度,而不是虚伪的客套。

国际商务礼仪涉及礼节和仪式两方面,因此,要遵守各种礼仪规范,使自己的礼仪行为符合商务规范、国际惯例和行业规则。在商务交往中要因人而异,考虑时间、地点、环境等条件,商务人士的服饰、仪容、神情、语气等都要与之相匹配,所执之礼也应与之相符。

礼仪虽然有种种的规则程序,有严格的规范性,但并不是刻板、僵硬的。礼仪应该适度,要把握分寸、认真得体,注意做到恰到好处。礼仪规格要与受礼者的身份相适应,礼仪的表现应该从容、不失态、不失格。既要彬彬有礼、热情大方,又要注意维护国家和企业的礼仪,把握好各种情况下的社交距离及彼此间的感情尺度。

第三节　商务会见礼仪

商务会见是指因商务需要接见或拜访企业和政府部门相关人士。就其内容而言,会见有礼节性的、会客性的、谈判性的,或兼而有之。商务会见礼仪在会见过程中随处可见,对整个会见是否成功起着重要作用。尤其是第一次商务会见,给客户留下的第一印象往往影响到日后两者之间的关系和业务的开展。

一、预约礼仪

预约礼仪是商务会见的首要工作,是指商务人士在会见之前通过一定的方式,约定会见的时间、地点、人数等。会见之前不进行预约,将打乱对方的工作安排,让其感到措手不及,会对方留下做事不讲礼仪的不良印象,是对双方的不尊重,往往会造成会见活动的失败。在具体操作方面,与不同国家、民族、地区的人们会见需要灵活地采取适宜的方法,但预约本身是必做的工作。即使对于没有严格时间观念的阿拉伯人来讲，没有预约的会见也可能不被接受。因而可以说，预约礼仪是国际商务礼仪的冰山一角。

（一）预约方式

根据霍夫斯泰德关于价值观维度的分析，笔者认为，由于各民族文化对“不确定性规避”的差异，使得初次商务接触和约定的选择呈现三种方式：电话、信函（书信、传真、E－mail）和中间人。不同文化背景下的商务人士对这几种方式的理解和做法也有很大的差异。

瑞典、丹麦、挪威、美国、芬兰、荷兰、澳大利亚等国家的文化是一种承认并乐于接受未来不确定性存在的文化，所以这些国家的商务人士愿意冒险，倾向弹性制度。在这些国家，初次商务会见的预定可以通过电话进行。

在万事求稳、不喜欢冒险的英国、智利、希腊、葡萄牙等极力回避不确定性因素的国家，商务人士认为，电话约定不甚稳妥，通过信函方式进行第一次商务接触、洽谈的预定是商务人士都能接受的习惯做法。在英国，如果想与潜在的客户会见，那么一定要写信告诉他或她面谈的目的，而且应尽可能以对方个人姓名为收件人。因为英国商人很喜欢突出个人声誉，同时收件人会对收件高度负责并进行恰当的处理。当你发出书面信息后，不要等待对方答复，过几天便可以以电话形式向对方做自我介绍，并同时提议与对方见面。按一般常规，对方会容易接受建议，安排会见日期和地点。

在不愿意冒险，同时重视人际关系的国家里，比如：中国、日本、沙特阿拉伯、巴西等国家，商务人士喜欢利用可靠的中间人进行会见预约。在马来西亚和菲律宾，要想证明你的信用情况，引荐信是必不可少的；在韩国、泰国，当地代理的联络作用非常重要，外国人必须在当地人的帮助下才能建立起自己公司的信誉。

（二）预约时间

在决定用什么方式进行预约之后，还要考虑预约的时间问题。这里指提前多长时间预约才合适。各国商人根据经验得出不同的答案：在西欧，应提前三到四个星期安排好约会。在中东，要提前六个星期。日程安排对美国人是神圣的，在美国，要会见总经理一般至少要提前1个月预约，更重要的事情要提前两个月，到最后一分钟才打电话提出会见要求，被认为是制造麻烦甚至是侮辱。德国人在提出两周后的会面日期以后，会在约定日期前做最后的确认。

在约定商务会见时间的时候，恪守时间观念的国家的人们往往同时约定了会见的结束时间，甚至包括其中每一个议程结束的时间。而在非严格恪守时间的国家里，却不尽然。当然所谓的“恪守”和“非严格恪守”也并不是以国家为单位区分开来的，同一国家的不同地区也不尽相同。比如：在巴西，圣保罗的人们是非严格恪守时间观念的，而里约热内卢的人们却是严格地恪守时间观念。在中国，南部沿海地区的人们比北部欠发达内陆地区的人们更关注时间。你与韩国朋友在汉城会面会比在乡下的小城市会面更准时。同样的，在事情的不同环节上，人们对时间的恪守程度也不尽相同。比如：中国人参加社交活动是比较守时的，但是活动的时间往往是没有限制的。人们认为工作或者活动超过时限是很正常的事情。而美国人不仅参加活动守时，而且严格按照计划表进行会谈。

（三）预约地点

第一次商务性会见，大都在办公室或者会议室；也可以视会见的目的和会谈人数而定，安排在酒店、俱乐部、酒吧等地方。在这方面，保留传统意识的英国人有其独特的讲究。第一次商务会见，一定不能建议在机场候机室、火车站，或者带有旅途性质的见面地点，除非对方提议在上述地点见面。英国商人习惯在酒吧或饭店中进行商务磋商、会谈活动。特别是有些部门、公司、企业都是通过饮酒而完成某项商务交易。有些商人更喜欢把贸易伙伴邀请到他所加入的某俱乐部作客，以此炫耀自己的绅士派头，这也是当今英国商界内最流行的会见商务伙伴的形式。

（四）预约人数

预约时，双方应事先通报各自到场的具体人物，双方人员一经约定，就不能随意变动。尤其是客人一方，一定不能增加拜访人数，否则令主方应接不暇，打乱主方的安排和计划。

二、赴约礼仪

（一）按时赴约

按预约时间参加会见是商务人士的一个基本素质。即便在菲律宾、埃及这样没有时间观念的地区，会面者的准时到达也能够表示对对方的尊重。而对于同美国、德国、韩国这些时间观念非常强的文化背景的人们会面来讲，迟到一分钟都有可能造成商业往来的中断。因为在他们看来，约见时迟到一分钟，完成生产或者送货就有可能推迟一星期，这足以引起商业信誉和商业利润的大幅下滑。一旦与德国人约定时间，过早或过迟到达都是不礼貌的，应该按时到达。正确的做法是提前1分钟~5分钟。若有急事，不能及时赴约或者预约时间有变动，必须尽早通知对方。擅自毁约或变动计划会失去信用，并影响今后的交往。在守时这方面，虽然不能期待法国人做得多好（因为他们时好时坏，并且总是准备好迟到的理由，比如：交通堵塞)，但是，如果你由于什么原因迟到，他们就会很冷淡地接待你。因此，无论你去世界哪个国家，遵守时间都是一个好习惯。

小案例 1

谈判迟到吃了大亏

巴西一家公司到美国采购一套设备，谈判小组成员因为上街购物耽误了时间，当他们到达谈判地点时，比预定时间整整晚了 45 分钟，美方代表对此极为不满，花了好长时间来指责巴西代表不遵守时间、没有信用。谈判开始后，美方还对此事耿耿于怀，对此巴西代表感到理亏，也无心与美方代表讨价还价，对美方提出的要求也没静下心来认真考虑，匆匆忙忙就签订了合同。等到合同签订以后，巴西代表才发现自己吃了大亏，但为时已晚。

(二)耐心等待对方赴约

与非严格恪守时间观念的人们打交道，守时的人们应学会宽容地看待对方的行为。墨西哥人通常情况下总要比双方事先约定的时间晚上一刻钟到半个小时左右。在他们看来这是一种待人的礼貌。如果西班牙的商务伙伴晚到十分钟，并不代表对你的不敬，因为对于西班牙人来讲，只有观看斗牛赛才必须准时到达。

当然，对于恪守时间观念的人们来讲，超时的等待让人感到烦躁、无聊，这时，我们可以多做些准备，避免这种情绪的产生。首先，做好思想上的警备。在拜访前了解对方有关守时的文化背景。比如，到印度政府办理相关的商务事宜，对对方守时就不要抱太高的期望。印度公务员的迟到是“约定俗成”的。2004 年 8 月，印度铁道部部长拉鲁亲自在大楼门口抓迟到的公务员。结果，他当场截住了 519 名上班迟到超过半小时的公务员，而全铁道部办公楼里的公务员也就 2 000 多人。其次，准备好两本平时没时间看的书放在公文包里。这样你就不会浪费时间或者发牢骚了，等候的时间很快就会过去。最后，也是最重要的就是要有耐心。

三、形象礼仪

形象是商务人士的门面，在跨文化商务活动中，必须予以高度重视。在欧洲和拉丁美洲，需要特别注意男人和女人的服装及其饰物的风格和品质。在中东，商务人士会从你公文包、手表、钢笔和佩戴的珠宝首饰的价格以及品质来评价你，因此要穿戴上你最好的服装和物品。在南非、葡萄牙，则应穿着保守的套装。可以说，各国商务人士对形象的要求虽有不同，但都是从其文化背景的角度出发，希望自己和他人保持良好的形象。

总体来讲，黑色西装、白色衬衫、保守风格的领带、黑色袜子和黑色鞋子适合商务男士与较高身份者的会见。如果说到细节的话，还需要注意以下内容：第一，西装及衬衫。深色西装应该说是商务男士出入商务活动的必备的利器。白色的长袖衬衫是搭配西装最好的选择。衬衫袖口应露出西装外约 1 厘米 ~2 厘米；衬衫衣领应高出西装衣领 0.5 厘米 ~1 厘米。这样既美观又可以起到保护西装的作用。第二，领带。领带是男人的酒窝。系领带时，衬衫的纽扣必须全系上。领带的颜色应该比衬衫的颜色深一些。打好的领带长度应该刚好到皮带扣上。第三，皮带。穿西装裤时要系上皮带，皮带颜色要与衣服相配。通常穿藏蓝色、灰色或黑色的西装裤适合配黑色皮带；腰间除了皮带不能挂东西。第四，鞋子。在亚洲许多地方，例如泰国、日本，最好穿上易于脱下穿上的鞋子，因为进入寺庙、家和一些办公室时需要脱下鞋子。保持清洁也是非常重要的，比如：年纪较大的德国人更愿意同穿着光亮皮鞋的商人们合作。鞋子、腰带和公文包要同一颜色，一般以黑色为主。袜子的颜色要与鞋子的颜色一致或其他深色的袜子为佳。

女士的职业形象要从“头”开始。头发不能染成鲜艳颜色或过长，长发可以盘起来、束起来；衣服不能过分暴露、紧身。在正式的商务活动中，尤其在穆斯林文化和印度文化中，女性应该穿着谨慎，尽可能少的裸露皮肤。

商务人士着装还有一些规矩，下面分别介绍制服、西服、裙服的有关成规。

（一）制服

制服指由某一个企业统一制作，并要求某一个部门、某一个职级的公司员工统一穿着的服装。简言之，所谓制服是指面料统一、色彩统一、款式统一、穿着统一的正式工作服装。

因为制服体现着所在企业的形象，反映着企业的规范化程度，每一位商务人士对此绝对不可以马虎大意。

穿着制服最重要的一个禁忌，是不允许制服便装混穿，也不允许随意搭配。

（二）西服

西服指在西方国家较为通行的两件套，或者三件套的统一面料、统一色彩的规范化的正式场合的男装。

穿着西服，对商务人士而论，体现着其身份，也体现着其所在企业的规范化程度。商务男士穿着西服时，必须了解衬衫、领带、鞋袜和公文包与之组合搭配的基本常识，才能真正地穿出品位。因此，穿着西服必须遵守基本的商务交往规范。西服穿着讲究“三个三”，即三色原则、三一定律和三大禁忌。

三色原则是指男士在正式场合穿着西服套装时，全身颜色必须限制在三种之内，否则就会显得失之庄重或保守。

三一定律是指男士穿着西服、套装时，身上三个部位——鞋子、腰带和公文包的色彩必须协调统一起来。最理想的选择是鞋子、腰带和公文包皆为黑色，其色彩统一，有助于提升穿着者的品位。

三大禁忌是指在正式场合穿着西服、套装时，不能出现的三个洋相：袖口上的商标没有拆；在非常正式的场合穿着夹克打领带，在正式场合，尤其是对外商务交往中，穿夹克打领带是绝对不能接受的；男士在正式场合穿着西服套装时袜子出现了问题。两只袜子颜色不统一，穿尼龙袜和白色袜子。

（三）裙服

迄今为止，没有任何一种女装在塑造职业女性形象方面能像套裙一样“会当凌绝顶，一览众山小”。对于女性经理人来说，穿好套裙，形象立刻就会光鲜百倍。气质和风度有了很好的保证，事业也就拥有了更多成功的契机。但在穿裙服时，必须记住四大禁忌：穿黑色皮裙；裙、鞋、袜不搭配；光脚；三截腿。

穿黑色皮裙：因为在外国，只有街头女郎才如此装扮，所以与外国人打交道时，尤其是出访欧美国家时，穿着黑色皮裙绝对不可以。

裙、鞋、袜不搭配：鞋子应为高跟或半高跟皮鞋，最好是牛皮鞋，大小应相宜。袜子一般为尼龙丝袜，羊毛高统袜，连裤袜。袜子应当完好无损。皮鞋颜色以黑色最为正统，与套裙色彩一致的皮鞋亦可选择。袜子颜色宜为单色，有肉色、黑色、浅灰、浅棕等几种常规选择。袜口要没入裙内，不可暴露于外。

光脚：不仅显得不够正式，而且会使自己的某些瑕疵见笑于人。与此同时，在国际商务交往中，穿着裙装，尤其是穿着套裙时不穿袜子，往往还会被人视为故意卖弄风骚，有展示性感之嫌。

三截腿：是指穿半截裙子的时候，穿半截袜子，袜子和裙子中间露出一段腿肚子，结果导致裙子一截，袜子一节，腿肚子一截。这种穿法容易使腿显得又粗又短，在国外往往会被视为是没有教养的妇女的基本特征。

四、介绍礼仪

在商业活动中，介绍是常用的礼仪，特别是在第一次商务会见中，自我介绍、互相介绍必不可免。

(一)介绍的顺序

在进行商务会见时,应先介绍自己,再请教对方。在为他人引见时,应遵从先为位高者介绍的原则。比如:先把职位低的人介绍给职位高的人,先把男方介绍给女方,先把年轻人介绍给年长者。

(二)使用称谓的原则

在正式的国际商务会见中,正确的称呼,是能否顺利交流的第一步。正式的商务场合对称谓非常有讲究。例如:在法国,商务人士在见面的过程中,对每个人的级别称谓都要说得准确和得体,尤其是在一些小城市,比如里昂等,你更要表现得格外正式。而在澳大利亚,不要用名字直接称呼当地人,除非对方请你这样做。

介绍他人时应使用尊称,主要包括“先生”“小姐”“夫人”和“女士”。应当强调的是,在称呼一位妇女时,最好根据其婚否,分别以“小姐”或“夫人”相称。若一时难以判断,则可称之为“女士”。在有的国家,许多时候,尊称可与姓名、姓氏分别组合在一起使用。例如:陈霞女士、史密斯先生等。但泰国人不是按姓而是按名来称呼对方的,比如:晓蕾女士、约翰先生等。

各类称呼还有很多,比如:学位、学术性头衔(如:博士、硕士)、专业性技术头衔(如:主任医师、教授)、军衔(如:上校、大校)、爵位(如:侯爵、伯爵)、政府职务(如:部长、科长)等,均可单独或与尊称、姓氏、姓名组合在一起使用。奥地利人很重视荣誉性称呼,如果他是博士、教授,应不厌其烦地使用这个称号,他会很高兴。德国人更乐于对方称呼他们的职衔,对德国人称呼不当,通常会令对方感到大为不快。在俄罗斯,人们非常看重人的社会地位,因此对有职务、学衔、军衔的人,最好以其职务、学衔、军衔相称。不过,国外称行政职务的情况多见于高级职位,如总统、部长、市长等。而一般职务,如司长、处长、科长等,在西方很少能听到,特别是在企业、公司中,基本不称职务。

五、名片礼仪

名片是商务交际中极其重要的工具,它既是自我介绍的介绍信,推广了企业形象,又说明了个人身份,还介绍了自己的业务;更是一张社交联谊卡。名片说明了自己的具体职责,甚至还推荐了自己的产品和服务。一个在社交场合没有名片的人,是没有现代意识的人,也将被视为没有社会地位的人。因此,商务人士要随身携带并保证自己带有足够的名片。

(一)名片的制作

名片的格式和语言的选择一定要规范。准备要与外商合作的时候,要充分考虑到对方的国籍及语言写明,最好在名片的背面,用对方使用的语言。如果是与多个国家的外商合作,背面最好使用国际化的英文写明。

(二)递送名片的顺序与时机

递名片时,有一些通用的规则:晚辈应该先给长辈;地位低的要先交给地位高的;男士应该先给女士;如果在介绍的场合,被介绍人要先递名片;在去拜访的时候,应该由拜访者先递出名片。不过,如果是对方先拿出来的也不必谦让,应该大方收下,然后再拿出自己的名片回报对方。递名片最好选择人相对少的时候,这样互相之间可以加深印象。如果遇到很多人在场的情况要慎重,因为,在商务社交活动中,像发传单一样的发名片会大大损毁你的形象。要有选择地提供名片,才不会被人误会。在美国,商务人士即使随身带有足够的名片,通常也不在会面时交换,而是在认为有必要以后再联系时才交换。

1. 递送名片

递名片时,应当起身微微向前倾,用大拇指和食指捏住名片的一个或两个角,不要用食指和中指夹着名片给人,这是对他人也是对自己不尊重的行为。递送名片时,应注意你的手指不能挡住名片上的姓名,恭恭敬敬地、以对方方便阅读的方向递出。在国际商务交往中,还要注意将与对方熟悉的语言朝上。值得注意的是,如果自己有多个头衔应印制不同的名片。很多有身份、有地位的商务人士,身上会有好几种名片,对不同的交往对象,强调自己不同的身份,使用不同的名片。

2. 接受名片

如果是坐着,尽可能起身接受对方递来的名片,接受名片时,应以双手去接并表示谢意,要表现出重视珍惜对方的名片。如果可能的话,一定要从头到尾认真默读一遍对方名片上的内容,不明之处可以当即向对方请教,以免过后犯低级错误。尤其在印尼,需要花时间弄清印尼人姓名的正确读法,它们通常是多音节的。一般来讲,当你拿到对方的名片之后,要把自己的名片及时地回敬对方。

3. 尴尬情况的处理

如果自己暂时没有名片进行交换时,合乎商务礼仪惯例的说法是:“对不起,名片昨天就用完了,我会尽快把名片和目录一起寄给你的。”或者:“对不起,我这次没有带名片。”不愿意与对方交换名片时,也可以用上述的说法,虽然是谎话,但这是善意的欺骗,是维护自己形象和自我保护的做法。如果对方一时疏忽,忘记了给名片或者希望索要对方名片,应该问上一句:“我怎么和你联系呢?”这类话可以婉转地提醒对方。

4. 保存名片的礼仪

接受名片时,如果双方的话题没有结束,不要急于将对方的名片放起来。保存名片时,最忌讳的就是在谈话过程中用名片在桌子上敲敲打打或者放在臀部后面的口袋里。名片应该妥善保存,最好把名片放在专门收藏名片的皮夹里或名片盒里,好好保存以示尊重。值得注意的是,对于商务人士来讲,妥善的保存名片是有效建立、巩固关系网的重要工作,收到名片后应及时整理,必要时要按照姓氏、笔画、单位等类别输入电脑备份。

六、致意礼仪

在商务会见中,利益至上的美国人对于初次会晤的问候、寒暄等不太在意,花的时间也不多。他们见面问声好,向对方热情地伸出手,另一只手或许用力拍在对方的肩膀上,报一下家门,接着切入主题。美国商人认为,"商业利益"是首位,而成功就在效率,他们信奉时间就是金钱,把日程安排得很紧。

然而,大部分国家的商务人士还是认为初次见面的寒暄是必要的、不可或缺的。中国人的传统思想认为,一见面就切入正题谈论与金钱有关的东西显得小气而无礼、有失体面。因此,中国商务人士一般会很热情地握手问候,寒暄几句,奉上好茶,花上一段时间了解对方,先交个朋友再说其他的。所谓的"买卖不成仁义在"就是这个道理。

(一)各国致意礼仪的差异

在如何表达友好、表达商务交往的诚意方面,各个国家往往表现得各有不同。

在一些国家流行拥抱礼、吻手礼、吻面颊等。当然,女性被吻实际上并没有真正地触碰手或脸颊的皮肤,只是非常近而已。吻手礼应在室内进行,行礼对象是已婚妇女。意大利人、西班牙人、波兰人喜欢吻女性的手。法国人男女之间、女子之间见面时,还常亲吻双颊。法国人还有男性互吻的习俗。在法国一定的社会阶层中,"吻手礼"也颇为流行。在西班牙,亲朋好友相见,男人要相互抱一抱肩膀,女人要轻轻搂一搂并亲吻双颊。德国人、俄罗斯人与熟人相见时,一般行拥抱礼。在墨西哥,熟人见面时主要是行拥抱礼与亲吻礼,在上流社会中,男士们往往还会温文尔雅地向女士们行吻手礼。在加拿大,亲吻礼与拥抱礼适合于熟人、亲友和情人之间。在澳大利亚,亲密的男友相见时会拍后背,女友相逢时会亲吻脸颊。

巴基斯坦是一个热情好客的国度,对久别重逢的朋友,总要热情拥抱,而且反复3次以上。同外国朋友见面,对于尊贵的朋友,常常要献上用鲜花制成的花环。他们忌讳用手拍打对方的肩背,即使是同亲密的朋友见面拥抱时,也不要高兴得边拥抱边用手拍打对方的肩背，因为这在巴基斯坦被认为是警察拘捕犯人的动作。

在孟加拉、尼泊尔、斯里兰卡等南亚国家，人们相互交往时，往往彬彬有礼地行“摇头礼”。他们的表敬礼俗是：向左摇头表示赞同、尊重或认可；点头表示不同意。这恰恰与中国的“摇头不算点头算”相反。

在日本，人们见面时习惯于互相鞠躬。

韩国人见面时，在不少场合有时也同时采用先鞠躬、后握手的方式。同他人告别时，若对方是有地位、身份的人，韩国人往往要行礼达三五次之多。个别的韩国人讲一句话道别，行一次礼。

好客的菲律宾人在迎接宾客时，往往把茉莉花串成美丽的花环，敬献给客人，挂在脖子上，以表示他们对来访客人的一片纯真友谊之情。在与熟人或亲朋好友相见时，一般都很随便，常以拍肩膀示礼。

初到泰国，要注意当地人所行的合掌见面礼，泰国话叫做“Wai”，外人也可以照样行礼，双手抬得越高，越表示对客人的尊重，但双手的高度不能超过双眼。

伊斯兰教徒见面时，要施双手握手礼，在户外相见若没戴帽子，则必须用左手捂头。

在中非的部分地区，朋友之间互相问候时习惯互相吐唾沫于对方的脚上。在新西兰，毛利部落中人们相互问候的方式是互相摩擦鼻子。

（二）握手礼仪的规则

以上我们所提到的所有礼节都是各国熟人之间的致意礼仪，也就是说当你和你的合作伙伴已经交往甚密时，可以逐渐在行为中吸收对方的行礼方式。但当你初次与对方见面或者还不甚熟悉时，就会被不同国家的不同致意礼仪弄得晕头转向，不知如何是好。没有关系，因为值得庆幸的是，作为商务人士，可以在以上所提到的所有国家，在正式交际场合行握手礼。

当然，如果你是男性，被介绍给女性时，普遍有效的礼节规则之一就是等待女性主动握手。一个原因是女士优先，另一个原因与文化有关，例如：韩国妇女一般不与男子握手，而往往代之以鞠躬或者点头致意；在巴基斯坦的公开场合，女性是不会同男性客人握手或拥抱的，只是通过微笑、鞠躬、问好表示欢迎；在印度遇到女性时，尽管印度女性在商务活动中可能更加开放，期望与男性握手，但男士是否行握手礼还是要看女性是否同意。当对方向你行合十礼（两个手掌合在一起放在下巴的高度上，并要在额头上轻碰一下）问候时，你要合十还礼，行礼后不用再握手。如果对方不行合十礼，你就同男士握手致意，对女士则礼貌地笑笑。

可以说握手礼是当今国际交往中运用最广泛、最频繁的一种致意礼仪，也是国际上通用的礼节。然而，握手这个简单的动作，也有着它的行礼规则，尤其在国际商务活动中，了解和正确使用握手礼成了各国商务人士的必修课。

1. 握手的姿势

握手时上身略向前倾，伸出右手（在伊斯兰国家，左手是不能用来从事如签字、握手、拿食物等干净的工作的，否则便被看作是粗鲁、极不礼貌的行为，甚至被认为是在侮辱对方），四指并拢，拇指张开与对方相握。至于前倾的程度，则要视具体情况而定：与欧美人握手时，一般略微前倾即可；与日本、韩国人握手时，则要稍微躬腰。与地位相等的人握手，身体稍微前倾即可；跟地位高的人握手时，应该深躬，以表示尊重。握手时最好站立，不要坐着跟人握手。握手时不可左顾右盼，显得心不在焉，不重视对方。握手时双眼要正视对方，面带微笑，以示敬意。

2. 握手时伸手的先后次序

一般应遵循尊者优先的礼仪原则。即职位高者先伸手；年长者先伸手；女士先伸手。在与多人握手时，应按照由近至远、顺时针方向的握手原则，避免出现交叉握手、甚至争手的现象。

3. 握手的力度

这一点各国有别。一般来讲，与美国人和俄罗斯人握手要有力，与欧洲人握手要较轻，与阿拉伯人握手要轻而无力。国际商界对握手的力度没有统一的标准，但根据外交惯例，握手的力度一般为 2 公斤左右，国际商务人员大多以此为参考标准，但同女性握手时力度不宜过重。

4. 握手的时间

在国际商务交往中，握手的时间不要太短，也不要太长。一般应控制在 3 秒 ~ 5 秒。时间太短，手一接触便立即松开，被认为是不热情；时间太长，尤其是第一次见面，或者是与异性握手，则被认为是热情过度。

七、会谈礼仪

国际商务会晤中的尊位简单来讲有三大原则：“以客为尊”“面门为上”“以右为尊”。

（一）会客中的尊位

通常以“门”确定尊位的参照物，遵从“面门为上”的原则。当客人与主人对面而坐，则“以客为尊”，即面对房间正门者为客位，是地位高者，背对房间正门者为主位，是地位较低者；当宾主并排而坐并且双方都面对房间正门时，则“以右为尊”。宾主之间客人应该坐在主人的右边。

（二）谈判的位次排列

在国际商务交往中，当不同的公司为了各自的经济利益而在一起进行接洽商谈时，就出现了谈判。谈判根据参与方的多少可以分为双边谈判（两方参与）和多边谈判（多方参与）。为了表示谈判的严肃性，人们对谈判的位次十分重视。

1. 双边谈判

一般安排在会客室中。通常使用长方形或者椭圆形的桌子。

如果谈判桌是宽端朝向正门，宾主相对而坐，以正门为准，座次安排的规则是：主人坐在背对门的一侧，客人面向正门。主谈人坐在中间。其右手边应为主谈二号，左手边为主谈三号。但如果需要的话，其右手边也可能安排译员，且译员只能安排在主谈的右侧，因为从理论上说，主谈人和翻译是被视为一体的。记录人员可以安排在后排就座。其他客人按照礼宾顺序，在主宾一侧就座。主方的陪见人员在主人一侧就座。座位不够的话可以在后排加座。

如果谈判桌是窄端朝向正门，则应以进门的方向为准，主方代表坐在左边，客方代表坐在右边。

2. 多边谈判

座位可以相应地调整成多边形、圆形或者方形。如果只是小范围的谈判，也可以安排在办公室里，或者不用桌子，只设沙发，座次安排的原则同上。

（三）会谈过程中的礼节

如果参加会谈的人数比较多，可以安排在面积较大的会客室里，事先安排好座位图，在桌子上提前放置中外文的座位卡。

在会谈过程中，即使允许记者采访、拍照，也只限于活动开始前的几分钟，之后，除了陪见人员和必要的翻译、记录人员外，其他的工作人员都要退出。在会谈过程中，旁人不应随意进出。

会谈的过程中如果需要合影，应该安排在宾主握手之后、会见之前，双方合影后再就座。合影时每个人的站位需事先安排好，以免届时场面混乱。

小案例 2

到手的生意落了空

德国一家公司在韩国的分支机构准备为在当地研发的新产品招标一个广告公司，做此款产品的市场推广工作，合同价值数百万元。公司的总经理已做了决定，在投标的三家公司中，选择 A 公司。经理让秘书通知 A 公司的销售经理进行会谈，准备在合同上签字盖章。

不料,A 公司销售经理比预定的时间提前了一个小时到达,双方互相介绍后,总经理得知,原来 A 公司听说这家德国公司的另一款产品也即将上市,希望德国公司认真考虑与 A 公司进行下一次的合作。

为了谈这件事,该销售经理还带来了一大堆的资料,摆满了台面。总经理没料到对方会提前到访,刚好手边又有事,便请秘书告诉对方等一会。这位销售经理等了不到半小时,就开始不耐烦了,一边收拾起资料一边说:"我还是改天再来拜访吧。"

这时,总经理发现对方在收拾资料准备离开时,将自己刚才递上的名片不小心掉在了地上,对方却并未发觉,走路时还无意从名片上踩了过去。但这个不小心的失误,却令总经理改变了初衷,A 公司不仅没有机会获得下一个市场推广的项目,就连几乎要到手的生意也告吹了。

第四节　商务宴请礼仪

商务宴请在国际商务活动中是非常重要的一环,它有利于合作双方沟通感情,交流信息,也用于庆祝谈判、合作成功。商务宴请分为宴会、招待会、茶会、工作餐等。

宴会是指比较正式、隆重地设宴招待客人,可分为正式宴会、便宴、家宴。一般是正餐,便宴也可以是早宴。国际上对正式的商务宴会十分讲究,客人按照安排好的席位就座,餐具、酒水、菜肴的道数及上菜程序均有严格规定,在礼仪方面的要求也最为严格。

招待会是指一些不备正餐的宴请形式。一般备有食品和酒水饮料,不排固定席位,宾主活动不拘形式,可分为冷餐会、酒会等。

茶会是一种简便的招待形式。举行的时间一般在下午 4 时左右(亦有上午 10 时举行)。茶会通常设在客厅,不用餐厅。厅内设茶几、座椅,不排席位,但如果是为某贵宾举行的活动,入座时,要有意识地将主宾同主人安排坐到一起,其他人随意就座。西方人一般用红茶,略备点心和地方风味小吃,也有不用茶而用咖啡者,其组织安排与茶会相同。英国人对饮茶十分讲究,各阶层的人都喜欢饮茶,尤其是妇女嗜茶成癖。英国人还有饮下午茶的习惯,即在 15:00 ~ 16:00 放下手中的工作,喝一杯红茶,有时也吃块点心,休息一刻钟,称为"茶休"。

工作餐是指主客双方可利用进餐时间,边吃边谈问题。按用餐时间分为工作早餐、工作午餐和工作晚餐。此类活动一般不请配偶,因它多与工作有关。双边工作餐往往以长桌安排席位,多以快餐分食的形式,其座位与会谈时座位排列相仿,便于主宾双方交谈、磋商。在非律宾的商务会谈中,宴请以类似于工作餐的形式为主,通常没有繁杂的吃饭应酬。双方生意谈好后,大家吃一顿简单的快餐或是自助餐就可以了。双方在长桌前入座，各人拿各人喜欢的食物，经常是 AA 制。因为菲律宾人在谈生意时更在意的是服务和回扣，所以商务应酬很简单。

这里所讲的商务宴请礼仪主要指宴会礼仪。

一、邀约与应邀礼仪

一般情况下，正式的商务宴会邀约要有书面请柬或邀请函。当然也存在关系紧密或小范围的商务人士聚会时当面邀约、托人邀约以及打电话邀约等形式，多适用于便宴、家宴。凡精心安排、精心组织的大型宴会，只有采用请柬邀请嘉宾，才会被人视之为与其档次相称。

需要注意的是，邀请商务客人的时间、地点、人数要因国别甚至城市的不同而异。

在瑞士，千万不要在见面的第一天就邀请对方共进午餐或晚宴，应待双方接触几次，甚至相熟之后，再提出邀请，最好在离开瑞士之前邀请对方共进晚餐。万一对方拒不赴约也不要紧，生意照样可以成功。

西班牙的一个奇特之处是晚饭的时间特别晚。饭店一般要到 9 点才开门营业，到 11 点左右才热闹起来。在商务招待过程中，巴塞罗那更常见的是早餐，而马德里则不然。在巴塞罗那，商务午餐通常持续两个多小时，而在马德里，则要三个小时甚至更长。马德里人通常在 10:30 或 11:00 开始用正餐，而在巴塞罗那，通常 8:30 的时候先喝点酒，然后在 9:30 的时候开始正餐。所以在西班牙，如果提出晚上和对方一起就餐，就不要想着把时间定在下午 6 点或 7 点，这时候即便偶尔有饭店开始做生意，你的商务伙伴或潜在的商务伙伴的午餐没准还在肚子里没有被完全消化，对方不可能有心情和你一起共享美味。

在英国，不流行邀请对方在早餐时间谈生意。一般说来，他们的午餐比较简单，对晚餐比较重视，视为正餐。因此，重大的宴请活动大都放在晚餐时进行。英国商人一般不喜欢邀请客人至家中饮宴，聚会大都在酒店、饭店进行。

加拿大人比较重视晚餐，大部分招待会在饭店和俱乐部举行。在西方国家，商务宴请时避讳 13 人共同就餐，人们认为 13 是不吉祥的数字。在波兰商务宴请时，要尤其注意就餐者总人数不能为单数。在波兰，大多数人认为单数是不吉利的，因此发送商务宴请请柬时，尽量考虑到就餐的总人数要调整为双数。

接到宴会邀请后，能否出席要尽早答复对方，以便主人安排。一般来说，对注有“R. S. V. P.”（请答复）字样的，无论出席与否，均应迅速答复。注有“Regret only”（不能出席请答复）字样的，则不能出席时才回复，但也应及时回复。经口头约妥再发来的请柬，上面一般注有“To remind”（备忘）字样，只起提醒作用，可不必答复。在接受邀请之后，不要随意改动，应该“准时参加”，万一遇到不得已的特殊情况不能出席，尤其是主宾，应尽早向主人解释、道歉，甚至亲自登门表示歉意。

二、座次礼仪

在商务宴请中，席位的安排关系到来者身份和主人给予对方的待遇，所以宾主双方都十分讲究。每张餐桌上的每个位置都是有主次尊卑之分的。根据桌形不同有不同的位次排列方法。

（一）长方桌型或随圆桌型商务宴请

国际正式商务宴请往往使用长方形桌或椭圆形桌，男主人居中而坐，其右座最为尊贵，其次是左座和对座。如果宴会是夫妇共同出席，则男主人位于正位，女主人位于男主人对面的位置，男主宾位于男主人的右侧，女主宾位于女主人的右侧。

（二）圆桌型商务宴请

随着中国加入世界贸易组织，圆桌型商务宴请也逐渐流行开来。圆桌型商务宴请主要遵照“面门为上”“以近为上”“以右为尊”的原则进行。具体的座次排列方法如下：一是“面门为上”，主人应面对正门于主桌就座，客人尊卑则“以近为上”，即距离该桌主人近者尊远者卑，距离该桌主人相同的位次时，则“以右为尊”，即主人右手边为主客，左手边为第二主客。二是举行多桌宴请时，以主桌为准，“以近为上”，即与主桌距离近者尊远者卑，距离相同时“以右为尊”；三是各桌之上均应有一位主桌主人的代表在座。其位置一般应与主桌主人同向。

在正式商务宴请时，桌上安排的用餐人数应限于10人之内，并宜为双数。在餐桌上的每个盘子里摆有来宾的名片，上面写着客人的全名，来宾“对号入座”就可以了。

三、赴宴礼仪

赴宴要注意形象。穿着得体是商务人士的常识。去高档的宴会厅，男士要穿着整洁的上衣和皮鞋；女士要穿套装和有跟的鞋子，应稍作打扮以示重视。如果是正式商务宴会，男士必须打领带。

赴宴应“准时参加”。然而，“准时参加”要视各国风俗而定。在美国，人们在宴会开始前3分钟～5分钟到达。在法国，如果有人邀请你出席有公司总经理参加的宴会，可以预见他肯定会晚到，并且宴会总要推迟半小时再开始。级别越高，推迟时间越长。一个内阁部长至少要迟到50分钟。因此如果你饿得比较早，最好还是在赴宴之前先吃点东西。到巴基斯坦朋友家做客，事先要预约。巴基斯坦人对时间观念要求不太严格，比如，参加一个约定8点钟的婚礼，即使是11点到，都不算迟到。不准时赴约不会被认为是失礼行为。但不要提前，以免主人未作准备而措手不及。在英国，若请你到对方家里作客，早到是不礼貌的，去早了女主人还没有准备好，这会使她难堪，最好是晚到10分钟。如果是家宴，你与主人关系密切，也不妨早点到达，以帮助主人招待宾客或做些准备工作。

作为男士，抵达宴请地点时，如有女士一同进入餐厅，应先请女士进入。首先跟主人握手、问候致意。对其他客人，无论相识与否，都要笑脸相迎，互相问好。

在参加家宴或其他私人性质的商务宴会时，给主人带上一份礼品已经成为一种礼仪，但要注意禁忌和风俗，避免暧昧、贿赂等因素也决定了所带的礼品。在下一节中会具体讲解。

四、菜品礼仪

商务宴请中，菜品的设置、上菜程序等也是重要的礼仪内容。

（一）菜品设置

就菜品设置来讲，各国都有自己的饮食文化，口味的轻重、偏好，哪些是招待客人的上等佳肴，哪些是不吉利的忌讳食物，各国有所不同。

爱尔兰人在饮食上对辣味菜肴不太感兴趣；也不喜欢吃带汁的菜肴。爱尔兰人的茶会颇为讲究。友人来访坐定后，先让他们一杯接一杯地饮爱尔兰特有的黑啤酒（几内斯），然后，主人才肯端上茶或咖啡及其他的方便食品。

英国人的宴请，在某种意义上说是俭朴为主，他们讨厌浪费的人。比如，要泡茶请客，如果来客有三位，一定只烧三份水。

德国人忌吃核桃。在肉类方面，最爱吃猪肉，其次才能轮到牛肉。以猪肉制成的各种香肠，令德国人百吃不厌。法国人不爱吃无鳞鱼，也不爱吃辣味重的菜肴。

加拿大人极爱食用烤牛排，尤其是八成熟的嫩牛排，习惯在用餐后喝咖啡和吃水果。忌食虾酱、鱼露、腐乳以及怪味、腥味的食物和动物内脏。

美国人饮食上忌食各种动物的五趾和内脏，不吃蒜、过辣食品，不喜欢清蒸和红烧菜肴。美国堪萨斯州的法律规定：星期天不准公民吃蛇肉，违犯者要被处以监禁。印第安纳州的威诺纳湖区的法律规定：星期天不准在柜台吃冰淇淋。在新泽西州，如果谁在餐馆里喝汤时发出咕嘟咕嘟的声音，就会被警察拘留。内布拉斯州的活特卢的法律规定：上午七时到下午七时之内，理发师吃洋葱是违法的。印第安纳州加里的法律规定：吃过大蒜以后四小时之内不准乘电车或上影剧院。

在非洲的不少地方，对饮食有着严格的规定，甚至连牛、羊、鸡、鸭的每个部位归谁吃都有规定。如：在马里，鸡大腿归年长的男人吃，鸡胸脯肉归年长妇女吃，当家的人吃鸡脖、胃和肝，鸡的头、爪和翅膀由孩子们分食。又如：在博茨瓦纳，在公众大型宴会上，宾客和男人吃牛肉，已婚的妇女吃杂碎，两者分开煮，分开食，不得混淆。埃及人习惯用自制的甜点招待客人，客人若是谢绝，一点也不吃，会让主人失望。南非著名的饮料是如宝茶。在南非黑人家做客，主人一般送上刚挤出的牛奶或羊奶，有时是自制的啤酒。客人一定要多喝，最好一饮而尽。

遵守信仰的穆斯林人不饮酒也不吃猪肉，许多人也不吃贝类。印度教人不吃牛肉和猪肉，大多数人实际上是严谨的素食主义者。佛教徒通常也是严谨的素食主义者，但许多泰国佛教徒吃牛肉。

总之，了解当地商务礼节会向合作者表明自己是一个严肃认真而忠诚投入的潜在供应商或合伙人。在礼节上少犯大错、误会，能使自己比那些责任心差的竞争者更具优势。

小案例 1

中马商务谈判陷入僵局

2010 年 1 月中国—东盟自由贸易区的建立，给中国经济带来一个发展的新契机，同时，也给中国与马来西亚经贸合作带来了无限的商机。中国桂林风情旅行社邀请马来西亚一家旅行社的商务代表前来洽谈一笔国际旅游业务，双方约定于某日上午十点在桂林榕湖饭店进行洽谈，风情旅行社派车接马来西亚旅行社代表来榕湖饭店进行洽谈。由于马来西亚代表是第一次到桂林，对桂林的美景流连忘返，以致路上耽搁了时间，晚到了一个小时。在商讨价格时，因双方提出的交易条件与价格相差较大，中方代表有点不悦，谈判中失去耐心、来了情绪，说话声音过高，且在交易条件与价格方面不肯做出让步。而马方代表年纪较大，认为中方代表的言语举动是对他们的不礼貌和不尊重。在享用午宴过程中，中方代表为了增进双方感情，拿出接待贵宾专用酒——茅台，并极力劝说马方代表饮用；又由于中方代表忽略了马来西亚旅行社代表是穆斯林人，在午宴中点了青菜，但忘记嘱咐厨师不要用猪油来炒，被马方认为没有诚意，以致他们生气地离开了桂林，致使谈判陷入了僵局。

（二）菜程设置

菜品可根据客人的口味不同进行调整，但菜程的设置有其固定的顺序。

1. 西餐上菜顺序

开胃菜 → 汤 → 鱼 → 第一道肉菜 → 冷冻食品

↓

咖啡 ← 水果 ← 甜点 ← 沙拉 ← 第二道肉菜

这里要提到的是，荷兰人倒咖啡有特别的讲究，只能倒到杯子的2/3处。倒满是失礼的行为，被视为缺乏教养。

2. 中餐上菜顺序

开胃菜 → 主菜 → 点心

中餐的开胃菜一般指四个或六个冷盘或大冷拼盘。主菜一般为六道至十二道，多达十六道至三十道，多为偶数。点心指主菜结束后所供应的甜点。水果标志着宴会将要结束。

（三）葡萄酒文化

葡萄酒是无声的国际社交语言。在国际商务宴请中，葡萄酒所散发的悠扬气质往往能最快地融化彼此的社交坚冰。酒杯晃动的畅快感往往能加速协议达成的进程。在欧洲、美洲和拉丁美洲等习惯饮葡萄酒的国家，除了葡萄酒专业杂志外，几乎所有大型报刊和杂志都有葡萄酒美食专栏，可见葡萄酒在欧美国家生活中的地位。葡萄酒不仅是国际交往中的常项，而且有非常丰富的表达方式。因而商务人士有必要具备一定的葡萄酒知识。而提到葡萄酒文化，有两个国家则不得不提及。

1. 葡萄牙

葡萄牙是闻名遐迩的“葡萄王国”。葡萄牙人认为：“葡萄酒是大地和太阳的儿子，它振奋人的精神，启发人的智慧。”到了葡萄牙，进餐时非喝酒不可。你要是搬出理由不喝，他们就认为你瞧不起他们，那么进一步做交易或交朋友的希望就要泡汤了。葡萄牙人饮酒的方法很讲究。按葡萄牙的传统，饭前要饮用开胃葡萄酒，饭后要喝助消化葡萄酒，用餐过程中还根据菜肴配酒：吃肉时喝红葡萄酒，吃鱼时饮白葡萄酒，冷拼盘配玫瑰香葡萄酒，吃点心时则配葡萄汽酒。这种传统、严格的配酒方法，沿袭至今，已成为全国人在商务宴请、社交场合和家庭饮宴时的一种礼节和习惯。

2. 法国

法国人平均每年要喝75升葡萄酒。他们对菜肴和酒的搭配也很有讲究，类似于葡萄牙人。每逢宴请还要喝香槟酒，以增加席间欢乐的气氛。法国各大公司都有葡萄酒窖，专门进行商务招待。

可以说，“吃白肉配白葡萄酒，吃红肉配红葡萄酒，庆祝选用香槟酒”已经成为西餐配酒的原则。另外，在国际上，喝红酒是什么都不加的。喝红酒的时候习惯于加冰、加雪碧或是加柠檬是中国人自己的喝法。

小案例 2

懂得欣赏葡萄酒的“收获”

有一次，中信集团高层主管车尔先生在美国大金融家索罗斯家中做客。当时，索罗斯非常隆重地款待中国客人，拿出法国名庄陈酿葡萄酒。车尔曾在法国长驻，因此对如何欣赏葡萄酒有所认识，他以法国人的方式晃杯、闻酒、欣赏葡萄酒时，索罗斯非常细心地观察他。晚餐后，索罗斯对中国的国民素质表示强烈担忧，当车尔作解释时，索罗斯非常认真地倾听，接受了车尔的意见并表示感谢。车尔能说服索罗斯，同他在国外的丰富经历有关，懂得葡萄酒则大大助他一臂之力。试想，如果车尔端起杯子用喝中国白酒的方式一干而尽，索罗斯还有兴趣与车尔探讨相关话题吗？

五、就餐礼仪

（一）入座

进入餐厅，由服务员或主人领位入座。国际上入座方式习惯从左侧入座。就座时，身体要端正，手肘不要放在桌面上。

（二）用餐

用餐时，上臂和背部要靠到椅背，腹部和桌子保持约一个拳头的距离。进餐过程中，不要解开纽扣或当众脱衣。如主人请客人宽衣，男客人可将外衣脱下搭在椅背上。女士不可在餐桌边化妆。

进餐需等主人示意。取食时不要站立起来，坐着拿不到的食物应请别人传递。宴会进行中，由于不慎发生掉菜、碰掉餐具等意外时不要慌张，可轻轻向邻座或向主人说一声对不起。餐具掉落可由招待员送一副。酒水打翻溅到邻座身上，应表示歉意，协助擦干。如对方是女士，只要把干净餐巾或手帕递上即可，由她自己擦干。在正式的宴会上，一般不准吸烟，尤其在英国，进餐吸烟被视为失礼。

不同国家在餐桌上也有不同的礼数，有的甚至大相径庭。在吃饭或喝汤时发出声响，德国人认为是一种非常不礼貌的行为，日本人不仅不忌讳反而表示欢迎，因为这种行为往往被认为是用膳者对饭菜的赞美或吃得香甜的表现。在巴基斯坦这样一个伊斯兰国家,全国 97% 以上的人信奉伊斯兰教,吃饭的时候一定记住要用右手。美国人则不喜欢在自己的餐碟里剩食物,认为这是不礼貌的表现。如果俄罗斯人将手放在喉部,一般表示已经吃饱。

(三)使用餐巾

所有主宾都入座后方可使用餐巾。餐巾应摊开放置于大腿之上,不可系于腰部,或挂在西装领口。餐巾可用于擦嘴及手上的油渍,不能用来擦拭餐具、桌子。中途离开餐厅时,应将餐巾布随意叠好,放在自己的座位上或置于椅背上,表示进餐还将继续,服务员也不会收走。将餐巾放在桌子上则是表示不想再吃或已经吃完。

(四)使用餐具

1. 筷子的使用

以中餐宴请商务伙伴时,要正确使用筷子。在这方面,日本人深受中国传统文化的影响,对筷子的使用非常讲究。不能将筷子插在饭碗里(有供奉祖先之嫌),也不能把筷子横放在碗上(渔民这样做,表示船要搁浅)。放筷时不能叮当出响(有不满、抗议之嫌、人们迷信敲碗声会招来饿鬼)。席间主人给客人夹菜,客人不要拿筷子去接,如碰了筷子,暗示双方碰在一起要吵架。夹菜时不能将菜汁滴下来。在餐桌上忌在盘子里挑挑拣拣,也不能用自己的筷子或勺子直接取公共的汤羹或者煲品。

2. 西餐餐具的摆法

底盘在正餐采用时,预先放置在客座的中央位置,盘沿距桌边不超过 1/4 英寸。汤盘压在底盘之上。

底盘右侧:餐刀一只,置于底盘的右侧,刀口面朝向底盘;汤匙一只,置于餐刀的右外侧,匙心向上。

底盘左侧:餐叉二只,底盘的左内侧是生菜叉一只,紧接着左外侧是餐叉一只,叉齿向上。

底盘前上端:点心叉及匙各一只。事实上,餐桌上并非一定要摆上点心叉与匙,它们可在供应点心前或同时带去摆上餐桌。

底盘左前方:面包、牛油碟,碟上横置牛油小刀一只,与餐叉平行。

底盘右前方:饮料杯置于餐刀上端的中央位置。参见图 3 – 1。

3. 正确使用西餐餐具——刀、叉、匙、盘、杯等

通常宴请外国人吃中餐,亦以中餐西吃为多。既摆碗筷,又设刀叉。西餐一般

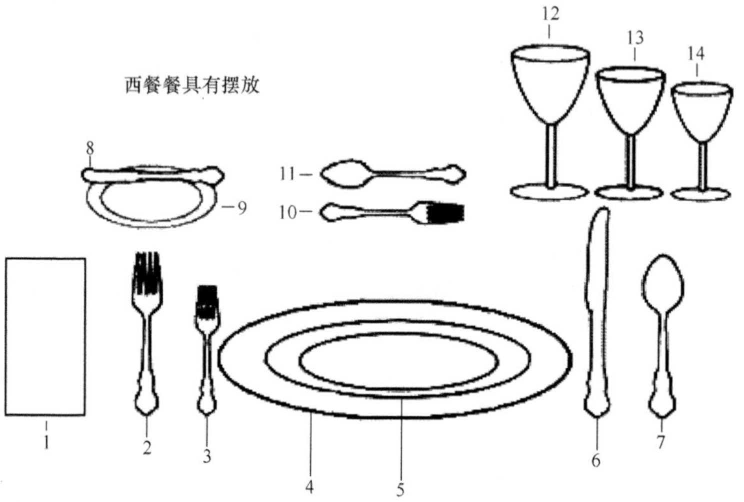

图 3-1 西餐餐具的摆放示意图

1. 餐巾; 2. 餐叉; 3. 生菜叉; 4,垫盘; 5. 汤盘; 6. 餐刀; 7. 汤匙;8. 黄油刀;
9. 面包、黄油盘; 10. 甜点叉; 11. 甜点匙; 12. 水杯; 13. 红酒杯;14. 白酒杯。

讲究吃不同的菜用不同的刀叉,饮酒也应用不同的酒杯。基本原则是右手持刀或汤匙,左手拿叉。若有两把以上,应由最外面的一把依次向内取用。刀、叉的拿法是轻握尾端,食指按在柄上。汤匙则用握笔的方式拿着即可。右手持刀左手持叉,将食物切成小块,然后用叉送入嘴内。欧洲人使用时不换手,即从切割到送食均以左手持叉。美国人则切割后,把刀放下,右手持叉送食入口。就餐时按刀、叉顺序由外往里取用。波兰的商务宴请比较特殊,若吃整只的鸡、鸭、鹅时,要由宴请方的女士亲手操刀将其分割开来,然后逐一分送到诸位被宴请客人的餐盘中。

4. 西餐餐具的语言暗示

刀、叉、匙摆放的方向和位置都有讲究。刀、叉放在垫盘上呈八字形、刀口朝内、叉尖向下就表示你还要继续用餐;刀、叉平行摆放在垫盘上、刀口向外、叉尖向上则表示你不再用餐;汤匙横放在汤盘内、匙心向上,也表示用汤餐具可以收走。

(五)祝酒

祝酒指宴席上宾主互相敬酒,以示祝福、庆贺。通常先由主人向来宾敬酒并致敬祝辞,主人与来宾一一碰杯,一起欢饮,然后由来宾或来宾代表向主人祝酒,双方饮酒。祝酒是宴席上最为普遍流行的礼仪。祝酒时,主宾都要说些有关祝福、吉利、感谢等话语。在主人和主宾致辞祝酒时,应暂停进餐、停止交谈、注意倾听。

祝酒时进行干杯,要手拿酒杯起身站立。即使是滴酒不沾,也要拿起杯子做出样子以示礼貌。在中餐里,干杯前可以象征性地和对方碰一下酒杯。碰杯的时候应该让自己的酒杯低于对方的酒杯,表示你对对方的尊敬。用酒杯杯底轻碰桌面也可以表示和对方碰杯。当你离对方比较远时,完全可以用这种方式代劳。在西餐里,祝酒干杯只用香槟酒并且不能越过身边的人而和其他人祝酒干杯。作为主宾,参加外国人举行的宴请,应了解对方的祝酒习惯、为何人祝酒、何时祝酒等,以便做必要的准备。碰杯时,主人和主宾先碰,人多可同时举杯示意,不一定碰杯。祝酒时注意不要交叉碰杯。主人和主宾讲完话,与贵宾席人员碰杯后,往往到其他各桌敬酒。

在中国,“酒逢知己千杯少”,人们习惯于劝酒、灌酒,好像酒喝得越多,越能体现人与人之间的情谊。其实,在国际交往中,则敬酒不劝酒,宾主饮多少全随自便,尤其对于女宾劝酒更显得失礼。

六、席间用语礼仪

商务宴请期间,静食不语是不礼貌的。交谈的对象要尽量广泛,不要与人贴耳小声私语。若的确有话不便公开讲,则应另找适宜的场合个别交谈。交谈的内容应愉快、健康、有趣,多谈论一些大部分人能够参与的话题,得到多数人的认同。

商务宴请中必不可少会涉及商务交流。在波兰只要不涉及“疾病”方面的内容都可作为交谈的话题,但是爱尔兰人习惯于工作就是工作,休息时就不想工作的事。所以,他们用餐时都不喜欢讨论公事。与澳大利亚客户共同用餐时,也不要主动谈生意,可以通过谈澳大利亚风情和体育来缩短双方的距离。但在巴西,不同地区各有不同:许多卡斯蒂利亚人不喜欢在用餐时谈论商务,而加泰罗尼亚人则可以接受。

在宴席间的讲话要音量适中。与人交谈时应放下手中餐具,说话者的口中也不能有食物,否则会被看做是对人不尊重。宴会结束时,要对主人的盛情款待表示感谢后再离席。有时在出席私人宴请活动之后,往往致以便函或名片表示感谢。

小案例 3

招牌菜推迟了谈判

为欢迎远道而来的印度公司代表到加拿大进行商务谈判,加拿大某公司总经理在某饭店为贵宾举行晚宴。印度代表如约赴宴,饭店的开胃菜、鱼、汤等精美可口,大家谈笑风生,非常热闹。随着第二道肉菜上桌,东道主用一副信心满满的口气介绍："来，请各位尝尝这家饭店的著名招牌菜，八分熟牛排，非常美味。"此时，筵席上的谈笑声戛然而止，印度代表显得异常严肃与不满，宴会不得不在这种尴尬的氛围中仓促结束。第二天上午的商务会见也被印方推迟到第三天而且进行得十分艰难。

第五节 礼品馈赠礼仪

在商务交往中免不了要馈赠或接受礼品。见面时、问候时、赴宴时、上门拜访时、庆祝合作成功时等情况都可以送上一份礼物，来表达喜悦的心情，缩短两国商人之间的感情距离，为下一步合作奠定友好基础。礼品馈赠在国际商务交往中也是一种文化和礼仪的体现。然而，受到文化差异的影响，一方面，礼品在不同国家、民族和地区往往有不同的象征意义，另一方面，礼物的赠送规则与收受规则也各有不同。因而，在国际商务活动中，学习礼品馈赠的礼仪有其必要性，礼品的挑选、如何赠送、如何接受都是应该关注的要点。

一、馈赠礼品的挑选

（一）选择馈赠的礼品要了解对方的风俗习惯、宗教信仰及文化忌讳

在信奉伊斯兰教的国家，不要送酒、猪皮产品。

给阿拉伯人送礼物切忌不可带有动物图案，更不可给女性送礼。送礼不能送贵重的物品，最好也不要拿食物送礼。因为送吃的对阿拉伯主人来说可能意味着你认为他吝啬，好像他准备的食物不够充足。不要送带标志的礼品，更不能送这样的礼品给阿拉伯上层人物，带标志的礼品被视为令人厌恶的强行推销。

在欧洲国家，送鲜花是比较常见的，但有很多讲究。忌讳双数，喜欢单数，但不能是13朵。男士不宜向女士赠送香水，有过分亲热或有"不轨企图"之嫌。不宜选择刀、剑、剪子、餐刀和餐叉，有破坏双方的友谊之嫌。去德国人家送给女主人鲜花一般是5朵或7朵即可，但不宜选择玫瑰或蔷薇，因为前者表示求爱，后者则专用于悼亡。在法国、意大利、比利时和瑞士等国家，菊花多用于万圣节和丧礼，石竹花则有招致不幸的意思。而远在美洲的加拿大人则在葬礼上使用白色百合。

在拉美各国，送礼不能送手帕（意味着痛苦而流泪）、刀子，也不要赠送黑色或紫色物品（使人想起阴郁的大斋期季节）。巴西人以棕黄色为凶丧之色，认为人死好比黄叶从树上落下来。

应邀去美国人家中做客或参加宴会,给女主人带小礼品切记不要送香水、化妆品、衣物、假首饰,她会以为你看不起她。

在亚洲,送给中国人礼品不宜选择钟表之类的东西,因为“送钟”与“养老送终”的“送终”同音,让人联想到死亡。

送日本人礼物不能是4和4的倍数,因为在日本人眼中数字4有不健康、生病的含意。日本人忌送梳子,因为梳子的发音与死相近。也不送带根的植物给病人。日本人忌讳破损,陶瓷、玻璃制品就不宜作为礼品。另外,日本人忌讳送2万日元和2的倍数,日本民间认为“2”这个数字容易导致夫妻感情破裂。到日本人家作客,一般人不要送菊花,因为菊花一般是王室专用花卉。

不宜送韩国人和菲律宾人香烟。另外,韩国人的民族自尊心很强,他们强调所谓“身土不二”,反对崇洋媚外,更不要送给他们日本货。

(二)馈赠的礼品要突出礼品的象征意义

在国际商务交往中,讲究“礼轻情义重”。送礼是为了表达一种感情,不能只着眼于礼品的价值,赠送过于贵重的礼品会让受礼者有受贿之感。商务会见时,给美国人赠送礼品,法律只允许送相当于付25美元税的商品。

到英国人、比利时人等欧洲人家中做客,送给女主人鲜花是很受欢迎的礼物,巧克力也是合适的替代品。尤其是法国人,他们喜爱花,生活中离不开花,探亲访友、应约赴会时总要带上一束美丽的鲜花。在德国也不兴厚礼,一条领带、一张贺卡、自制的蛋糕等都是送人的最好礼物。香槟酒、白兰地、糖果等也都是不错的选择。一些有艺术性和美感的礼品,如:唱片、画或一些书籍(如:传记、历史、评论及名人回忆录等)会很受欢迎。在拉美各国,智力性的礼品,如:优秀的古典音乐唱片、文学作品(尤其是诗集)、小的日常用具也是受欢迎的。

有时,“江南无所有,聊赠一枝梅”,往往更受对方欢迎。可以突出国家的象征意义或具有民族特色的较轻便的礼品,比如:中国人司空见惯的风筝、笛子、剪纸、图章、书画、茶叶等,一旦到了英国人手里,往往便会备受青睐,身价倍增。日本人喜欢中国的乌龙茶、铁观音、碧螺春、普洱茶等茶叶,喜欢中国的文房四宝和字画,并对一些贴画、织花台布、真丝织品、扎染布衣料等很感兴趣。韩国人非常喜欢有中国特色的礼品。

(三)馈赠的礼品要有针对性和差异性,因人而异,因时而异

要充分了解受礼人的性格、爱好、修养与品位,因人而异,投其所好。例如:到一位欧洲商人家参加家宴,赠送男主人艺术品,赠送女主人鲜花,赠送孩子糖果。而去美国人家中做客或参加宴会,可以赠送中国的玉饰、蜡染、景泰蓝和绣品等。

如果赠送发生在商务会谈场合，则可以选择能直接或间接地具有向外界宣传、介绍、推广本公司的产品、技术、服务乃至企业形象的礼品，如：公司的主打产品、宣传画册、企业标志或建筑模型等都是很好的正式礼品。

二、馈赠礼品的时机

在国际商务交往中，赠送礼品不仅要重视礼品本身的选择，而且一定要注意把握馈赠的时机。

在阿拉伯国家，初次见面就送礼是不合适的，可能被认为是行贿。德国人认为，只有当关系发展到相当密切时，才有必要送礼。但是，商务交往中，应邀到对方家里做客，最好带点礼品，并且要在到达时马上送上，以表示对主人的尊敬和礼貌。在欧洲，商务协议达成的时候会赠送礼品。

北美并不是一个有赠送礼品文化的地区，人们的行为模式中透露着注重生意本身的思想观念，许多公司都有关于礼品方面严格的规定，尤其是对那些有采购职责的人。在加拿大，出席商务性的宴会，如对方在请柬上注明“请勿送礼”，那你应尊重主人的意见，不要携带礼品出席宴会。

日本人很喜欢送礼，所以到日本去一定要带礼品。对第一次到日本的外国人，日本人并不指望他们会带什么礼物，因为日本人有这样的习惯，对第一次来访的客人，应该是由主人向他们赠送礼物。然而在第一次访问之后，外国人若再到日本应该带上礼物送给那些他们希望与其建立长期关系的日本人。

在韩国，同第一次见面的客人之间交换礼品是很常见的事。

三、馈赠礼品的方式

在国际商务交往中，馈赠主要有两种方式：一种是当面亲自赠送。在一般情况下，送给外国朋友的礼品，大都可以由送礼人亲自当面交给受礼人；另一种则是委托他人转送。例如：向外国朋友赠送贺礼、喜礼，或者向重要的外籍人士赠送礼品，亦可专程派遣礼宾人员前往转交，或者通过外交渠道转送。如果有必要，礼品可以被提前送达受礼人的手中。通常，送给外国人礼品时，尤其是委托他人转送给外国人礼品时，应附上一张送礼人的名片，它既可以放在礼品盒之内，也可以放在一封写有受礼人姓名的信封里，与礼品一同赠送给受礼人。

赠送礼品的时候必须用双手。在泰国、菲律宾等认为左手不洁净的东南亚国家，你要用左手扶着右手把礼品递送给他人。

在欧洲，礼物的包装很重要，通常用包装纸包好，再扎上丝带。不过送花束时不用包装，除非花是用透明玻璃纸包装的，否则在送给主人前应该将包装去掉。德国人对礼品的包装要求尽善尽美，忌用白色、黑色或咖啡色的包装纸装礼品。日本人之间互赠礼品也非常讲究包装，不喜欢在礼品包装上系蝴蝶结，而用红色的彩带包扎礼品，象征身体健康。给加拿大人礼物也要用礼品纸包好，附带一张写有对方和送礼人姓名的卡片。

四、接受礼品的礼仪

在商务交往中接受赠送的礼品，一定要站立着双手接受，并且面带微笑。但东西方人在具体表现方面各有不同。西方人往往表现得欣然接受，而含蓄的东方人往往推来推去，说几句“受之有愧”的自谦语。西方人喜欢当着赠送人的面打开礼品，然后认真地对礼品适当地赞赏几句，认为这是对赠礼人的尊重。而东方人，例如：日本人、新加坡人、韩国人、中国人和马来西亚人，收到礼品后一般在赠送者离开后打开，以表明他们重视的是送礼这一活动而不是礼品本身。然而随着社会的发展，国际化的程度逐渐加深，在中国，人们也开始逐渐接受“启封赞赏”这一做法。

接受赠送的礼品后，应在一周之内写信或打电话给送礼人，向对方正式致谢，这已经成为商界人士共同遵守的惯例。尤其当礼品是由他人代为转交时，则上述做法更是必不可缺的。之后有机会再与送礼人相见时，不妨在适当之时，再次当面向对方表示一下自己的谢意，或者是告诉对方，自己不仅十分喜欢他送的礼品，而且经常地使用。这种与送礼者共同分享礼物的喜悦的方式有利于增进双方的情感沟通，达到事半功倍的效果。

小案例 1

怀特的困惑

怀特(White)是一家加拿大电子公司的销售代表。他在该公司工作已有数年之久，有了一批忠诚的客户，这些客户中有一位是中国北京的王先生。碰巧的是，怀特所在公司要他就中国市场对电子产品的需求情况进行一番调查，怀特脑海中蹦出的第一个想法，就是见见这位王先生。

在他们过去的闲聊中，怀特得知：在中国，去拜访某人时，最好是带上一件礼品。为了给王先生留下一个好印象，怀特决定给王先生带上一件特别的礼物——一种新型的电子钟。他很高兴自己有这个创意，甚至对此颇感得意。然而出乎他的意料，当王先生看到这个电子钟时(尽管是一个新型号)，却显得一脸的不高兴，甚至干脆拒绝接受这一礼品，而且对此行为没有作任何解释。怀特感到窘迫万分，又十分困惑。

小案例 2

送意大利人菊花手帕

有一次,中国一家专门接待外国游客的旅行社准备在接待意大利游客时送每人一件小礼品。于是,该旅行社订购了一批纯丝手帕,是杭州制作的,还是名厂名产,每个手帕上绣着花草图案,十分美观大方。手帕装在特制的纸盒内,盒上又有旅行社的社徽,显得是很像样的小礼品。他们认为,中国丝织品闻名于世,一定会受到意大利客人的喜欢。

接待人员带着盒装的纯丝手帕,到机场迎接来自意大利的游客。欢迎词致得热情、得体,游客很是开心。在车上,他代表旅行社赠送给每位游客两盒包装甚好的手帕,作为礼品。

没想到车上一片哗然,议论纷纷,游客显出很不高兴的样子,特别是一位夫人,大声叫喊,表现得极为气愤,还有些伤感。旅游接待人员心慌了:好心好意送人家礼物,不但得不到感谢,没想到还出现这般情景。中国人总以为送礼人不怪,那么,这些外国人为什么"怪"起来了?

第六节　不同文化背景对商务活动时机的影响

不同国家和地区的历史、地理、气候背景不同,也就产生了不同的节日庆典、不同的度假黄金时期以及不同的工作时间。这直接影响着跨国商务往来的时间选择。以下是笔者提供的在各国有效进行商务活动的时机,希望能够给读者以帮助。

奥地利:到奥地利从事商务活动,2 月 ~6 月和9 月 ~11 月为宜。7 月 ~8 月为全国度假期,圣诞节和复活节前后两周,各大公司一般不举行商务谈判或其他活动。

德国:德国人一般不会约在晚上与客人见面。因为在他们看来,晚上是家人团聚的时间。圣诞节与复活节前后两周一般也不要上门拜访。慕尼黑及科隆嘉年华会举行期间也应避免上门拜访。

法国:法国的节日和法国人的休假时节都不是进行商务会面的"黄金时间"。这里包括整个 8 月份以及圣诞节、复活节。

菲律宾:菲律宾天气炎热,商务活动最好安排在 10 月 ~11 月、1 月 ~3 月进行。

圣诞节、复活节及中国农历新年(春节)前后不宜安排访问。

荷兰:3 月 ~5 月、9 月 ~ 11 月是最适宜访问的时间。6 月、7 月、8 月,荷兰人多去度假。

美国:美国公定假日有元旦、华盛顿诞辰纪念日、阵亡将士纪念日、独立纪念日、劳动节、哥伦布日、退伍军人节、感恩节和圣诞节等。到美国商务洽谈,应该避开以上时间(特别是圣诞节、复活节前后两周) 以及6 月 ~8 月度假的黄金时间。

葡萄牙:葡萄牙人中午 12 点到下午 3 点不办公,商务人士不要在这段时间联系工作。去葡萄牙,每年 10 月到次年 6 月为最佳时间,圣诞节前后两周及复活节前后一周不宜前往,而 7 月 ~9 月多为度假时间。

日本:到日本进行商务活动,以春季和秋季为宜。

瑞士:到瑞士进行商务活动,最好安排在 3 月、5 月、9 月 ~ 11 月为佳。圣诞节前一周至后两周,复活节前后各一周,一般不安排任何活动。6 月 ~8 月以及 2 月多为休假时间。

西班牙:每天中午的 siesta(西班牙语,午休)是家庭成员团聚并共进主餐的时间。从下午 1:30 ~4:30 大多数办事处和商店都停业关闭。每年 10 月至次年 6 月最宜访问。圣诞节前后两周及复活节前后一周免访。7 月 ~8 月商人多在度假。

匈牙利:匈牙利每年的 6 月 ~8 月为全国度假期,因此前往该国从事商务活动,以 9 月至次年的 5 月为最佳。

英国:商务活动在 2 月 ~6 月、9 月中旬 ~ 11 月最宜。圣诞节及复活节前后两周最好勿去。

第七节　不同文化背景下的习俗与禁忌

商务习俗指的是人们在长期的商务活动中所形成的习惯性概念和做法。“入乡而随俗,出国而问禁”,商务活动中要主动做到“入乡随俗”才能避免贸易伙伴产生误会,达到彼此沟通感情、促进业务顺利成功的目的。以下是笔者搜集的世界上一些国家独特的风俗习惯和禁忌,希望对读者在进行国际商务活动时有所帮助。

爱尔兰:他们忌讳见到单只喜鹊。认为凡是看见单只喜鹊,准会有倒霉的事要临头,若同时见到两只喜鹊,就预兆着必将有喜事。

法国:法国人大多信奉天主教,其次是新教、东正教和伊斯兰教。法国人忌讳黄色,对墨绿色也极为反感。他们视孔雀为祸鸟;认为仙鹤是蠢汉和淫妇的象征。视菊花为丧花;认为核桃、杜鹃花、纸花也是不吉利的。他们把对老年妇女称呼“老太太”视为一种污辱的语言。

菲律宾:菲律宾选举期间禁止喝酒,商店里禁止售酒。

韩国:政府规定,韩国公民对国旗、国歌、国花必须敬重。不但电台定时播放国歌而且影剧院放映、演出前也放国歌,观众须起立。外国人在上述场所如表现过分怠慢会被认为是对韩国和韩民族的不敬。

加拿大:加拿大是驰名的“枫叶之国”,加拿大人民对枫叶有着极其深厚的感情,视枫叶为国宝和祖国的骄傲,还把枫叶喻为友谊的象征,他们还偏爱白雪、视白雪为吉祥的象征。常用筑雪墙,堆雪人这样的方式来助兴,认为这样可以防止邪魔的侵入。加拿大人在社交场合温文尔雅、谈锋甚健。但大家都忌谈死亡、灾难等让人扫兴的话题,以免破坏轻松的气氛。

泰国:泰国人认为门槛下住着神灵,所以千万不要踩踏他们的门槛。泰国人非常重视人的头部而轻视两脚,认为头是灵魂所在,是神圣不可侵犯的,切记勿触摸别人的头,即使是摸小孩的头也不行。泰国人认为,头部被他人触摸是奇耻大辱。长辈在座,晚辈必须坐在地下或者蹲跪,以免高于长辈的头部,否则就是对长辈的不敬。坐着的人也忌他人拿着东西从自己头上过。泰国人特别尊崇佛祖和国王,佛祖和国王在泰国人心目中是至高无上的。不可当着泰国人的面说对佛祖和国王轻率的话。在泰国人面前,盘腿而坐或以鞋底对着人是不礼貌的。商务人士坐下时,千万别把鞋底露出来。脚除了走路之外,不可作其他用途。用脚给人指东西是失礼的。

日本:日本人忌讳送菊花给病人,因为通常菊花是供在坟墓和灵牌前的。日本人忌讳荷花,认为荷花是丧花。日本人不喜欢带狐狸的图案。他们喜欢松、竹、梅、乌龟等图案。而给日本人送礼应避免绿色、紫色、黑色、白色等代表不祥的颜色。在日本,对年事高的男子和妇女不要用“年迈”“老人”等字样,年事越高的人越忌讳。

美国:美国人喜欢浅淡的颜色,如浅绿色、象牙色、浅蓝色、黄色、粉红色和浅黄褐色。而忌讳肃穆的黑色,只将黑色用于葬礼上。美国人忌讳蝙蝠和中国山水、仕女,以及镰刀、锤子之类的图案。他们认为蝙蝠象征吸血鬼。他们偏爱白头鹰和白猫的图案。

南非:南非黑人非常敬仰自己的祖先,他们特别忌讳外人对自己的祖先言行失敬。跟南非人交谈不要为白人评功摆好;不要评论不同黑人部族或派别之间的关系及矛盾;不要非议黑人的古老习惯;不要为对方生了男孩表示祝贺。

西班牙:西班牙人92.2%都信奉罗马天主教,其他宗教有新教和犹太教。不要对斗牛有所非议,在西班牙人的眼里,斗牛不是一种运动,而是一种艺术。西班牙人举止文雅,对当众接吻是看不惯的,认为这是极不雅观的举止,是伤风败俗的行为。女人上街若不戴耳环,简直就像一个正常的人没有穿衣服一样。西班牙人最爱石榴花,视其为富贵和吉祥的象征,并尊其为国花。他们偏爱红色、黄色,也喜欢黑色,认为红色象征吉祥、热烈,黄色象征高贵、明朗,黑色象征庄严。他们忌讳大丽花和菊花,视这两种花为死亡的象征。

英国:不要拿英国人对皇室的爱戴开玩笑,君主制对英国人来说是神圣的,是重要的文化核心。

事实上,商业礼仪的范围远不止本章所讲到的这些。它是十分广泛和复杂的。在我们从事国际商务活动时,微小的言谈举止,都可能影响到国际商务活动的顺利进行。为了避免文化误解和冲突,就必须正确对待文化差异,具备跨文化意识。我们需要在掌握商务礼仪的国际惯例知识的同时,以开放的心态更多地了解世界各地的商务礼仪差异,尤其是你的商务伙伴,以及潜在的商务交往对象。只有这样,才能在国际商务活动中成功地进行跨文化商务往来。

本章思考题

1. 什么是国际商务礼仪?国际商务礼仪应遵循哪些基本原则?
2. 国际商务会见应遵循哪些礼仪?
3. 国际商务宴请应遵循哪些礼仪?
4. 国际商务中的礼品馈赠应遵循哪些礼仪?
5. 不同文化背景对商务活动时机有何影响?

本章思考案例

进展缓慢的谈判

王先生是国内一家大型外贸公司的总经理,为了一批机械设备的出口事宜,携秘书韩小姐等人赴伊朗参加最后的商务洽谈。

王先生一行在抵达伊朗的当天下午就到合作方的公司进行拜访,但正巧遇上他们的祷告时间,主人示意他们稍作等候再进行会谈,以办事效率高而闻名的王先生对这样的安排表示出不满。东道主为表示对王先生一行的欢迎,特意举行了欢迎晚会。秘书韩小姐希望以自己简洁、脱俗的服饰向众人展示中国妇女的精明、能干、美丽和大方。她身穿白色无袖紧身上衣和蓝色短裙,在众人略显异样的眼光中步入会场。为表示敬意,主人向每一位中国来宾递上饮料,当习惯使用左手的韩小姐很自然地伸出左手接饮料时，主人立即改变了脸色，并很不礼貌地将饮料放在了餐桌上。

令王先生一行不解的是，在接下来的会谈中，一向很有合作诚意的东道主没有再和他们进行任何实质性的会谈。

案例思考题

为什么这次谈判不像王先生预期的那样顺利？

第四章　语言沟通

引入案例

外籍上司与中国下属的一次职业发展计划交流

杰森(Jason)是一家美国独资企业派往中国分公司的技术部经理，近日，他与本部门具有较大发展潜力的中国工程师迈克尔(Michael)进行过一次职业发展计划交流。“迈克尔，我们都看到你在工作上的出色表现，对于自己今后三年的职业发展，你有什么想法吗?”“是的，我愿意继续从事技术方面的工作，如果亚太区有合适的机会，希望杰森可以给予推荐。”

不久，中国籍人力资源部经理艾玛(Emma)也找到迈克尔，和他一起探讨未来的职业方向。迈克尔却表示，目前自己在技术部的工作还不错，但对市场方面的工作也很感兴趣，如果可以的话，也愿意尝试一下。

最后，当技术部经理杰森与人力资源部经理艾玛坐在一起交流迈克尔的职业发展计划时，却发现两个人得到了完全不同的答案。对此，杰森很是困惑:“如果迈克尔真的这么想，为什么没有直接告诉我呢? 如果没有一个明确的奋斗目标或规划，又该如何采取实际行动呢?”艾玛则很释然，他告诉杰森:“迈克尔也许还在犹豫，并没有刻意向你隐瞒他的想法，只是为自己留有一些余地，我们还是多给他一些时间考虑吧，多给他一些选择的机会。”

从上述案例可以看出:美国人说话直截了当、开门见山;中国人则更倾向于婉转、含蓄的表达方式。比如，案例中的中国雇员迈克尔在与外籍上司杰森进行职业发展计划的交流中，就希望将自己的意愿表达得婉转而又谦虚。一来可以避免让上司觉得自己很有野心、高傲自大;二来也想给自己留条后路，万一做不到理想的职位，也不至于丢了面子，被人耻笑。类似这样的例子还有很多，就拿拒绝别人的要求来说，美国人如果不喜欢，就会直接说“不”;而中国人通常会说“让我考虑考虑”。美国人若不了解中国人的说话方式，会以为那个人真的去考虑了，过两天说不定又会来问中国人:“你考虑得怎么样了?”由此可见，不同文化在语言沟通方式上存在巨大差异。

第一节　语言与文化的关系

语言是人类广泛运用的、最重要的沟通符号。乔姆斯基(Chomsky)在《句法结构》一书中指出:语言是一组(有限或无限的)句子,每个句子长度有限,并由有限的成分构成。人类创造和运用符号及赋予符号意义的能力使他同动物区别开来。正如英国哲学家伯纳德·罗素(Bernard Russell)所说:不论一只狗叫得多么欢畅,它也不能告诉你,虽然它的主人很穷,但它很忠诚。我国古人也认为:"人之所以为人者,言也。人而不能言,何以为人。"语言是人类进行信息交流的主要手段,也是人类进行抽象思维和描述世界的工具。那么,语言与文化之间是一种什么关系呢?

一、语言是文化的载体

(一)语言反映文化本身的特点

一种语言的文化结构是使用该语言的人和民族的生活方式的总和,包括地理环境、民间传说、寓言神话、社会发展历史、宗教信仰等。因此,语言反映出文化本身的特点,是文化的重要载体。

例如,人们常说不同的气候对语言的起源产生了深刻影响。热带地区的人们户外活动较为频繁,其语言,语法规则简单明确,元音有较多的拼写方法和发音方法,适合人们在户外大声沟通,同时方便人们与不同地区的人们沟通。寒带地区语言的语法规则比较复杂,元音和辅音交错,适合人们在室内沟通,其他地区的人则很难听得明白。

再如,风俗习惯是一种社会文化现象,是社会群体经过长期的共同生活而共同创造、共同遵守的生活习惯和行为习惯。汉语中"礼尚往来""先来后到""人敬我一尺,我敬人一丈"等语言表现出中国人的处事态度和行为习惯。英语习语"let one's hair down"的意思是放松,它来自于英国早期的习俗:妇女不管在什么场合中,头发都要往上梳理整齐,只有单独一人时才能把头发放下来,所以"把头发放下来"的意思是放松一下。在中世纪,英国人生活习俗中习惯把盐罐子放在长方形餐桌的中间,贵宾一般坐在盐罐子的上首,一般客人或随从坐在下首,因此"above the salt"的意思是"处于受尊敬的地位",而"below the salt"的意思是"处于无足轻重的地位"。

还有,宗教是文化价值体系的内核,不同语言能够表现其所在文化的宗教观念。中国文化中,佛教是主要宗教,汉语中与佛相关的表达很多,如立地成佛、借花献佛和佛口蛇心等;来自佛教的词语,如慧根、慧眼、慧心等。英语中很多表达方式则体现了基督教在英国社会生活中的重要性。参见表4－1。

表4－1　英语中有关宗教词语的表达

词组	意义	隐含意
for God's sake	看在上帝的份上!	天哪!求求你!
so help me God	我答应,我发誓	强调是说真话
by God	天啊!上帝啊!	表示惊奇、不相信、烦恼等
please God	但愿	强调对未来的希望
Good God	天哪!哎呀!	增强惊奇、烦恼或乐趣的语气

(二)语言反映文化的内容

在语言的各要素中,词汇是其基本要素,因此,民族和文化之间的差异必然会在词汇层面上有所体现。

人类生活在同一个地球上,有些物体和现象是全人类共有的,如"太阳(sun)""月亮(moon)""白天(day)""黑夜(night)"等。但是,有些事物和现象是不同地区或不同民族的文化特有的。文化结构对语言符号在交际过程中的语义指代起着很大的作用。例如,在寒带地区,关于"下雪(snow)"的词汇就比较丰富。北极圈内终年冰雪覆盖,因纽特人生活在这里,以打猎为生。为了获取猎物,他们常常要在雪地上长时间守候猎物,在此期间,雪常常落在他们的衣服上。天长日久,因纽特人给不同图案形状及大小的雪花取了特别的名称,他们关于雪的词有十几个之多,甚至有"粉红的雪"一词。但是,在热带地区的原始语言中则没有关于"下雪"的词汇。尽管后来由于文字、书籍和现代通信手段的出现,各地区、各民族之间的语言和文化相互交流,热带地区的语言中也有了"下雪"这个词,但绝不会有十几个不同的词汇,热带地区的人也不会理解因纽特语中关于"下雪"的这十几个词汇的特殊含义和区别。中国盛产茶叶,在中文中,有关茶叶的词汇特别多。日本以大米为主食,有关大米的词汇则比较多。德国北部是啤酒之乡,有关啤酒的词汇特别丰富;而德国南部是白酒之乡,有关白酒的词汇就比较多。关于骆驼,汉语中只有一个词"骆驼",英语中也只有"单峰骆驼"和"双峰骆驼"两个词,而阿拉伯语中则有400多个词来表示"骆驼",因为骆驼曾是大多数阿拉伯人的重要交通工具。这400多个词可以区分骆驼的年龄、性别、品种、大小等,甚至还可以区分骆驼能否驮重物,据说最少有一个词指怀了孕的骆驼。希腊和阿拉伯语中表示感谢的词汇特别多;德语中使用频率较高的一个词为"termin(预约)",反映出德国文化对规则和时间的遵循。对于中国人来说，有很多词可以用来表述牛，因为中国是一个农业国家，牛是人们日常生活中常见的一种动物。如“牛车”“牛饮”“牛脾气”等。而英国是个岛国，鱼是常见的动物，因此，有很多有关鱼的表述，如“drink like a fish” “fish story” “all is fish that comes to his net” “teach fish to swim”等。

二、语言是思维的工具

早在19世纪，通晓多种语言的德国语言学家、思想家洪堡特(Humboldt)就注意到了语言对思维的介入，他认为，语言用不同的方式对现实进行范畴划分，这些迥异的方式限定了我们大脑的组织方式，语言就整体而言，处于人与人有内部和外部影响的自然界之间。因为人的认识和活动取决于观念，故观念与事物的关系完全受制于语言。洪堡特的观点在20世纪20年代影响了美国人类语言学家萨丕尔(Sapir)。20世纪30年代，萨丕尔和其学生沃尔夫(Wolf)提出了“萨丕尔—沃尔夫假设”。这个假设的最初含义就是指思维的文化差异基本上是由语言的差异决定的，即语言决定论。沃尔夫指出，对说话人来说，语言强有力地规定了我们对社会问题和社会进程的思考，人们很大程度上受他们所操语言的摆布，人们的感知行为也更多地受到称为词的社会模式的摆布；某种文明的文化模式网络是在表现那个文明的语言里得到阐释的，真实世界在很大程度上是不知不觉地建立在该语言社团的语言习惯之上的。而且，萨丕尔和沃尔夫对美国印第安人的语言做了一些案例研究，发现许多印第安部落之间的文化差异与他们所持有的语言差异是一致的。

但是，后续的研究发现，最初的“萨丕尔—沃尔夫假设”过分夸大了语言对心理的影响，而忽略了人的心理活动也会影响到语言的使用，人们的认知具有比较明显的跨文化一致性，语言对它的作用并没有想象的那么大。

心理学家罗西(Rossi)研究发现，有只存在两种颜色词汇的语言，比如说他们的语言中只有黑和白，而持这种语言的人，仍然能够区别基本的色彩差异。

心理语言学家凯(Kay)和哈密尔顿(Hamilton)还发现颜色与词汇之间存在着发展秩序的现象，也就是说各种语言都具备对黑和白两种颜色的描述。但是，如果存在第三种颜色的话，那么这第三种颜色一定是红色；假若存在第四种颜色的话，这第四种颜色一定会是蓝色或者绿色；如果存在第五种颜色的话，那么它就一定包括蓝色和绿色；假若有六种颜色的话，那这第六种颜色就应该是黄色；如果存在第七种颜色，那么一定要加上棕色或是粉红色。上述现象说明，人类视知觉有一定的发展秩序，这一秩序会影响到语言以及语言中反映这些颜色的词汇。

后来，萨丕尔和沃尔夫对原假设做了调整，给最初的假设赋予了现代含义，提出了语言相对论：文化的心理差异与其对应的语言差异是一致的，即心理与语言是一种对应的、平行的关系，而不是我们通常所说的线性的、决定性的关系，这被称为

“萨丕尔—沃尔夫假设”的弱势表述。

笔者比较倾向于语言相对论。下面我们用中国人和英美人为例，来说明这一点。

一方面，中国人的思维大多以经验和知觉为基础，以过去为取向，重视意合，重视悟性，强调整体的思维观点。另一方面，中国人的思维倾向于形象性思维，他们喜欢用类比、比喻和象征的手法写作，例如：“举一反三”“以近知远，以一知万”“泰山”“父母官”等。在这种整体性和形象性思想的影响下，汉民族的思维方式倾向于统一，主观和客观不是截然对立的，并导致思想观念模糊不清，区别界定不严格，比如，汉民族常常喜欢用“多”“可能”“大概”“也许”“差不多”“没准”等单词，就是这种思维的反映。相反，英美民族的思维，一方面多以事实和理论为基础，以未来为取向，重视形合，强调物质与精神、社会与自然、本质与现象的对立，强调分析性；另一方面，英美民族的思维倾向于抽象性，他们不是用动词而是使用大量名词来表达他们复杂的想法和微妙的情感。在这种分析性和抽象性思想的影响下，英美人善于把具体问题从整体中分离出来，进行具体分析。而且，他们习惯用直接、明白、准确的语言来表达他们所想的、所看到的事情。其语言具有逻辑性，结构严谨。正如奥卡巴所描述的：Reflecting the cultural value of precision, American's tendency to use explicit words is the most noteworthy in their communicative style. They prefer to employ such categorical words as “absolutely” “certainly” “definitely” and “positive”, etc.（美国的文化价值观影响了美国人的沟通风格，其最显著特点是倾向于用直接、明确的语言进行交流。他们喜欢用“绝对”“肯定”“一定”和“积极的”等词汇来表达自己的想法。）

第二节　语言的跨文化词汇差异

由于文化背景不同，操不同语言的人在沟通时，常常会发生下列情况：即使语言准确无误，也会产生误会。对于不同的人们，同一个词或同一种表达方式可以具有不同的意义。由于文化上的差异，谈一个严肃的问题时，由于一句话说得不得体，可以使听者发笑，甚至捧腹大笑；一句毫无恶意的话也可以使对方感到不快或气愤。这里我们主要探讨英语国家的人（或以英语为本族语的人，以美国人为代表）与中国人之间的词汇差异。

比如，“知识分子”和“intellectual”在中美各自的文化背景中含义是大不相同的。在中国，“知识分子”一般包括大学教师、大学生以及医生、工程师、翻译人员等一切受过高等教育的人，而且中学教师也是知识分子。在中国农村有许多地方，连中学生也被认为是“知识分子”。但在美国和欧洲，intellectual 只包括大学教授等有较高学术地位的人，而不包括普通大学生，所以这个词所指的人范围要小得多。此外，这两个词还有其他区别：在美国，intellectual 并不总是褒义词，有时用于贬义，如同我国“文化大革命”中叫“臭老九”一样。

这个例子说明，切不可以为双语词典上的注释都是词义完全对应的同义词，不要以为在不同的语言中总能找到对应词来表示同一事物。

一般而言，英语词和汉语词的语义差别有以下几种情况：

第一，汉语中的某些词在英语中没有对应词。

汉语中有个谚语，“夏练三伏，冬练三九”，意在激励人们坚持锻炼身体。“三伏”和“三九”在英语里是什么呢？一个年轻翻译对几个加拿大人说 three fu 和 three nine，听的人当然莫名其妙。其实，他只要说：“In summer keep exercising during the hottest days; In winter do the same thing during the coldest weather”就可以了。

比如，汉语中的“饺子”在英语中就是空缺的，因为这是中国的“名吃”。虽然在英语中也有表示类似于“饺子”这种食物的词，如“dumpling”和“ravioli”，但“dumpling”是指“汤团、团子”“ravioli”指的是“有馅的小包子”，它们与“饺子”不尽相同。所以《汉英词典》和《当代汉英词典》用这两个词来译“饺子”，显然是不准确的。不过，这大概也是不得已而为之。再如，传统中国妇女穿的一种漂亮的开衩的衣裙“旗袍”，以及“麻将”“气功”等词，在英语中都没有对应的词，所以严格地说，它们都是无法译的。

汉语中的“老师”一词到现在人们也没有找到恰当的对等形式，现代汉语中的职业称谓语“师傅”在英语中也找不到对应词。同样，英语中的“Sir”一词，尽管人们一般把它译为“先生”，实际上，它比汉语中“先生”的含义要广泛一些，所以在实际应用中，人们又视具体场合把它译为“阁下、长官、爵士”等。英语中的“Lady”一词也不是汉语中“女士”一词可以涵盖的，它还有“夫人、小姐”的意思。

汉语中有许多人称代词的尊称形式，而英语中却无“你”的尊称形式。而令尊、令郎等中的“令”字；贵厂、贵校等中的“贵”字；高见、高足等中的“高”字；大作、大礼中的“大”字；惠顾、惠存中的“惠”字，由于在英语中没有相应的深层文化，也就没有相应的表层内容。与尊称相近的是语言中的“谦”词。谦词在汉语中尤为丰富，在古书中常可见“犬子、小女、贱事、固陋、私心、谨、再拜”等谦词。现代汉语中，人们亦间或使用“鄙人、寒舍、贱内、拙作、敝姓、老朽、不才”等谦词，这是汉民族“满招损，谦受益”的民族心理在汉语词汇层次上的反映，但在英语中，我们却无法找到这种谦词，因而只好把“敝姓”说成“my name”，把“贱内”说成“my wife”。

汉语中“干部”这个词译成英语时往往用 cadre。但是英语中的 cadre 与汉语中的“干部”不同。而且 cadre 不是常用词,许多讲英语的人都不知道它是什么意思。即使认识它的人,在说到它时,发音也不一样——有三四种读法。因此有人建议用 official(官员、行政人员、高级职员),functionary(机关工作人员、官员),administrator(行政官员)等代替 cadre,但这些词没有一个与汉语中的“干部”是完全相同的。

同样,汉语中没有表达 cowboy 和 hippie(或 hippy)含义的对应词。这两个词是美国社会特有的产物。cowboy 与美国早期开发西部地区有关,关于他们的传说总带有浓厚的浪漫主义和传奇色彩。在汉语中译为“牧童”或“牛仔”,反映不出这些意义。汉语中把 hippie 音译成“希比士”或“希比派”,也没反映出 20 世纪 60 年代那些中国人觉得行为古怪的美国青年的特点。译成“嬉皮士”可能稍好一些,不过这个词也会造成误解,因为那批青年并不都是“嬉皮笑脸”的人,其中有不少人对待社会问题很严肃,对社会怀有某种不满情绪,尽管他们的生活方式与众不同:往往蓄长发,身穿奇装异服,甚至行为颓废,染上吸毒恶习等。因此,这就要在词典上或译文中加解释性说明了。

在表示自然力和宇宙方面,汉语里有些传统、古老的词,如“阴”“阳”,在英语里没有对应词,《朗曼现代英语词典》对“阴”和“阳”的解释是:“按道教的宇宙观,‘阴’和‘阳’是两种力量,这两种力量的本质产生了宇宙,保持宇宙和谐。‘阴’表示黑暗、雌性、消极的。‘阳’表示光明、雄性、积极的。”“阴”和“阳”的概念作为中医治疗基本原理的一部分已沿用了许多世纪,然而,这些原理却很难对西方人讲清楚。中医理论里所说的“寒”“上火”等概念,也很难用英语词表达,只能做些解释。如“上火”,就说是“内热过多”,然后再描写一下症状。在《汉英词典》中,“阴”“阳”两词只好分别注释为:yin, the feminine or negative principle in nature;yang ,the masculine or positive principle In nature. 这种解释与《朗曼现代英语词典》一致,但西方人还是不易明白。

第二,有些概念在英语和汉语中都有,但不完全同义。

有些懂一点英语的中国人介绍自己的爱人时用 lover 一词,外国人对此颇为惊讶(因为 lover 表示情夫或情妇的意思)。外国人不理解:一向在这类问题上谨慎小心的中国人,为何公开声明自己有 lover 呢?其实,相当于汉语中“爱人”这个词的英语词是:husband(丈夫)或 wife(妻子);fiance(未婚夫)或 fiancee(未婚妻)。

美国总统的夫人和州长的夫人常称为 First Lady,有时译作“第一夫人”,但一些中国人看到“第一夫人”字样会发生误解,以为既然有“第一夫人”就有“第二夫人”“第三夫人”甚至有“第四夫人”等,从而得出一种错误的印象:“白宫的主人居然有好几个老婆!”

中国人问别人的“籍贯”时，可能指 place of birth 或 where a person is from（本人的出生地或来自某地），也往往指 where a person's parents or ancestors came from originally（父母或祖先来自何地）。有时候这两个地方是相同的，但也常常不同。在英语中没有与“籍贯”对应的词。Place of birth 只表示本人出生的地方，与祖先的任何情况无关。这种差别有时会造成混乱，填写身份证、个人履历表、护照等时尤其如此。

第三，同一事物、生物或概念，在某些语言中可能只用一个词来表达，在另一种语言中可能有几个或更多的词来表达。

在用汉语与不同文化背景的人进行交际时，表示亲属的词语常常在彼此理解对方的意思方面造成很大困难，因为不是所有的称呼都可以找到令人满意的对应词。英语中“Linda's brother married Michael's sister”这句话就很难译成汉语，因为不知道 brother 是指琳达（Linda）的哥哥还是弟弟；sister 是指迈克尔（Michael）的姐姐还是妹妹。在汉语中，则有许多称呼表明各种具体的关系。参见表 4－2。

表 4－2　汉语称谓和英语称谓的对应关系

汉语词	英语词	必要的英语解释
祖父（母）	grandfather grandmother	paternal grandfather（mother）
外祖父（母）		maternal grandfather（mother）
父亲	father	
母亲	mother	
兄（姐）	brother（sister）	elder brother（sister）
弟（妹）		younger brother（sister）
伯父	uncle	father's elder brother
叔父		father's younger brother
姑父		husband of father's sister
舅父		mother's brother
姨父		husband of mother's sister
姐夫		husband of elder sister
妹夫		husband of younger sister

表 4－2 仅列出部分亲属关系，至于“姨公（婆）”“堂（表）兄弟（姐妹）”“嫂子”“弟妹”“小舅子”“侄”“外甥”等用更细致的方式来区分的亲属关系，在交际中所造成的困难更大。西方人对这些汉语称呼束手无策。relative（亲戚）一词则简单得

多,就用它来表示一切亲戚关系。

应该指出,在不用名字而用表示亲属关系的词称呼长辈时,按英语习惯,往往降一辈来称呼。例如:Granduncle(指与祖父同辈的男亲属)可称 Uncle 或 Uncle Jim,Uncle Henny 等。实际上,用 Granduncle Liu,Granduncle Chen 来称呼一个人,听起来不太顺耳,而且许多西方人也不喜欢别人用 grand - 之类来强调自己上了年纪。

第四,词的不同文化内涵会使人产生联想。

我们来看 politician 和 statesman 这两个英语单词。politician 是“政治家”吗?反过来说,汉语中的“政治家”这个词应该怎样译成英语呢?有些略知英语的学生把它译作 politician,其实这是不合适的。他们不知道 politician 这个词的含义。在美国英语中,politician 这个词往往有很强烈的贬义色彩,引起别人的蔑视。它指为谋取个人私利而搞政治、耍手腕的人。这个词还有“精明圆滑的人”(smooth - operator)之意,指一个人做事或说话时,信心十足,非常老练。汉语“政治家”这个词应译为 statesman,在英式英语和美式英语中都很贴切,statesman 主要表示善于管理国家的明智之士;人们通常把有威望的高级政府官员称为 statesman。politician(政客、政治贩子)为数不少,而真正的 statesman(政治家、国务活动家)却寥寥无几。有些英汉词典注释 politician 一词时,把“政治家”作为第一义项,往往会引起中国人的误解。

第三节 跨文化商务沟通过程中的语言障碍

吕俊先生曾出版了一本书,名为《跨文化障碍——巴比塔的重建》,主要论述了因文化差异造成的跨文化交际障碍。这本书的名字取得很妙。巴比塔(Babel Tower)是圣经用语,出自《旧约 · 创世纪》,意为无法实现的空想。洪水大劫后,诺亚(Noah)的后裔要在示拿平原上建成一座直通天庭的塔。当时人们共用一种语言,互相交流,人多智广,工程进行得很快。上帝对此惊愕不已,于是变乱了他们的语言,使他们无法进行交流。于是通天之塔在一片哀叹声中半途而废。这个圣经典故表明了语言文化交流的重要性,同时也说明了语言文化交流障碍会给人们的生产生活带来很大的不便。

跨文化商务沟通是指在商务活动中,拥有不同文化背景的人们之间的信息、思想、知识和情感的互相传递、交流和理解过程。跨文化商务沟通是同文化沟通的变体,是沟通在不同文化之间的延伸。在跨文化商务沟通中,解码者所得到的信息与编码者所要传达的信息一致当然最好,这是非常难得的。但是,由于编码和译码的人在不同的文化单元中,解码者所得到的信息与编码者所要传达的信息往往不一致,产生误解在所难免。跨文化商务沟通过程中的语言障碍主要包括浅层次的语言障碍和深层次的语言障碍两个层面。

一、浅层次的语言障碍

我们把由语言符号体系本身产生的语言障碍称为浅层次的语言障碍。由于编码者是用自己的母语进行语言交流,他按照母语的语言体系进行信息的编码和传送(这里指言语和文字),译码者要能理解编码者发出信息的意义,就必须用同样的编码规则去解码,换句话说,译码者需要掌握编码者的词语和语法规则,即掌握编码者的语言符号体系。用符号学的语言来讲,译码者要掌握编码者的技术编码过程。这是跨文化商务沟通中语言交流首先遇到的障碍即浅层次的语言障碍。

(一)词汇原因造成的语言障碍

关于这一点,我们在前面已有论述,这里不再重复。

小案例 1

中美商务争议

中国某国有企业和美国某公司经过漫长的商务谈判,马上就要签订正式合同了,这时,一位非常认真的中方工作人员发现合同上的报价与谈判时所说的不符,中方人员气愤地找到美方,美方却觉得没有问题。经过长时间的讨论,大家才弄清楚问题所在:在中方提出报价时,翻译直接用了“ton”这个单位,中方当然用的是公制重量级单位,而美制中分长吨、短吨,美方当然按照有利于自己的长吨来计算,所以才会造成误解。

(二)俚语、成语、方言、缩略语以及委婉用语造成的语言障碍

除了正规语言外,语言中还包括俚语、成语、方言、缩略语、委婉用语等,这也会对跨文化商务沟通造成很大障碍。

小案例 2

因为俚语造成的误解

在一次商务谈判过程中，美国人对中国官员的提议表示赞同时说："It's a great idea, Mr. Li, but who's going to put wheels on it?"（李先生，这主意不错，但谁来启动呢？）翻译人员听不懂，但又不想丢面子，因此，翻译为：美国客人刚刚就汽车工业方面的问题提了一个建议。

（三）语用失误造成的语言障碍

语言失误常包括以下几个方面。

1. 违反目的语的语言习惯，误用了英语的其他表达式

例如，一家中外合资公司的女秘书一天的工作干得很出色，她的经理感到非常满意，对她说："Thanks a lot. That's a great help。"秘书回答说："Never mind。"她想表达的是"没关系""不用谢"之类的话，但却用了"Never mind"。其实，"Never mind"常用于对方表示道歉，而自己不予介意的场合，其"言外之意"是安慰对方的套语，正确的表达是"you are welcome"。秘书显然用错了表达式，导致语言的语用失误。

2. 套用母语的表达模式

例如，某一中国售货员在接待外国顾客时，把汉语的表达习惯"你要点什么？"套用到英语中去而问"What do you want?"虽然，"您要点什么？"在汉文化中是相当得体的商场用语，但在英美人听来，"What do you want?"则具有审问、吆喝的言外之意。因此，他们会认为这位售货员缺乏礼貌而深感不快。

3. 只了解字面意思，不懂其内在语用含义

例如，在课堂上老师问："Can you answer the question, Tom?"Tom 回答："Yes。"当老师听到 Tom 的回应后就等着 Tom 的答案，可 Tom 却一直没吭声。显然老师的用意是要求 Tom 回答这个问题，但 Tom 却理解为一种询问，故只按老师提问的字面意思来回答而造成失误。

再如：

A："Is this coffee sugared?"

B："I don't think so. Does it taste as if it is?"

在这里 B 以为 A 只是提出"询问"，想知道"咖啡是不是放糖了？"但实际上 A 想表达的言语行为是"责怪"，意思是"你又像往常一样忘了在咖啡里放糖了。"显

然,如果 B 正确理解 A 的用意,他应该表示歉意,说:"I'm sorry. Here is the sugar-bowl."并主动去取糖来,但可惜 B 没有理解 A 的语用含义,没有弄清 A 的言外之意,弦外之音。

4. 句子或省略句违反了会话原则中量的准则

例如:

A:"Have you finished your task?"

B:"Yes. I have finished my task."

若 A 是操英语的本族人,听到这句话时,他会觉得 B 在"使性子"或者在"耍脾气";似乎在说"我完成了,怎么,不放心吗?"等。

若 B 的回答是"Yes,I have"就很得体。从语用学中"会话含意"的角度看,B 在这里违反了会话原则中"量"的准则,给予了对方多余的信息。违反了合作原则,A 听到这句话时,自然会去推导它的语用含义。

再如:

A:"Where've you been?"

B:"Out."

在这里,B 的回答太简单了。他本可以说得更详细些,但他却只用了"Out"一个词,因此,B 没有给予对方会话目的所需要的信息。A 就会把对方的话理解为"我去哪里跟你无关""别多管闲事"等意思。在这里,B 同样违反了会话原则中"量"的准则,而导致语言—语用的失误。

(四)行业术语造成的语言障碍

在长期的国际贸易实践中,逐渐形成了把某些和价格密切相关的贸易条件与价格直接联系在一起的惯例,形成了若干种报价的模式。每一模式都规定了买卖双方在某些贸易条件中所承担的义务。用来说明这种义务的术语,称之为贸易术语。例如,在国际货物买卖中,FOB,CFR 和 CIF 是最为常用的贸易术语,所占比率约为 90% ~95%。根据《国际贸易术语的解释通则 2000》的解释,按照这些贸易术语成交的合同,其相同点为:都属于装运合同;都是象征性交货,即只要出口人按合同规定的时间、地点,将符合要求的货物装上买方派来的(FOB)或自己安排的(CFR,CIF)船上,提交买方符合要求的货运单据(CIF 则包括保险单)便履行了合同的义务;风险都是货物在装运港越过船舷时由卖方转移到买方;都仅适用于海运和内河水运;都规定由卖方提供货物和商业发票,将货物交至并及时通知买方办理出口手续;都规定由买方接受货物、支付价款、办理进口手续。三种贸易术语的主要不同之处在于:CFR 和 CIF 下由卖方办理运输,FOB 下由买方办理;FOB,CFR 下由买方办理保险,而 CIF 下由卖方办理保险;FOB 接装运港名称,而 CFR、CIF 接目的港名称;CFR 价等于 FOB 价加上运费,而 CIF 价等于 CFR 加上保险费。如果你不了解这些术语,在跨文化商务沟通时就会产生误会。

二、深层次的语言障碍

人们在进行语言表达时,所使用的词语融入了自己的民族文化和民族情感,融入了看待世界的民族观念,有时往往难以被其他文化的人所理解和掌握的。例如,“black”作为一个英文词汇和文化上一种死亡的符号,无疑都是人为制造的,它作为死亡标志是一种文化符号和情感符号,而作为颜色的标记则不然。研究表明,操不同语言的人在交谈时,常常发生下列情况:由于文化上的不同,即使语言准确无误,也会产生误会。对于不同的人,对外来刺激的感受和意义及赋予意义的方式方法会因文化背景不同而不同,这被称为深层次的语言障碍。

著名的英国文学家瞿理斯(Giles)在翻译唐代王昌龄诗句时,将“洛阳亲友如相问,一片冰心在玉壶”的后一句译成:“Tell them an icy heart in vase of jade。”(告诉他们:“一颗冰冷的心在玉石的瓶子里。”)这样一来,原来富有意境和情韵的诗句就变得索然无味了。瞿理斯在这里犯了一个文化的错误,他只懂得汉语的“冰”和“玉”与英语的“ice”“jade” 二词的概念意义是相同的,但他没有了解汉语的“冰”“玉”还附有“冰清玉洁” 的文化意义。英语习语“the old man kicked the bucket”,意思是“老头死了”,如果不懂其文化的隐喻意义,可能翻译成“老头踢了桶”。英语习语“one's pound of flesh”来自《威尼斯商人》。安东尼奥(Antonio)为帮助友人向高利贷者夏洛克(Shylock)借钱,安东尼奥不能按时还钱就要割下一磅肉还给夏洛克,这句成语比喻“合法而不合理的要求”,如果直译成中文就是“某人的一磅肉”,既骇人听闻,又不能表达出应有的意思。

“human rights”指人权。美国人认为,人权主要指《人权法案》中提到的“言论自由的权力、公正审判的权力”等;而有些文化中人权指住房权和平等的医疗权力等。美国文化中,“腐败”是受道德谴责的犯罪;而有些文化中“腐败”的含意虽然也是一种不好的行为、一种犯罪行为,但是,人们不是在道德层面上谴责这种行为,而是从干扰政府正常行使职能的角度谴责这种行为。因此,同样的词在不同文化中,读者或听众的感受是不一样的。

再以“owl(猫头鹰)”一词为例,我们从“as wise as an owl”可以看出,在说英语的人看来,“owl”是智慧的象征。而对于中国人来说,一只猫头鹰在晚上飞到某人的家里预示着不幸与灾祸。“bat(蝙蝠)”在西方国家被看作是丑陋、险恶、吸血的生物,尤其是吸血蝙蝠更为恶毒。所以,他们有这样的术语:“as blind as a bat”“crazy as a bat”“a bit batty”“have bats in the belfry”等。然而对中国人而言,“蝙蝠”象征着好运、幸福、快乐。原因在于蝙蝠的“蝠”字的发音与代表好运、幸福、财富和权势的“福”字相同。“dog(狗)”这个词在英汉两种语言里表义都是一样的,但 dog 在西方文化中象征着“best friend of a man”,所以有“love me, love my dog”的说法。而在汉文化中,狗是奴仆,是低贱的追随者,故有“走狗”和“狗仗人势”之说。“peacock(孔雀)”在中国文化中是吉祥的象征,人们认为孔雀开屏是大吉大利的。而“peacock”在英语中的意义基本上是否定的,表示“one making a proud or arrogant display of himself”(一个洋洋得意、炫耀自己的人)。它不强调孔雀美的一面,而强调其骄傲的一面。

小案例 3

不同文化对于“龙”的理解不同

在英语和汉语中,“龙”都是一个虚构的词,在动物学中没有任何的概念表述。英文的“dragon”和中文的“龙”都来源于古代的神话传说。在中国文化里,“龙”是中华民族的象征,中华民族精神的化身。“龙”同时也代表了皇室的权威,因此,它拥有绝对的权力。从古至今,所有的中国人都把自己当成“龙”的传人。因此,有许多的词组和表达与“龙”有关,它们都有赞赏的意味。如“龙王”“舞龙”“龙船”“龙年”“龙马精神”“望子成龙”等。对于说英语的人来说,“龙”通常是邪恶的象征,是一个应该被消灭的可以毁灭一切的凶恶怪兽。在《世界百科词典》中,“龙”的定义是这样的:古代的一种大而凶猛的动物,传说是一种像蛇或蜥蜴的有翅膀、爪子和鳞的动物。这个词通常用来比喻一个非常凶残的人、一个严厉而警惕的女性或邪恶的有影响力的人。在西方国家,许多圣人和英雄的故事都有和怪物斗争的场面,而绝大多数的怪物最后都被杀死了。其中最著名的是贝奥武夫(Beowulf)所著的叙事诗《The Sing of Beowulf》:这是一个发生在公元前700年的、征服英国部分地区的西日耳曼人的史诗故事。讲述的是英雄贝奥武夫(Beowulf)打败了一个叫做格伦德尔(Grendel)的怪兽,但最后他自己在一次屠龙的时候不幸牺牲了。

正因为龙有不同的历史起源,对于中国人和说英语的人来说,要想理解对方所指的龙是有点困难的。因而,很容易理解为什么中国人会说“亚洲四小龙”,而说英语的人却说“亚洲四虎”。

小案例 4

送给法国人《君子图》

在中文中,从古至今流传着无数歌颂松树、竹子、梅花、兰花、菊花之类植物的诗歌。那是因为中国人把松竹当作是不懈努力完善自我精神的化身;而梅、兰、竹、菊更是因为它们的坚忍顽强、不屈不挠被比喻为“花中四君子”。但是在英语中,这些词没有这样的文化内涵。当说英语的人提到这些词的时候,他们不会产生像中国人那样的联想。曾有这么一件事:一个中国人送给法国人一幅国画《君子图》作为礼物,该图上画有梅、兰、竹、菊。法国人可以看出所画之物,但他想不明白为什么该画被命名为“君子”,也不理解“君子”这个词具有称赞的含义,反而会在逻辑上思考:“冬天的梅花和秋天的菊花会在一起开放吗? 这是什么品种的菊花呢?”

第四节　高语境文化与低语境文化

“语境”这一概念最早由英国人类学家马林诺夫斯基(Malinowski)在 1923 年提出。他通过对太平洋上特罗布里群岛居民的人类学研究发现,要理解人们说话的意义,只是懂得词的意义是远远不够的,语言与环境紧密结合在一起,语言不能脱离环境而独立存在。他区分出两类语境:一是“情景语境(context of situation)”,二是“文化语境(context of culture)”。也可以说分为“语言性语境”和“非语言性语境”。语言性语境指的是交际过程中某一话语结构表达某种特定意义时所依赖的各种表现为言辞的上下文,它既包括书面语中的上下文,也包括口语中的前言后语;非语言性语境指的是交流过程中某一话语结构表达某种特定意义时所依赖的各种主客观因素,包括时间、地点、场合、话题、交际者的身份、地位、心理背景、文化背景、交际目的、交际方式、交际内容所涉及的对象以及各种与话语结构同时出现的非语言符号(如姿势、手势)等。

因此,语境即言语环境,它包括语言因素,也包括非语言因素。上下文、时间、空间、情景、对象、话语前提等与语词使用有关的要素都是语境因素。美国文化人类学家爱德华·霍尔(Edward Hall)从交际与感知的角度提出了一种研究文化异同的有效方式,他在 1976 年出版的《超越文化》一书中,颇有见地地将语境分为高语境(high context)与低语境(low context)。

霍尔认为:“任何事物均可被赋予高、中、低语境的特征。高语境事物具有预先编排信息的特色,编排的信息处于接受者手里及背景中,仅有微小部分存于传递的讯息中。低语境事物恰好相反,大部分信息必须处在传递的讯息中,以便补充语境中丢失的部分(内在语境及外在语境)。”也就是说,在高语境文化中,人们在沟通时有较多的信息量或者蕴含在社会文化环境和情景中,或者内化于交际者的心中。沟通中的大部分信息都是由身体语言、环境语言,或该人的内在素质来传递,相对地讲,明显的语言代码则负载较少的信息量。这也意味着,在高语境文化中的人们对微妙的环境提示较为敏感。低语境文化则刚好相反,绝大部分的信息由明确编码的语言来完成,只有少量的信息蕴含在隐性的环境中。这意味着,在低语境文化中的人们习惯侧重用语言本身的力量来进行沟通,听者不需要对背景和情境进行加工,因为他们可以直截了当地从沟通者所说的、所用的词汇中理解对方的意思。霍尔指出:“在高语境系统中长大的人比在低语境系统中长大的人怀有更多的期望。当谈论他们心中的苦恼与忧虑时,来自高语境的人会期望对方明白是什么在困扰着他/她,但又不想做具体的说明,结果是他/她会在交谈中顾左右而言他,除了关键的一点什么都谈了,而领会这最关键的主旨则是对方的任务。”

路斯迪格(Lustig)等学者进一步概括了高语境文化与低语境文化的交际特点。高语境文化的交际特点:①内隐,含蓄;②暗码信息;③较多的非语言编码;④反应很少外露;⑤圈内外有别;⑥人际关系紧密;⑦高承诺;⑧时间处理高度灵活。低语境文化的交际特点:①外显、明了;②明码信息;③较多的语言编码;④反应外露;⑤圈内外灵活;⑥人际关系不密切;⑦低承诺;⑧时间高度组织化。

简而言之,高语境文化的交际,有时显得秘而不宣、藏头露尾;低语境文化的交际,显得多言而冗余、宣而累赘。在低语境文化里,人们往往对一些非语言交际行为视而不见;而在高语境文化里,交际者的面部表情、行动、交往速度、交往地点、难以言说的情绪、微妙的手势及其他周围环境细节等都是丰富的信息符号,给敏感的交际者以无限的信息与内涵。

霍尔认为,中国、日本、法国、意大利、西班牙、土著美洲人、南美、亚洲、非洲等国家和民族属于高语境传播社会,而美国、加拿大、英国、瑞典、德国以及北欧等国家多属于低语境传播社会。也就是说,在中国文化中,人与人的沟通讲究点到为止、言简意赅、同时强调心领神会。中国人所说的“此时无声胜有声”指的就是这种高语境沟通风格,而美国文化恰恰相反,在沟通的时候,强调直截了当、开门见山,人们习惯把所有要沟通的信息都用明白无误的、可编码的文字语言传达出去,常常没有隐藏在字里行间的意义,不需要说话听声、锣鼓听音。

跨文化交际研究学者迪纳 · R. 莱万(Deeena R. Levine)曾描述了非洲埃塞俄比亚的阿姆哈拉文化:阿姆哈拉人的交际基本方式是间接的,并常常守口如瓶。阿姆哈拉人的谈话充满了泛泛的、含糊其辞的话语,如:说话人并不明确所指之事时,就问“什么更好?”说话人并没具体说明自己所要之物,就说“给我。”说话人在打量着眼前之事或自己所要之物,他的回答可能还是没有透露出他心里的真正想法。

我们再以日本文化为例来加以说明。日本四面环海,在交通不发达的历史时期,日本长期处于一个封闭发展的状态,并且灾害频繁、资源贫乏、民族单一。单一的民族、封闭的环境使日本人心有灵犀,不需要过多的语言符号就可以达到信息交换的目的。以和为贵的思想是日本人的民族之魂,说话擅长曲折迂回、委婉含蓄,给听者留有足够的思维和理解的空间。在向人求助的时候,日本人要避免直截了当,给对方带来压力,要给对方留有回旋和拒绝的余地。在拒绝别人的时候,日本人从不直接说“いいえ”(不),而是以非常委婉的方式避免给对方带来尴尬,通过言外之意使对方明白自己的想法,自己难以说出的话由对方来心领神会。因此,日语被人称为“暧昧语”,是一种极具模糊性的语言。比如:“结构”这个词,既有表示否定的“足够,不必再多”的意思,还可以表示肯定的“好,可以”。例如,“千円で結構です”(一千日元就够了)和“一杯やるか,結構です”(来一杯,好吧),同一个词所表达的信息却完全不同。日本人常用的句末表达方式包括“だろう”(吧)、“でしょう”(是吗)、“ようだ”(似乎)、“と思う”(我想)、“じゃないか”(不是吗?)、“と見られる”(可能)、“ちょっと…”(稍微)等不确定语气,甚至其天气预报也多用推量助动词“でしょう”(不是吗?),是否下雨以及降雨强度就由听众自己做出决定了。曾有这样一个例子,一位美国长大的女记者到京都一家公司要求采访,接待方满面笑容地说:“すぐにお返事にしかねますので”“また来週にでも…”面对这种“我不能马上回答你”“或者下周再来……”的委婉回答,这位女记者继续追问:“要するにダメということですか”(总之,你是要说拒绝采访吗?)。在这种情况下,公司一方不得不说:“まあ、そういうことです。申し訳ございません”(就是你说的意思,对不起),结果双方不欢而散。事后,这位女记者把此事告诉了他的日本丈夫。丈夫告诉她说,其实对方一开始就拒绝了你,你没有意识到这是你的错。“来週まで考えさせてくれ”(让我在下周前考虑一下)也就是拒绝的意思。因此,日本人在交际过程中对语境有着很高的依赖性,日本是属于高语境文化的国家。

那么在不同的文化语境中,进行社交和商务活动时需要注意哪些方面呢?

在高语境文化中,要注意以下几点:第一,注意沟通方式。在高语境文化中,人们关注的不是你说了什么,而是你是怎么说的,这使得选择一种恰当的、容易被双方所接受的沟通方式显得尤为重要。例如,在高语境文化环境中建立商务关系,必须遵循由易到难、由间接到直接的沟通转换过程。双方最初的接触可能都是通过间接的或是第三者的信息来建立沟通关系,甚至可能是从一封电子邮件开始的,只有双方比较了解之后,才会直接给出商务沟通的目的和内容。在双方最初的沟通中,直截了当地提出自己的要求,会被高语境文化的人认为是一种粗鲁的行为。第二,谈判时要察言观色。在高语境文化中进行商务交往,要注意观察对方的表情,体察对方的心情,尽量满足对方的心理需求。第三,换位思考。不同文化中也存在个体差异,即便是在高语境文化中,也并非所有的人都是高语境沟通者,也有很多人是低语境沟通者。遇到这种情况,要善于理解对方并改变对策,多从他人的角度去思考问题。

同样的,在低语境文化中进行商务活动也有很多地方是需要我们注意的:第一,低语境文化中成员的特点是以自我为中心。他们往往喜欢吹嘘,但这只是一个文化上的特点,并不代表这个人本质不好。因为低语境沟通者比较强调个人的主动性、个人的决策和个人的成就,因为他们试图把自己与他人区别开来,比较期望自己在没有外人监督的情况下做出自己的决定。第二,低语境沟通者说话直截了当、开门见山。他们对含蓄和间接地变大方式有着天然的反感。第三,个人任务与具体表现分离。因此,即便是最直接的批评,也不是对个人的不尊重。

小案例 1

《迷失东京》所反映的日美语境差异

在影片中,男主人公鲍勃(Bob)应邀到日本拍摄威士忌广告。在第一次拍摄现场,鲍勃彻底迷失在日本文化中。日本导演对不懂日语的他叽里呱啦地说了一大串日语,而翻译把这段长长的日语仅翻译为一句极短的英语:“他想让你转头看向镜头。”鲍勃困惑地问道:“那是他说的全部的话吗?”翻译答道:“是,转向镜头。”鲍勃又问道:“那他想让我从左边转还是右边转?”翻译接着将这句英语翻译成了一段长长的日语,导演又回复了一段长篇大论,翻译却将这段长长的回复仅用“向右边转,要有力度”短短的一句翻译过来。鲍勃不确信地问道:“就说了这些? 但看上去他说的不止这些。”翻译未作回答,坚持原译,鲍勃只好无言地开始拍摄。在此过程中,翻译之所以进行缩水、添加,主要是因为在不同文化中,翻译的职责和功能也有差别。在日本,翻译需发挥联系功能,而不是仅仅直译原话,以避免因文化差异造成的误解。该翻译对美国文化有一定了解,她之所以不把导演的话全盘翻译过来,是因为她知道美国人关注的是具体明确的指令,而对抽象、模糊、啰嗦的话不能理解。日本人习惯把一个意图表示得很复杂,让他人办一件事情,还要用合理的解释做铺垫,且语言中还要用到敬语,这样一来,一个简单的意思往往要用很长的语句来表达。同时,日本的权力距离较大,而美国的权力距离较小,日本导演绝对权威的命令和口气很可能让崇尚平等的美国演员产生不满,因此翻译只把导演的具体指令翻译出来,而省略了她认为没必要译出的信息。再者,日本文化中十分强调为他人考虑,不使他人难堪,所以翻译想尽量过滤掉会让鲍勃感到不舒服的信息,只传递有效且不会产生文化误解的信息。可能她也想到了这样会让鲍勃产生困惑或不信任,但她没有解释,因为日本人替别人着想是不挂在嘴上的。可见,日本是高语境文化的国家,很多事要靠当事人根据当时的情景自己去领悟和体会,而不是直接用言语表达出来。而美国是低语境文化的国家,人们习惯用直白的语言明确地把自己的意图表达出来。这是美日跨文化商务交流中非常容易产生误解的一大因素。

小案例 2

邀请朋友喝咖啡

为了说明高语境文化与低语境文化的不同,我们假设这样的一个情境:你想邀请两位朋友第二天晚上一同去一家十分受欢迎的咖啡厅喝咖啡。来自低语境文化背景的朋友蒂娜(Tina)对你说:“不了,快考试了,我明天晚上要学习呢,但还是谢谢你的邀请。”而另一个来自于高语境文化背景的朋友李艳对你说:“那很不错啊。”但是,之后你会很惊讶地发现她并没有如约去喝咖啡。

小案例 3

伊拉克人对美国人的误解

1991 年 1 月 9 日,在美国决定对伊拉克开战前,伊拉克外长阿齐兹(Aziz)和美国国务卿率团在日内瓦进行最后一次谈判。美国代表团的决策者就在谈判现场。坐在伊拉克外长阿齐兹身旁的是萨达姆(Saddam)的姻亲,只见他不停地给萨达姆打电话,报告谈判进展。他汇报说,美国人说得非常清楚,如果伊拉克不从科威特撤军,美国肯定会向伊拉克宣战。

萨达姆问他美国人会不会动真格的,他评估说:“虽然美国人给出了最后期限,措辞严厉,但语气非常平静,声调也不高,表情也不愤怒,看样子不像动真格的。”伊拉克属于高语境文化,人们会根据语气、语调、表情来判断对方的真实意图,语言本身并不是最重要的。而美国文化属于低语境文化,说话的清晰性被推崇。所以,当美国代表团认为自己已经把最强硬的姿态摆出来时,伊拉克代表团认为还有调和的余地和空间,后来美国代表团没有妥协。最后的结果是美国进军伊拉克。

小案例 4

批评方式的差异

在低语境文化中，上司可能会公开严厉地训斥一个不负责任的下属，拿他来做例子，以儆效尤。这个上司可能会毫不顾情面地揭露下属的错误，同时，也会直截了当地指出希望对方改正的地方，以及如果再达不到期望的话，会有怎样的后果等。

然而，在高语境文化中，这个上司可能会顾及下属的“面子”而不当众训斥他，相反，上司更多地会在私底下向下属提出批评，同时，会选择一些婉转的语言来表达批评的意思。他不会直接说出下属哪里做错了，但是他会通过“绕圈子”的方法引导下属自己发现错误。例如，一个员工经常迟到。在高语境文化中，上司不会直接针对迟到这件事情来批评他；相反，这个上司可能会不断强调同事之间的责任感，成为团队里面“拖后腿”的人是一件可耻的事情等。在这个时候，这个员工通过上司的语气声调、肢体动作以及脸部表情，应该能够明白其所想表达的意思。

小案例 5

请病假

史女士（美籍经理）：“林小姐，请坐。我注意到上个月你请了好多次病假，我对你的身体有点担心。”

林小姐（新加坡籍员工）：“对不起，史女士。”

史女士：“自从我把你提升到办公室以后你就这样了，是不是这个职位对你的担子太重了？”

林员工：“可能是。”

史女士：“我也不知道该怎么办。我也想过让沈先生或刘女士来当主任，但他们都不如你做事有效率，尤其是上几个星期。”

林员工：“哦，不是这样。他们都很不错，而且在公司工作的时间都比我要长得多。”

仔细分析，可以看出两人之间深层次的文化差异。首先，史女士看到林小姐请病假，根本没有看出来林小姐是在逃避当老员工的主任的尴尬，而以为林小姐是真的病了，可以看出史女士属于就事论事的低语境思维方式。但是，她也注意到林小姐请病假都是在被提升为主任后开始的，所以，以为是工作本身带来的挑战造成的，没有看出林小姐的病其实是在心里而不是在身体上。其次，从林小姐说话的口气来看，她对史女士很尊敬，一点也不敢直抒胸臆，反映出她本人权力距离较高的文化烙印。第三，林小姐的回答相当含糊其辞，不像史女士那般直接明了，表现出其高语境的沟通特征。她希望史女士能够“猜测”到她真正想表达的意图。然而，苦于史女士对林小姐成长的文化背景的有限理解，她很难“猜”得到。

第五节　话轮转换的文化差异

话轮(turn)是日常会话的基本单位。在会话过程中，发话者的话语从开始到结束，被看做是一个话轮。话轮转换(turn - taking)是会话的特点之一，也是会话分析(conversational analysis)的核心问题。它研究日常会话中人们如何决定开口说话、如何轮流发言，从而揭示自然会话的一般特征。20 世纪 70 年代，美国社会学家塞克斯(Sacks)、瑟赫格劳夫(Sehegloff)和盖尔・杰斐逊(Gail Jefferson)等开创了会话分析的先河，他们研究以前人们不注意的文化现象，如话轮转换、即席修正、停顿、打断等，探讨社会交往中谈话的规律和原则。他们描述了谈话的两个明显的事实：第一，在一个时间里至少而且只能有一个人说话。第二，发话者不断轮流变化。通过对真实语料的分析，他们总结了以下三条话轮转换规则：第一，如果当前说话人选定下一位说话人，那么所选的人就有权继续话题，而其他人无此权利。第二，如果当前说话人没有选定下一位说话人，会话人可以自选，但并非必须自选。如果已自选，第一位自选人就接续了话轮。第三，如果当前说话人既没有选定下一位说话人，会话参与者又没有自选，那么当前说话人可继续(但并非必须)说下去。

塞克斯等人特别指出，以上规则具有可递归性，可以依序循环递进使用，即1→2→3→1。根据上述规则，他们指出话轮转换的分配技巧是：当前说话人可选定下一位说话人，或下一位说话人可以自选。

我国语用学家刘虹先生经过进一步研究后给出的话轮定义，得到许多中外语用学家的认可和赞同。他给话轮下的定义是：话轮是指在会话过程中，说话者在任意时间内连续说出的具有和发挥了某种交际功能的一番话，其结尾以说话者和听话者的角色互换或各方的沉默等放弃话轮信号为标志，同时，他又提出了衡量话轮的三个必备条件：第一，具有和发挥了某种交际功能。第二，连续说出的，中间没有沉默等放弃话轮信号的行为。第三，结尾发生说话者和听话者的角色互换，或者虽未发生这种角色互换，但是出现了沉默等放弃话轮信号的行为。

诺夫辛格(Nofsinger)提出话轮的语言单位由任意四种不同长度的话语单位组成，分别是单词、短语、分句、句子。但也有人认为，话轮不仅可以由以上四种单位构成，还可以由言语性反馈项目构成，而言语性反馈项目可以是非词汇性的，如：ah,aha,hm,m－hm,hum 等,也可以是词汇或短语性的。

研究者注意到,不同文化的人们在谈话时话轮转换的习惯也不同。有人把英国人和美国人的谈话比作打乒乓球,话轮转换的方式就像乒乓球一样在两人间来回往复。谈话中人们常用副语言、眼神交流及姿势来暗示话轮转换。而人们常把日本人、中国人的话轮转化习惯比作打保龄球,人们要等待说话的时机。谈话中经常出现停顿和沉默,因为人们一般不会打断别人讲话,而是习惯保持沉默、自己思考。这种现象在中外合资企业较为常见。在外企工作的中国员工经常感到没有话语权,抢不到说话的机会,往往是自己的话还没说出口,老外就已经把说话的机会抢跑了。

小案例 1

课堂教学的研究结论

西安外国语学院教师王芳曾对中英学生的话轮转换特点进行过专门研究。研究所采用的方法为归纳法，即将收集的语料进行分析，然后归纳总结每种类型所反映出的特点及规律,进而就相似语境下英汉课堂会话的话轮转换技巧所表现的异同点进行分析对比。研究发现,中英课堂会话在话轮转换技巧方面存在着以下几点差异:第一,在中文课堂教学会话中，学生多次使用塞克斯所说的规则 1,换句话说，教师多次使用指定或选定的方式使下一位说话人介入谈话，从而使课堂会话得以持续；而英语课堂会话中，学生很少使用这一规则,即教师很少用这种方式让学生介入会话。第二,在中文课堂师生会话中，参加会话的学生常以他选技巧介入话题；学生参与课堂会话的主动性不足,参与面窄；而英文课堂教学会话中，学生常以自选方式主动参与课堂讨论,学生的参与面广。第三,从话轮转换过程来看，中文课堂教学话轮转换频率较低，甚至有时出现停顿、冷场的现象；而英文课堂教学中话轮转换频率高，节奏快，很少有冷场或停顿的现象出现。

小案例 2

南希的困惑

与美国“乒乓”式的谈话方式不同,日本人的谈话方式较正式,属于“保龄球”

式的。美国女孩儿南希(Nancy)嫁给一个日本人后,她的日语进步很快,可她发现,有好几次当她参与谈话时,其他人会露出惊异的表情,然后谈话就会停下来。通过长时间的观察,南希终于发现问题主要出在她的西方式思维方式。虽然她讲的是日语,但她没有意识到自己已经处在另一个完全不同的谈话方式中,即每个谈话者都应掌握自己开口的时间,知道自己在谈话中的次序。在日本,年龄、社会地位以及与其他谈话者的关系决定说话的顺序。这就像打保龄球,当轮到某人时,他就会拿着保龄球走到前面并将其掷出去,而其他人则会在一旁静静观察并等待自己的次序,在球碰到瓶子之前没有人会打断掷球者。在一小段沉默过后,当其他人确定该人已结束游戏,下一个人才会拿球并上前掷球。在"接替"之间常常都会有一小段时间的沉默。因为日本人在谈话时,问题的答案往往是要经过深思熟虑的,并不是轻易说出口的,因此,人们可以理解长时间的沉默。日本人的这种表现在美国人看来就是被动的表现,是不够积极的表现,而且觉得这种方式导致谈话时间过长。

第六节 影片《饮食男女》所体现出的高语境文化特点

一、剧情介绍

老朱(郎雄饰)是台湾中国菜硕果仅存的大厨师,现在退休,和三个女儿住在一所老宅子里,每天他都要花大量的时间做出丰盛无比的菜肴。大女儿家珍(杨贵媚饰)是一所中学的老处女教师,刻板保守、笃信基督教教义和赞美诗;老二家倩(吴倩莲饰)从小就有做菜天赋,但和老爸不和,坚决不进自家的厨房,在一家航空公司做管理,有一个情人;小女儿家宁(王渝文饰)正在上学,正是情窦初开的年纪。

尽管老朱每天做出堪称豪华的盛宴,但三个女儿各有心事,都不买老爸的账,而老朱也逐渐失去了厨师最重要的能力——味觉。家珍年纪越来越大,生怕嫁不出去,对学校的体育教师有点喜欢;家倩自立能干,一直和男人分庭抗礼,一会决定自己买楼搬出去住,一会又要被公司派到阿姆斯特丹去。而在感情方面,和情人的关系不清不楚,又和公司的干将李凯(赵文瑄饰)产生了感情;家宁人小鬼大,不仅抢了女友的男朋友,还把肚子搞大。而老朱除了和女儿们斗斗气,就是帮邻居小女孩姗姗做午餐盒饭。姗姗的外婆梁伯母(归亚蕾饰)从美国回来,女儿们虽然讨厌这个唠叨不停的老太婆,但还是希望能给老爸找个老伴。

图4-1 《饮食男女》剧照

家宁和男友走了,要很快结婚生小孩;家珍也在一次学生的恶作剧之后"搞定"了体育老师;只有家珍,情人要和别人结婚,李凯也成了最好的"朋友",买的楼盘赔了个一塌糊涂,为了照顾老爸还推掉了去阿姆斯特丹的升迁机会。

眼见女儿们要各自散去,老朱召集了一次包括姗姗一家在内的全家"扩大"晚宴。在宴会上,老朱一吐胸中的不快,决定卖掉老屋,并郑重请梁伯母把女儿锦荣(张艾嘉饰)嫁给自己,原来两人早已"私订终身"。梁伯母昏倒,全家一阵大乱,晚宴匆忙结束。

不久以后,独自住在已经卖掉的老屋中的家倩自己下厨,召集全家赴宴,但大姐夫入教洗礼,小妹刚刚生产,锦荣也怀了身孕,都无法参加。家倩和老朱两个人面对着偌大的餐桌和空空的房间,一时百感交集。就在老朱喝汤的时候,两个人惊喜地发现老朱的味觉又恢复了。

二、影片体现出的高语境文化特点

父女之间的亲情是首当其冲的,父亲爱女儿,这是无须质疑的。影片反映了典型的中国式沟通风格:即使在家庭中,也通常采用简洁的沟通风格;父亲对女儿的爱不是通过语言体现出来,而是通过行动来体现。父亲的爱挥洒在那些花一天工夫准备的菜肴中,融化在每一次为女儿洗衣中,还有那一声声“起床”的呼唤中。然而他收获的是什么呢?菜被女儿挑剔地指出他味觉退化,洗衣被女儿责怪搞错了彼此的衣服,叫起床面对的却是扭身的背影或是针锋相对的拌嘴。不过,也许父亲的乐趣就在于此吧?花一天工夫做的菜肴也许只是女儿生活的佐料,但是它让大家聚在一起;为女儿洗衣服即使是内衣也那么仔细,至于起床他更是享受女儿沉睡的温馨,女儿一醒他就又变回了那个严肃、木讷的父亲。也许女儿对于父亲的爱也就在于那些挑剔与苛求之中吧?这里特别要提到的是二女儿与父亲的情感变化:父亲是最疼爱二女儿的,因为她模样最像亡妻,性格又是两人的结合,然而这种爱只能通过外人之口(温伯伯)点明,并且由外人作为中介。影片安排温伯伯这个人物就是为父亲和女儿解开心结的,而温伯伯的逝去引起了两人对生命的思考,以及中介消失必须面对彼此的慌乱。女儿是父亲的克星,或者可以说,父亲是她的克星。她固执地认为父亲“看她不顺眼”,于是,四处寻求出口,“把所有钱都丢下去了”,只为逃离那个家,她可以在父亲看似严厉实则关怀的话语后反驳一句同样的话语,甚至可以在父亲好友温伯伯入院时毫不吝啬地给他一记香吻却忽视父亲“吃醋”的眼神。这小小的手段多么真实地反映了当代中国那种隐忍的情感宣泄:父母、子女之间彼此深爱却不好意思说出口的境遇。

本章思考题

1. 什么是“萨丕尔—沃尔夫”假设?
2. 如何理解语言与文化之间的关系?
3. 跨文化商务沟通中有哪些浅层次的语言障碍?
4. 跨文化商务沟通中的深层次语言障碍是什么?
5. 什么是高语境文化和低语境文化?二者的沟通风格有何不同?
6. 什么是话轮转换?话轮转换存在文化差异吗?

本章思考案例

并非审美观的不同

一位美国人到中国人家中做客。客人和主人可以毫无困难地用英文交谈。当大家围坐在餐桌前吃饭时,美国客人对男主人说:“你的妻子很漂亮。”“不,她不漂亮。"男主人说。美国客人看了一下男主人，又看了一下女主人，微笑着再次说："我是说你的妻子很漂亮。""我知道你在说什么，但我妻子一点儿也不漂亮。"美国客人耸耸肩说道："也许我们的审美观不同吧。"

过了一会，美国客人又说："你的孩子很聪明。""不，他其实很笨的。"男主人说。美国客人睁大了眼睛，看看男主人，再看看一旁的孩子，简直不敢相信自己的耳朵。告辞时，美国客人说："谢谢你们的邀请，谢谢你们精心的准备和丰盛的晚餐，我度过了一个愉快的夜晚。"男主人回答："哪里哪里，今晚也没准备什么菜，没让你吃好，没让你玩好。"其实，主人一家早在一周前就开始忙碌了，美国客人带着不解离开了。

案例思考题

为什么美国客人对主人的回答会感到大惑不解？

第五章　非语言沟通

引入案例

美国人的感受

一天晚上,美国记者杰克(Jack)和他的同事汉斯(Hans)在波士顿参加了一个某建筑公司举行的记者招待会。该建筑公司已经和两家跨国公司建立了稳定的合作关系,计划在南非某地建造一个医疗中心。在出席招待会的25位与会者中,只有6名是美国人,其余的都来自其他国家。招待会结束后,杰克和汉斯碰了一下面,相互询问了一下情况,并且交流了各自对招待会的印象。

杰克注意到,当法国人亨利先生让英国人詹姆斯·雷诺先生后退到房间的一个角落时,那一刻雷诺先生的表现,他说:"亨利的动作好像舞蹈一样,而雷诺先生看上去好像有点不开心。"

汉斯观察到了一位韩国与会者,他说:"是啊,雷诺先生并不是唯一一位不愉快的人,我一直试图盯住那位韩国人的目光,但是这种做法好像让他很不愉快。当我问他问题的时候,在回答问题之前,他总是会有一段较长时间的停顿。"

"你看见那两个穿着礼服的小伙子了吗?"杰克问道,"为什么有人会认为商务招待会是很正式的呢?我就不明白为什么事情就不能变得好些?我倒确实希望正式的会议能比招待会开得顺利一些。好歹大家都说英语。"

上述案例说明,由于世界各国文化差异的存在,非语言沟通的方式也各不相同。在国际商务交往中,如果忽视了这种差异性,很可能就会引起不必要的麻烦,甚至造成非常严重的后果。

第一节　非语言沟通的含义与特点

一、非语言沟通的含义

非语言沟通是相对于语言沟通而言的。伯贡(Bogong)与赛因(Hussein)认为:"非语言交流是不用言辞表达的、为社会所共知的人的属性或行动,这些属性和行动由发出者有目的地发出,由接收者有意识地接受并可能进行反馈。"萨摩瓦(Samo Wa)认为:"非语言交际指在一定环境中语言因素以外的,对输出者或接收者含有信息价值的那些因素。这些因素既可以人为生成,也可以由环境造成。"也就是说,非语言沟通指的是通过声音品质、面部表情、手势、身体姿势以及空间距离来进行的沟通。非语言沟通是一门系统的学科,仅有50年左右的历史。第二次世界大战前,这一领域的研究方向主要停留在有限的身体语言部分,不成系统。直到伯德惠斯勒(Birdwhistell)的《体语学导论》与E. T. 霍尔(E. T. Hall)的《无声的语言》的发表,才为非语言交际学的深入研究奠定了坚实的基础,同时,也使这门学科变得更系统、更完善。

非语言沟通作为沟通活动的一部分,在完成信息准确传递的过程中起着重要的作用。著名人类学家、现代非语言沟通首席研究员雷·伯德威斯特尔(Ray Birdsweeter)指出:在典型的两个人的谈话或交流中,口头传递的信息实际上还不到表达的想要全部意思的35%,而其余65%的信息必须通过非语言信号的沟通来传递。美国传播学家艾伯特·梅拉比安(Albert Meilabian)曾提出一个公式:信息的全部表达=7%语调+38%声音+55%肢体语言。

上述数据是如何获得的,人们不得而知,但是能够证明的是:在人类的沟通中,互动双方所获得的信息有很大一部分来自于非语言行为。在高语境文化中尤其如此。

二、非语言沟通的特点

和语言沟通相比,非语言沟通具有以下特点。

(一)无意识性

正如精神分析学派的创始人弗洛伊德(Freud)所说,没有人可以隐藏住秘密,假如他的嘴唇不说话,则他会用指尖说话。一个人的非语言行为更多的是一种对外界刺激的直接反应,基本上都是无意识的反应。例如:与自己不喜欢的人站在一起时,保持的距离比与自己喜欢的人要远些;有心事时,不自觉地就会给人以忧心忡忡的感觉。

(二)情境性

与语言沟通一样,非语言沟通也体现于特定的语境中,情境左右着非语言符号的含义。相同的非语言符号,在不同的情境中,会有不同的意义。同样是拍桌子,可能是“拍案而起”,表示怒不可遏;也可能是“拍案叫绝”,表示赞赏至极。

(三)可信性

由于语言信息受理性意识的控制,容易作假。人体语言则不同,人体语言大都发自内心深处,极难压抑和掩盖,更为真实可信。当某人说他毫不畏惧的时候,他的手却在发抖,那么我们更相信他是在害怕。

(四)个性化

一个人的肢体语言,同说话人的性格、气质是紧密相关的,爽朗、敏捷的人同内向、稳重的人的手势和表情肯定是有明显差异的。每个人都有自己独特的肢体语言,它体现了个性特征,人们时常从一个人的形体表现来解读他的个性。

(五)文化差异性

与语言交际一样,非语言交际与文化也是密不可分的,许多非语言行为都是文化习得的结果,它因文化背景的不同而存在着不同的表达和阐释习惯。

第二节　非语言沟通的功能

非语言沟通在沟通和交际活动中的作用是不可估量的,它能使有声语言表达得更生动、更形象,也更能真实地体现沟通者的心理活动和心理状态。

一、代替语言符号的作用

我们现在使用的大多数非语言沟通方式是经过人类社会历史文化的积淀而不断地传递、演化得以形成的,已经自成体系,具有一定的替代有声语言的功能。许多用有声语言所不能传递的信息,通过非语言沟通却可以有效地传递。这时候,非语言符号起到代替语言符号表达意思的作用。在日常工作和生活中,我们也都在自觉或不自觉地使用各种非语言沟通来代替有声语言,进行信息的传递和交流。有时候,某一方即使没有说话,也可以从其非语言符号上(比如:面部表情)看出他的意思，在传递交流信息的过程中，既省去过多的“颇费言辞”的解释和介绍，又能达到“只可意会，不可言传”的效果。例如，在礼节性拜访中，主人一边和客人交谈，一边不停地看手表，客人便知道该起身告辞了。

小案例 1

藏不住心事的齐桓公

春秋时期，齐桓公与管仲密谋伐卫，议罢回宫，来到其所宠爱的卫姬宫室。卫姬见之，立即下跪，请求齐桓公放过卫国，齐桓公大惊，说：“我没有对卫国怎么样啊！”卫姬答道：“大王平日下朝，见到我总是和颜悦色，今天见到我就低下头并且避开我的目光，可见今天朝中所议之事一定与我有关，我一个妇道人家，没什么值得大王和大臣们商议的，所以应该是和我的国家有关吧？”齐桓公听了，沉吟不语，心里决定放弃进攻卫国。

第二天，与管仲见面后，管仲第一句话就问：“大王为何将我们的密议泄漏出去？”齐桓公又被吓了一大跳，问道：“你怎么知道？”管仲说：“您进门时，头是抬起的，走路步子很大，但一见到我侍驾，走路的步子变小了，头也低下了，您一定是因为宠爱卫姬，与她谈了伐卫之事，莫非您现在改变主意了？”

二、辅助语言符号的功能

非语言符号作为语言沟通的辅助工具，又作为“伴随语言”，使语言表达得更准确、有力、生动、具体。如：当领导在会上提出一个远大的计划或目标时，他必须用准确的非语言沟通符号来体现这个目标的重要性：他应该用沉着、冷静的目光扫视全体人员，用郑重、有力的语调宣布，同时脸上表现出坚定的神情。在表达“我们一定要实现这个目标”时，要有力地挥动拳头；在表达“我们的明天会更好”时，要提高语调，同时，右手向前有力地伸展等。这些非语言沟通会大大增强说话的分量，体现出决策者的郑重和决心。

三、体现真相的作用

非语言沟通大多是人们的非自觉行为，它们所载荷的信息往往都在交际主体不知不觉中显现出来，一般是交际主体内心情感的自然流露，与经过人们的思维进行精心构织的有声语言相比，非语言沟通更具有显现性。

非语言沟通在交际过程中可控性较小，它所传递的信息更具有真实性，正因为非语言沟通具有这个特点，因而非语言沟通所传递的信息常常可以印证有声语言所传递信息的真实与否。在现实交际中，常会出现“言行不一”的现象。我们正确判断一个人的真实思想和心理活动，要通过观察他的身体语言，而不是有声语言，因为有声语言往往会掩饰真实情况。日常工作中，同事之间的一个很小的助人动作，就能验证谁是你的真心朋友。在商务谈判中，可以通过观察对方的言行举止，判断出对方的合作诚意和所关心的目标等。

小案例 2

子产破案

传说春秋时候郑国的著名大夫子产曾经破过这样一个疑案：有天清晨，他正坐车去上朝，经过一个村庄时，听见远远地传来一个妇女的哭丧声，他按住赶车人的手要他把车停下，仔细听了一会，就通知官府把那个哭丧的妇女抓来审问。那妇女很快就承认了亲手绞死丈夫的罪行。过了几天，那个赶车人问起子产怎么会知道那个妇女就是罪犯呢？子产回答说：“人们对于他们所爱的亲人，当亲人开始有病的时候就会感到忧愁，知道亲人临死的时候就会感到恐惧，亲人去世了就会感到哀伤。那个妇女在哭他已经死去的丈夫，可是她的哭声却让人感到不是哀伤而是恐惧，因此，肯定是内心有鬼。”

小案例 3

麻将后面的政治新闻

我国新闻界的前辈徐铸成先生有次谈到他早年采访中的一段经历。1928 年，阎锡山和冯玉祥曾经酝酿联合反对蒋介石，可是当冯玉祥到达太原谈合作时，阎锡山却把他软禁起来，并借此行动向蒋介石要钱要枪。后来冯玉祥的部下作了一番努力，才逐步扭转危局。那天，徐铸成到冯玉祥驻太原的办事处采访，看到几个秘书正在打麻将，心里一动，估计冯玉祥已经脱身逃走了，因为冯治军甚严，如果他在家的话，部下是绝对不敢打牌的。徐铸成赶紧跑到冯玉祥的总参议刘治洲家中采访，见面就问：“冯玉祥离开太原了？”对方大吃一惊，神色紧张地反问：“啊？你怎么知道？”这个简短的对答，完全证实了徐铸成的判断。徐铸成就这样通过一桌麻将和采访对象的神色语气，获得了冯玉祥脱身出走的重要信息。以后他又经过深入的访谈，摸清了冯玉祥和阎锡山将再度联合的政治动向，在当时，这是一条极其重要的政治新闻。

四、规范语言符号的功能

使用非语言符号可以鼓励或禁止对方的某种行为。例如：作为教师，在刚开始上课时我总是提高嗓门，是为了引起所有学生的注意。课堂秩序混乱时，我就压低嗓门，也是为了引起学生注意；人们在噪音较大的工地或停车场，无法听见对方的讲话，便可以用手势来指挥吊车的工作、停车的位置和距离；在实弹射击场要求有紧张、严肃的氛围，老师在学生射击过程中，除在射击前和射击结束时下达正常的口令外，在射击过程中不针对单个或部分学生下达口令，只是简短提示，以免惊吓其他学生而发生意外事故。

第三节　声音品质

我们所说的声音品质一般包括音质的高低、声音的速度、音调的高低等要素。

声音是一种威力强大的媒介，通过它可以赢得别人的注意，创造有益的氛围，并鼓励他们聆听。比如，就语速而言，急缓适度的语速能吸引住听者的注意力，使人易于吸收信息。如果语速过快，他们就会无暇吸收说话的内容；如果过慢，声音听起来就非常阴郁悲哀，令人生厌，听者就会转而他就；如果说话吞吞吐吐、犹豫不决，听者就会不由自主地变得十分担忧、坐立不安。就音高而言，低沉的声音庄重严肃，一般会让听众更加严肃认真地对待；尖利的或粗暴刺耳的声音给人的印象是反应过火、行为失控。就语调而言，一般情况下，柔和的声调表示坦率和友善，在激动时声调自然会有颤抖，表示同情时声调略为低沉。不管说什么样话，阴阳怪气的，就显得冷嘲热讽；用鼻音出声往往表现傲慢、冷漠、恼怒和鄙视，是缺乏诚意的，会引起人的不快。

因此，恰当、自然地运用声音，是顺利沟通的必要条件。

小案例 1

罗西的一次表演

有一次，意大利著名悲剧影星罗西(Rossi)应邀参加一个欢迎外宾的宴会。席间，许多客人要求他表演一段悲剧，于是他用意大利语念了一段“台词”，尽管客人听不懂他的“台词”内容，然而他那动情的声调和表情，凄凉悲怆，不由使大家流下同情的泪水。可一位在场的意大利人却忍俊不禁，跑出会场大笑不止。原来，这位悲剧明星念的根本不是什么台词，而是宴席上的菜单。

特朗皮纳斯和汉普登－特纳认为，文化会影响到声音的品质。他们的研究发现，欧美人说话抑扬顿挫、有起有伏、跌宕有致；拉美人说话语调很高，而且保持亢奋状态，情绪激昂；东方人说话时语调平缓单一、很少起伏、不紧不慢。这种差异与一个文化的价值理念是联系在一起的。东方文化求静，讲求含蓄深沉，追求“不以物喜，不以己悲”，讲话不露声色就是这种境界的表现。而拉美文化注重个人情感，喜欢通过丰富的情感表现出人性和对生活的热爱，讲话当然得眉飞色舞、语调夸张才行。

第四节　面部表情

面部表情是指通过眼部肌肉、颜面肌肉和口部肌肉的变化来表现各种情绪状态。面部表情是一种十分重要的非语言交际手段。第二次世界大战期间，从纳粹党徒投向犹太人身上那恶毒的表情里，人们可以知道犹太人当时的悲惨命运；从过去的南非白人鄙视黑人的眼神中，我们可以了解到南非黑人当时的社会地位。

生物学家达尔文（Darwin）研究发现，人类的一些基本面部表情，其意义不光在人类中是明确的，甚至在动物中也是非常明确的。例如：咧开嘴的大笑表示欢迎和高兴；眉头紧皱表示不满和忧虑。

在日常生活中和一般的商务交往中，比较常见的面部表情有：挑衅的、傲慢的、厌烦的、不满的、着迷的、高兴的、震惊的、惊讶的、怀疑的、沾沾自喜的、同情的和气馁的。每一种面部表情所代表的意思会在对方用语言表达内心感受之前更加正确地传达给接收者。在商务谈判中，如果一方的谈判人员出现面无表情的时候也是其心理活动最难捉摸的时候，这样会使谈判的另一方得不到信息反馈而不知所措，也是谈判最难进行下去的时候，最后可能不欢而散。

1957年，美国心理学家爱斯曼（Iceman）对面部表情的意义做了一个跨文化的实验。他在美国、巴西、智利、阿根廷、日本五个国家选择部分被试者，拿一些分别表现喜悦、厌恶、惊异、悲惨、愤怒和惧怕六种情绪的照片让这五国的被试者辨认。结果显示，绝大多数被试者的“认同”趋于一致。这个实验证明：人的面部表情是内在的，有较一致的表达方式。

但是,后续的研究逐渐推翻了这一观点。2007 年,日本北海道大学的行为科学家雅纪纪(Masaki Yuki)根据自己的一项研究认为,在我们如何看人或如何理解面部表情上,文化是一个重大的决定因素。在日本,人们倾向于通过看眼睛来捕获情感暗示,而美国人则倾向于通过看嘴巴来捕获情感暗示。雅纪纪指出,在任何情况下,眼睛比嘴巴更难克制,因此,即使他或她在尽力克制自己的情感,眼睛可能更好地提供一个人情感状态的线索。2009 年,格拉斯哥大学的罗贝托·卡尔达拉(Roberto Caldara)主持的一项研究表明,人类的情绪交流比专家此前认为的更加复杂,因此,在跨文化交际场合,曾经普遍认可的面部表情不能可靠地传达情绪。研究人员让 13 位西方白人与 13 位东亚人观察一些面部表情照片,记录他们把照片归入高兴、悲伤、吃惊、恐惧、厌恶、愤怒或中性类别时眼睛的运动,分析面部表情的文化差异。结果发现,东方人把重点更多地放在了眼上,且错误显著多于西方人。西方人用整张脸传达情绪,而东方人更多使用眼,少用嘴。这说明不同文化的人的面部表情各不相同。

在人类的面部表情中,最有表现力的当属目光语和微笑语。下面我们从这两方面分析不同文化之间的差异。

一、目光语

在人际交往过程中,与交往对象保持目光接触是十分必要的。近代西班牙哲学家奥塔加(Aota Jia)在《人与众人》一书中说:"每一次注释都说出了注视者的心路历程。"中国古代成语有"画龙点睛"之说,人类男女之间有"眉目传情"之举。从莎士比亚的"仿佛他眼睛里锁藏着整个灵魂",到音乐摇滚的"不要说,你的眼睛已经告诉了我",都说明目光注视在人际交往中的重要功能。眼睛是透露人的内心世界的最有效的途径,人的一切情绪、情感和态度的变化,都可从眼睛里显示出来;眼睛是心灵的窗户,能够最直接、最完整、最深刻、最丰富地表现人的精神状态和内心活动,它能够冲破习俗的约束,自由地沟通彼此的心灵,能够创造无形的、适宜的情绪气氛,代替词汇贫乏的表达,促成无声的对话,使两颗心相互进行神秘的、直接的窥探。眼睛通常是情感的第一个自发表达者,透过眼睛可以看出一个人是欢乐还是忧伤,是烦恼还是悠闲,是厌恶还是喜欢。从眼神中有时可以判断一个人的心是坦然还是心虚,是诚恳还是伪善:正眼视人,显得坦诚;躲避视线,显得心虚;乜斜着眼,显得轻佻。眼睛的瞳孔可以反映人的心理变化:当人看到有趣的或者心中喜爱的东西时,瞳孔就会扩大;而看到不喜欢的或者厌恶的东西时,瞳孔就会缩小。目光可以委婉、含蓄、丰富地表达爱抚或推却、允诺或拒绝、央求或强制、讯问或回答、谴责或赞许、讥讽或同情、企盼或焦虑、厌恶或亲昵等复杂的思想和愿望。

在一部关于列宁的著名电影里有这样一幕:有一个在肃反委员会工作的人叛

变了，肃反委员会主席捷尔任斯基得知情况询问他时，此人不敢正视捷的眼睛。根据这一点，捷尔任斯基认为，这证实了他有罪。

不同民族、不同文化对眼神的运用存在较大差异。英美人交谈时，双方正视对方，在他们看来，这是正直与诚实的标志。英美人有句格言："Never trust a person who can't look your eyes（不要相信不敢直视你的人）。"因此，与他人交谈或向他人打招呼时，应目视对方。如果不看着对方，会被认为是羞怯、缺乏信心或不尊重他人。有教养的英国男子认为，直接凝视与之交往的人的眼睛是一种绅士风度；而瑞典人在交谈中用目光相互打量的次数多于英国人；法国人则特别欣赏一种鉴赏似的注视，认为用这种眼光看人是传达了一种非语言信号：虽然我不认识你，但我从心底欣赏你的美，所以，法国男子在公共场合对妇女的凝视是人们公认的一种文化准则；美国学者齐克拉（Gikela）研究表明，美国人在对话中平均三秒交换一次眼神。他解释道：如果他们注视对方过久，会被误认为是对对方有不同寻常的兴趣；如果对视不到一秒便移开目光，就会被认为是对对方毫无兴趣。在美国文化中，他们认为对话同公共演说一样都应该涉及一定的目光接触，因为那是对人的尊重和诚实的表现。阿拉伯民族认为，不论与谁说话，都应看着对方。他们认为，从眼睛中可以看到一个人的灵魂，缺乏目光交流就是缺乏诚意、为人不实，或是逃避推托；或是对谈话缺乏兴趣，心不在焉。他们喜欢面对面的交谈，不习惯肩并肩的谈话方式，因为那样的话，目光接触会受到限制。

相反，在中国、日本、菲律宾、印度尼西亚等国家，人们会尽量避免直接的目光接触。他们认为，直视对方的眼睛是不礼貌的行为或是暗含威胁的行为。日本人对话时，目光要落在对方的颈部，而对方的脸部和双眼要落在自己眼帘的外缘，他们认为眼对眼是一种失礼的行为；中国人在交谈时，双方不一定要不时地正视对方，甚至有的人还有意避免不断的目光接触，以示谦恭、服从或尊敬。原因是受到"羞耻感"文化的影响，即"非礼勿视"；在菲律宾、印度尼西亚这些国家的文化中，女子是禁止注视男子眼睛的，男子为了表示尊重，也不能直接注视女子。

二、微笑语

微笑，是最有益于人际交往的面部表情。白居易的名句"回眸一笑百媚生，六宫粉黛无颜色"，写出了杨贵妃最微妙的表情效果。正如亚当斯所说的："当你微笑的时候，别人会更喜欢你。"根据社会学家的研究，全球人类，不管是在岛国上的人还是在大陆上的人，对微笑普遍的感觉都是"友善、好感"。

但是，不同文化对微笑还存在不同看法。美国人会在公共场合随意地对陌生人微笑，而许多俄罗斯人却认为这是不寻常的甚至是可疑的行为，认为美国人的微笑不合时宜，不过，美国人却觉得俄罗斯人笑的太少，行事冷漠。

在某些场合，中国人的笑也会引起西方人的反感。比如，当我们在公交车上因急刹车而踩了他人的脚时，我们就会朝对方笑笑，意思是“对不起，非常不好意思”。一个外国人偶然摔了一个碟子，他本来就感到很窘，而在场的中国人也会发出笑声。这种笑有很多意思，可以表示：“别当一回事儿”“一笑了之”“没关系”“我们也常干这种事”等。不过，对于不了解这些意思的人，这样一笑会使他们感到不愉快，而且会对发笑的人产生反感。

小案例 1

微笑的文化差异

约翰(John)是一个在北京某著名高校留学的美国留学生。因为校园比较大，宿舍和教学楼的距离比较远，他也像大多数中国学生一样买了一辆旧自行车。一天，他在车棚取自行车时，不小心撞翻了旁边的好几辆车，他觉得很尴尬，一旁的中国学生郑莹对他抱之以微笑，约翰心里却很不是滋味，既生气又反感。

小案例 2

微笑惹的祸

中国小伙子戴一平在美国驻中国的一家公司担任部门经理。前不久，他在工作中出了纰漏，打算去向总经理彼得(Peter)道歉。在得到允许后，戴一平进入老总的办公室，还没开口就赔上笑脸。在他诚心诚意道完歉后，刚进门时的微笑一直挂在脸上。彼得望着戴一平的笑脸，问到：“真的吗？你真的意识到自己犯了错吗？”“绝对！我保证！”戴一平说着，脸上的笑容更加明朗。没想到，彼得却说：“对不起，我无法接受你的道歉，我看不出你有什么不安！”戴一平的脸急得通红，他急切地想要彼得明白自己的意思：“相信我，我一定改过”，结果弄得彼得更为恼火了：“如果你是真的悔过，又怎么会笑得出来呢？”

第五节　手　势

手势是指利用手和前臂的运动来表达信息传递者的意思。由人的手势构成的形体语言是人类非语言体系的一个重要组成部分,它能表达人们丰富的思想感情,有时甚至比词汇语言更有力。手势语的历史大约和人类的历史同样悠久。在人类进化的几百万年里,行动思维曾占据重要的地位。这种思维必须依靠肢体动作来完成象征作用,传输必要的信息内容。所以,多数学者断定:人类早期的交往活动不是依靠语言而主要是依靠手势语进行的。语言产生以后,给社会交际活动带来了根本性变化,不过它不可能完全取代手势语等体态语。社会语言学家勒克曼指出:“语言成为主要的和最重要的社会交流系统,并取代了过去作为主要代码的原始形式,但社会交际古老组成部分的一些要素,如与手势、姿势、面部表情有联系的那些最重要的成分,继续与语言并存。”

手势的主要功能体现在以下几个方面:第一,在谈话中手势可以用来启动、调控和终止谈话。第二,用手势来增强、阐明我们要说的内容。第三,用手势来表达我们想说但不愿说出来的话。

一、手势的文化普遍性

手势具有文化普遍性。首先,没有一种文化是没有手势的。其次,很多手势在大多数文化中都存在,如表示停止的手势、拍手、挥手等动作。

二、手势的文化特殊性

手势具有文化特殊性。第一,不同文化对手势运用程度不同。一般而言,南欧地区的国家如意大利、西班牙、希腊等国对手势的运用频繁而且夸张;中西欧国家如德国、英国、荷兰、比利时、卢森堡等次之;而远在北方的北欧诸国则更次之,因为他们几乎不使用手势来表达任何的讯息。例如,犹太人对手部动作的运用远比德国人多,所以二战时期生活在德国境内的犹太人要尽量控制自己的手部动作,以免暴露自己的身份。第二,象征手势在不同文化具有不同的含义。象征手势是指那些在本文化中具有明确而具体含义的手势,它经常可以替代人们想要表达的语言,因为借用这个手势所表达的含义非常清晰,双方完全能够理解。在马来西亚、菲律宾等国家,见面时会行“摸手礼”,即一方将双手首先伸向对方,另一方则伸出自己的双手,轻轻摸一下对方伸过来的双手,随后将自己的双手收回胸前,稍举一下,同时身体前弯呈鞠躬状;在新加坡、越南等国家,见面时通常行“握手礼”;在泰国,人们见面时会行“合十礼”，一般是两掌相合，十指伸直，举至胸前，身子略下躬，头微微下低，口念“萨瓦蒂”。“萨瓦蒂”系梵语，基本意思是“如意”，但其词意可随境而异，随情而变。遇到不同身份的人，行此礼的姿势也有所不同。例如，晚辈遇见长辈行礼时，要双手高举至前额，两掌相合后需举至脸部，两拇指靠近鼻尖。男行礼人的头要微低，女行礼人除了头微低外，还需要右脚向前跨一步，身体略躬。长辈还礼时，只需双手合十放在胸前即可。拜见国王或王室重要成员时，男女还均须跪下。国王等王室重要成员还礼时，只点头即可。无论地位多高的人，遇见僧人时都要向僧人行礼，而僧人则不必还礼。

在跨文化交际的场合，由于同一手势在不同文化有不同的甚至完全相反的含义，在一定程度上会造成沟通的障碍，导致尴尬局面。例如，在中国和其他很多国家，总是“摇头不算点头算”，但在尼泊尔、保加利亚和希腊等国却恰恰相反，即“点头不算摇头算”。印度人则以摇头或歪头表示“同意、接受”。英语国家的“OK”手势已为中国人所熟悉，但文化不同，其意思也大相径庭。这个手势在美国及北欧被广泛使用于各种场合，表示“好”或“是”，但一位美国商人在签订合同时向日本商人作了 OK 手势，却发现日本商人的态度突然变了。在美国人看来，OK 表示“很高兴我们谈成了这笔交易”，但日本人却理解为“他在向我们提出要钱的暗语”。因为在日本，OK 手势就像硬币形状一样，表示“钱”的意思。法国人理解 OK 手势为“零”或“不值钱”。在德国和巴西等国，这一手势是非常粗鲁的，甚至是侮辱性的。再如，用手指在太阳穴旁边转圈，中国人表示动脑筋，美国人和巴西人则表示发疯。俄国人把手指放在喉咙上表示吃饱了，日本人用此动作表示被“炒了鱿鱼”。假如一位美国人无意中把筷子直直地插进饭碗内，再把饭送给中国人吃时，中国人心里可能会大为不快。因为按照中国的风俗，供奉死人时才把筷子插进饭碗里。

小案例 1

中国教师的困惑

一位中国教师去印度尼西亚某大学做报告，到了预订的宾馆后，他对那所大学派来专门接送他的司机说：“明天早晨 9 点，请你准时来接我。”司机冲他摇了摇头。“明天早晨 9 点，请你准时来接我”，这位教师有点迷惑地重复道，可是司机又冲他摇了摇头。这位教师很是郁闷：“明天早晨 9 点，请你准时来接我。为什么不行?”司机赶紧又冲他摇了摇头。终于，该教师火了，他大声斥责道：“为什么你不？你是××大学派给我的司机，为什么不能来接我?”司机显然十分委屈，只听他解释道：

“我一直在摇头说‘好的’，为什么您还要骂我?”这时，这位中国教师才明白过来，在印尼摇头才表示“是”的意思!

下面我们列举一些文化间象征手势的区别:

向上伸大拇指:这是中国人最常用的手势，表示夸奖和赞许，意味着“好”“妙”“了不起”“高明”“绝了”“最佳”“顶呱呱”“盖了帽了”“登峰造极”等。在尼日利亚，宾客来临，要伸出大拇指，表示对来自远方友人的问候。在日本，这一手势表示“男人”“您的父亲”。在韩国，这一手势表示“首级”“父亲”“部长”和“队长”。在墨西哥、荷兰、斯里兰卡等国家，这一手势表示祈祷幸运。在美国、印度、法国，人们在拦路搭车时横向伸出大拇指表示要搭车。在印度尼西亚，伸出大拇指指东西。但在澳大利亚，竖大拇指则是一个非常粗野的动作。

向下伸大拇指:在中国，把大拇指向下，意味着“向下”“下面”。在英国、美国、菲律宾，大拇指朝下含有“不能接受”“不同意”“结束”之义，或表示“对方输了”。墨西哥人、法国人则用这一手势来表示“没用”“死了”或“运气差”。在泰国、缅甸、菲律宾、马来西亚、印度尼西亚，拇指向下表示“失败”。在澳大利亚，使用这一手势表示讥笑和嘲讽。在突尼斯，向下伸出大拇指，表示“倒水”和“停止”。

向上伸食指:中国人向上伸食指，表示数目，可以指“ 一”，也可指“一十”“一百”“一千”……这样的整数。在日本、韩国、菲律宾、斯里兰卡、印度尼西亚、沙特阿拉伯、墨西哥等国，食指向上表示只有一个(次)的意思。在美国，需要让对方稍等时，要使用这个手势。在法国，学生在课堂上向上伸出食指，老师才会让他回答问题。在新加坡，谈话时伸出食指，表示所谈的事情最重要。在缅甸，请求别人帮忙或拜托某人某事时，都要使用这一手势。在澳大利亚，在酒吧、饭店向上伸出食指，表示“请来一杯啤酒”。在墨西哥、缅甸、日本、马来西亚，这一手势表示顺序上的第一。在中东，用食指指东西是不礼貌的。

向上伸中指:两千多年来，罗马人一直称中指为“轻浮的手指”。事实上，单独伸出中指的手势在世界绝大多数国家都不意味着好事情，普遍用来表示“不赞同”“不满”或“诅咒”之意。在美国、澳大利亚、突尼斯，这种手势意味着:“搞那种关系”，表示侮辱。在法国，表示行为下流龌龊。在沙特阿拉伯，表示恶劣行为。在新加坡，表示侮辱性行为。在菲律宾，表示诅咒、愤怒、憎恨和轻蔑。在中国，表示对方“胡扯”或对对方的侮辱。不过，在缅甸和尼日利亚，向上伸出中指表示“一”。在突尼斯表示“中间”之意。

向上伸小指:在中国，这一手势表示“小”“微不足道”“最差”“最末名”“倒数第一”，并且引申而来表示“轻蔑”;在日本，表示“女人”“女孩”“恋人”。在韩国，表示“妻”“妾”“女朋友”。在菲律宾，表示“小个子”“年少者”“无足轻重之人”。

在美国,表示"懦弱的男人"或"打赌"。尼日利亚人伸出小手指,也含"打赌"之意。但在泰国和沙特阿拉伯,向对方伸出小手指,表示彼此是"朋友",或者表示愿意"交朋友"。在缅甸和印度,这一手势表示"想去厕所"。

伸出弯曲的食指:这一手势是英美人惯常用的手势,表示招呼某人过来。这个手势在中国表示"9"。在缅甸表示 "5"。在斯里兰卡表示"一半"。在墨西哥表示"钱"或"询问价格"。在日本表示"小偷"或"偷窃行为"。在韩国表示"有错""度量小"。在印度尼西亚,表示"心肠坏""吝音"。在泰国、新加坡、马来西亚,表示"死亡"。在新加坡,伸出弯曲的食指,还表示(拳击比赛的)"击倒"。

大拇指和食指搭成圆圈:将大拇指和食指搭成一个圆圈,再伸直中指、无名指和小指。这一手势在美国和英国被经常使用,相当于英语中的"OK",一般用来征求对方意见或向对方,表示"同意""赞扬""允诺""顺利"和"了不起"。在中国,这个手势表示数目"0"或"3"。在法国,表示"零"和"一钱不值"。在泰国,表示"没有问题"。在印度,表示"对""正确"。在荷兰,表示"正在顺利进行""微妙"。在斯里兰卡,表示言谈礼仪"完整""圆满"和"别生气"。在日本、韩国、缅甸,表示"金钱"。在菲律宾,表示"想得到钱"或"没有钱"。在印度尼西亚,表示"一无所有""一事无成""啥也干不了"。在突尼斯,表示"无用""傻瓜"。在希腊、亚美尼亚、白俄罗斯、吉尔吉斯斯坦、乌克兰和哈萨克斯坦,这个手势被认为是很不礼貌的举止。另外,有些国家用这一手势来表示"圆""洞"等。

伸出食指和中指:在欧洲绝大多数国家,人们在日常交往中常常伸出右手的食指和中指,比划作"V"形表示"胜利"。"V"是英语单词 victory(胜利)的第一个字母。传说,"V"字形手势是第二次世界大战期间由一位名叫维克多·德拉维利的比利时人发明的。他在 1940 年年底的一次广播讲话中,号召同胞们奋起抵抗德国侵略军,并动员人们到处写"V"字,以表示胜利的信心。从此"V"字手势不胫而走。尤其时任英国首相的丘吉尔在一次游行检阅中使用了这一"V"形手势,使这个手势迅速、广泛地流传开来。不过,做这一手势时务必记住把手心朝外,在英国尤其要注意这点。因为,在欧洲大多数国家,做手背朝外、手心朝内的"V"形手势是表示让人"走开"之意,在英国则指伤风败俗的事。在中国,"V"形手势表示数目"2""第二"或"剪刀"。在非洲国家,"V"形手势一般表示两件事或两个东西。

伸出食指和小指:在欧洲大多数国家,人们向前平伸胳膊,再伸出食指和小指做成牛角状,用来表示要保护自己不受妖魔鬼怪的侵害。在非洲一些国家,这种手势若指向某人,则意味着要让那人倒霉。在拉丁美洲许多国家,把伸出食指和小指的手竖起来,则表示"交好运"。但在意大利,这一手势表示自己的老婆有了外遇。

中指和食指交叉相叠:在中国,中指和食指交叉相叠表示数目"10"和"加号"。在中国香港,这一手势则表示"关系密切"。在英国、美国、法国、墨西哥、新加坡、菲律宾、马来西亚,这一手势表示“祝愿”“祈祷幸运”。在澳大利亚,表示“期待”“期盼”。在斯里兰卡,表示“曲折”和“邪恶”。在印度,表示“结束”“完成”。在荷兰,表示“发誓”“赌咒”,或指“对方撒谎”。在尼日利亚,表示东西或数字“相加”。

屈伸手指:在拉丁美洲、英国、美国、意大利、西班牙、葡萄牙、突尼斯以及亚洲、非洲的部分地区,人们伸出小臂,稍微抬起,手心向上屈伸手指,表示“让人走过来”。但这一手势在中国是用作招呼动物或幼儿的。中国人招呼人的手势是:将手臂前伸,手心向下,变动所有手指。然而这一手势在英美等国却是招呼动物的。

摆手:在欧洲,人们见面时习惯用“摆摆手”来打招呼。其具体做法是:向前伸出胳膊,手心向外,胳膊不动,只是用手指上下摆动。如果欧洲人前后摆动整只手,则表示“不”“不对”“不同意”或“没有”。但是美国人打招呼时总是摆整只手。在世界许多地方,摆手表示让人走开。在希腊和尼日利亚,在别人脸前摆动整只手意味着极大的侮辱,距离越近侮辱性越大。在秘鲁,前后摆动整只手则表示“到这儿来”。

握手:法国人做客走进房间或别离时都要与主人握手,而德国人只在进门时握一次手。有些非洲人在握手之后会将手指弄出轻轻的响声,以表示自由。在美国,男人之间的握手是很用力的,这可能源于印第安人的角力竞赛。中国人一边讲“你好”一边握手,对此没有什么忌讳。俄罗斯人则不允许两人隔着一道门或跨着门槛握手,以为这样做是不吉利的。在西方,参加竞选的政客会用右手,握住对方的右手,再用左手搭在互相握住的手背上,试图让接受者感到他的热情真挚与诚实可靠,故被称为“政治家的握手”。

搓手:在欧美国家,搓手表示“完成了所做的事”。在非洲,人们常用“搓手”这一手势来表明自己与某件事毫不相干、没有关联。其具体搓法是:用左手手心搓右手手背,从手腕一直搓到手指尖。

双手拇指相绕:在英美等国,双手大拇指不停地有规律地互相旋绕,表示“无事可做”“闲极无聊”之意。

小案例 2

航运部长的失误

1990 年 7 月,在孟加拉国新一届议会召开期间,立法者们公开地谴责航运部长阿布杜 · 罗布(Abdul Rob)作出的一个手势,认为这个手势不仅是对议会的侮辱,更是对整个国家的侮辱。

究竟罗布做了什么动作而引起如此强烈的愤怒呢？据说，他涉嫌做出“竖起大拇指”的手势。

在美国，这个手势意味着“进展顺利”；在中国，很多人用这一姿势表示“真棒”；但是，在孟加拉国，它是对别人的一种侮辱。

小案例 3

罗杰·阿克斯特尔的困惑

有一次，美国著名作家、《手势》一书的作者罗杰·阿克斯特尔出访法国，旅馆的接待员问他：“你对房间满意吗？”他对接待员做了一个“OK”手势，这个接待员带着愤怒的表情耸了耸肩：“如果你不喜欢它，我们就给你另换一个房间。”（因为，“OK”这个手势在法国是“无价值”的意思）阿克斯特尔感到非常困惑：“既然我喜欢这个房间，为什么还要给我换呢？”

小案例 4

握手的文化差异

有一位中国驻外工作人员叙述了这样一段经历：在巴基斯坦工作时，有一次他请当地学生到使馆看中文电影。一位刚结婚的学生把妻子也带来了。他见到他们后，主动与学生妻子握手，并且握得很紧，以示热烈欢迎。不料，第二天上课时，该学生满脸怒气，拒绝回答他的提问，也不搭理他。课后，另一个学生告诉他说，那位学生认为他主动逼自己妻子与之握手，太过失礼。原来，按照巴基斯坦礼俗，男子对陌生女子不能主动握手。在他反复解释自己的本意是表示客气与友好后，才消除了误会。可见，握手的概念常因文化的不同而不同。

第六节　身体姿势

身体姿势指的是在沟通过程中，沟通双方之间的距离、身体面向对方的多少、是否触摸对方（包括握手、亲吻、拥抱以及拍肩膀等）。身体姿势体现着十分明显的文化相对性。因为，从孩提时代到成人期，不同的文化教给我们不同的接触方式，比如，哪些部位可以接触，哪些部位不可以接触等。

著名人类学家爱德华·霍尔（Edward Hall）根据不同文化在是否鼓励身体接触方面，划分了接触文化和非接触文化两个类型。接触文化通常鼓励身体的接触，允许对话双方之间身体的接近甚至触摸、接吻；而非接触文化，通常不鼓励身体的接触，沟通双方之间隔的距离较远。霍尔发现，接触文化通常是在一些热带地区，包括：阿拉伯地区的伊拉克、科威特、沙特阿拉伯和阿联酋；南美地区的玻利维亚、古巴、厄瓜多尔、萨尔瓦多、墨西哥、乌拉圭、秘鲁、波多黎各和委内瑞拉；在欧洲，属于接触文化的有：法国和意大利以及亚洲的土耳其；非接触文化通常是在气候较为寒冷的北半球地区，包括：东亚地区的中国、日本和韩国；北美地区的美国和加拿大；欧洲的奥地利、德国、荷兰和挪威。

1970年，美国心理学家华生（Watson）在出版的《近距行为》一书中，介绍了自己在科罗拉多大学对110名男性外国大学生的研究结果。他让这些学生带一名与自己讲同一母语的人来实验室，先填写一份问卷，然后就自由地与他的同伴用母语交谈。实验者透过单向玻璃观察并记录以下几项内容：身体方向、目光接触、二者之间的空间距离、触摸程度以及语音高低。

华生的研究结论是：相对美国人而言，阿拉伯人、拉美人、南欧人之间交谈时更愿意面向对方，触碰对方更加频繁。同时，与美国人相比，亚洲人、印巴人和北欧人之间交谈时更倾向于不面朝对方，更不愿意触碰对方。

在这一方面，有一篇调查报告也提供了一些有趣的数字。调查者在数个国家随机选取了两个人，观察他们单独谈话时的情景，记录一个小时内两个人触摸对方的次数。结果发现：在英国首都伦敦，两个人相互之间没有接触；在美国佛罗里达州的盖恩斯维尔，双方只有2次接触；在法国首都巴黎，双方接触达到10次；而在波多黎各首府圣胡安，双方的平均接触次数达到180次。

阿拉伯人、俄国人、法国人、东欧人、地中海沿岸和一些拉丁美洲国家的人，妇女见面要相互触摸、亲吻和热烈拥抱，男子也是如此。阿拉伯人甚至不停地嗅着对方身上散发出的气息，对他们来说，好的气味能令人精神为之一爽。分布在挪威、瑞典、芬兰等国的拉普人会嗅着彼此的面颊表示问候。而在东亚及英语国家，男人之间一般只是握手表示欢迎，很少拥抱或亲吻对方。对拥抱亲吻的理解差异充分反映了不同文化的特色和浓厚的社会文化意义，也是不同民族文化之间深层的差异在身势语这个表层上的具体表现。

近年来，一些实证研究还表明某一文化中的接触和非接触是个发展的概念，如美国文化正向接触文化发展。

小案例 1

奥运会上不同国家运动员的反应

在 2008 年北京奥运会上，一共举行了 302 次颁奖仪式，在每次颁奖仪式上人人可以观察到来自不同文化的人对于肢体接触反应的差异。一些运动员可以很轻松地和官员握手、拥抱、接吻，而有些运动员和官员很显然对肢体接触感到不安和犹豫。我们不止一次地注意到，中国运动员对来自异性的亲吻表现出明显的退缩和回避。这些都反映出不同文化对身体接触的态度和行为的差异。

第七节　空间距离

生活在不同的民族文化习惯中的人们在进行语言交流时，保持一定的空间与距离有其内在含义。每个人都有自己的个人空间。所谓个人空间是指一个人与另外一个人之间所保持的空间或距离。沙莫瓦(Samovar) 把它定义为我们占有并称之为属于自己的那片领地，它包含在围绕我们身体周围的看不见的无形界限之中，它是无形的，但却是实际存在的。作为这一“领地”的所有者，我们通常决定谁可以进入，谁不可以进入。所以，当人们进行交际的时候，交际双方在空间所处位置的距离具有重要的意义，它不仅告诉我们交际双方的关系、心理状态，而且也反映出民族特点和文化特点。心理学家发现，任何一个人都需要在自己的周围有一个自己能够把握的自我空间，这个空间的大小会因不同的文化背景、环境、行业、个性等因素而不同。不同的民族在谈话时，对双方保持多大距离有不同的看法。

霍尔(Hall)研究发现，根据人们交往关系的不同程度，可以把个体空间划为四种距离。

一是亲密距离。这种距离是人际交往中最小的间距。处于 0 厘米 ~ 46 厘米之间，彼此可以肌肤相触，耳鬓厮磨，属于亲密接触的关系。这是为了做出爱抚、亲吻、拥抱、保护等动作所必需的距离。常发生在爱情、亲友关系之间。如果用不自然的方式或强行进入他人的亲密距离，可被认为是对他人的侵犯。处于 15 厘米 ~ 46 厘米，这是身体不相接触，但可以用手相互触摸到的距离，如：挽臂执手、促膝倾谈等，多半用于兄弟姐妹、亲密朋友之间，是个人身体可以支配的势力圈。

二是个人距离。这种距离较少有直接身体接触。处于 46 厘米 ~ 122 厘米之间，适合在较为熟悉的人们之间，可以亲切的握手、交谈；或者向他人挑衅也在这个距离中进行。处于75厘米～122厘米之间，这是双方手腕伸直，可以互触手指的距离，也是个人身体可以支配的势力圈。

三是社交距离。这种距离已经超出亲密或熟悉的人际关系。处于122厘米～366厘米之间，一般是工作场合和公共场所。在现代文明社会，一切复杂的事物几乎都在这个距离里进行。如：企业里的上司对下属布置工作任务；接待因公来访的客人；进行比较深入的个人洽谈时大多采用这个距离。处于210厘米～366厘米之间，表现为更加正式的交往关系，是会晤、谈判或公事上所采用的距离，如：领导接见外宾或内宾、大公司的总经理与下属谈话时，由于身份的关系需要与部下之间保持一定的距离。

四是公众距离。这种距离人际沟通大大减小，很难进行直接交谈。处于366厘米以上，这是产生势力圈意识的最大距离。如：教室中的教师与学生；小型演讲会的演讲人与听众的距离。所以，在讲课和演讲时，人们用手势、动作、表情以及使用图表、字幕、幻灯等辅助教具都是为了"拉近距离"，以加强人际传播的效果。在现代社会中，处于750厘米以上的距离位置，则是在大会发言、演讲、戏剧表演、电影放映时与观众保持的距离。

从上述分法可以看出，人类在不同的活动范围中，因关系的亲密程度而有着或保持不同的距离。不同民族特点与文化特点导致人们之间不同的空间区域。比如：多数讲英语的人在交谈时不喜欢离得太近，总要保持一定的距离。亲近距离除了适合于父母、子女、夫妻外，同性朋友在交往中很少保持这样的距离；西班牙人和阿拉伯人交谈会凑得很近；而对英国人来说，意大利人交谈是过于靠近，拉美人交谈时几乎贴身。因此，英国人与意大利人交谈时，意大利人不停地"进攻"，英国人不断的"撤退"。实际上，他们交谈时都只不过是要占据对自己适当的、习惯的实际距离。另外，西方文化注重隐私，人们对于个人空间的需要十分强烈，但是，东方人的文化中这种"私"的观念是十分淡薄的。对于在电梯里或者巴士上，素不相识的人互相挤在一起的现象，西方人往往接受不了，而在东方人看来却是习以为常的。在对个人空间的要求方面，中国人、日本人以至大多数亚洲人要比西方人小得多。

实际上，空间的概念是立体的，不仅包括领域的距离，包含领域的高度。此外，空间的概念还体现在社会关系上。人们用"拉开距离"来表现出不同的社会地位和人物关系。法庭、教堂、礼堂、会议厅的布置都十分注重利用空间距离来体现这一功能，以表现优越感与从属关系。在中国，长辈和领袖面朝南坐，而西方的领导则坐在椭圆桌子头的位置。这都说明了不同文化的人对于空间的要求和布局有着自己不同的需要，从而构成文化差异，让空间的使用具有了更为丰富的文化功能。

第八节　沉　默

在许多沟通场合，沉默往往代替语言来传达某种信息，而其中所包含的内容甚至超过了语言所能表达的程度。古典交响乐演奏者常常有意在演奏中停留片刻，以求达到表达情感的对比效果。在谈话过程中，适当的间歇让谈话双方有时间思考、明确表达情感、编码回应信息或者考虑转入另一个话题。但由于受到文化的制约，不同文化背景中的人对沉默所传达出的信息内容在理解上有着很大的不同。而要使沟通顺利进行，我们就需要了解在不同的文化背景里，何时保持沉默、如何掌握沉默的时间以及如何对其做出回应。

一种文化认为，沉默是消极的，它意味着混乱、无话可说、不愉快，应该被打破。在低语境文化中，人们习惯直截了当的思维方式，说话比较直接，以确保自己的观点及想法被对方听到。因此，沉默不被重视。另一种文化则认为，沉默是积极的，它意味着尊重。在高语境文化中，人们通常用沉默表示对说话人的尊重，考虑说话人的想法，以及对正面意见和反面意见的反复掂量，以便得出一个考虑周全的反馈。

在高语境文化中，沉默能够向对方传递许多意思，如，“该结束谈话了！”“我同意了。”“我不想理你！”“我正在思考，请不要打扰！”“我不同意你的观点，但我懒得和你争论。”“我很生气，不想理你！”“你是个不可理喻的人！”“你说完了吗？”“你说够了吗？”“无聊！”等。

对沉默的描述，中国有着丰富的说法：“沉默是金！”“静坐常思己过，闲谈莫论人非！”“静能生慧！”“祸从口出！”“口说不如身到，耳闻不如目睹！”“此时无声胜有声！”“有志不在年高，有理不在声高！”在中国，一个懂得何时以及如何保持缄默的人会受到人们的尊重，被认为是成熟、稳重的表现。中国人奉行“谨言慎行”“话有三说，巧说为妙”，都说明在开口之前，人应该先认真考虑。在一些场合，适当的停顿和沉默还被用来判断一个人受教育的程度，以及他是否具备控制谈话节奏的能力。

卡泰（Katay）分析了 504 条日语中和语言机制有关的谚语，他发现，其中 63% 对语言持有否定态度，认为沉默或不开口更好；25% 持有肯定态度；12% 持有中立态度。稻垣（Inagaki）对 3 600 名日本人做过调查，发现 82% 的人同意“祸从口出”。而雷德（Rader）和文施（Wunsch）对美国商务人士的调查表明，95% 的人都认为成功的口头和书面沟通对工作十分重要，显然，沉默不被当做表达的另一种方式，而且是应该避免的。

小案例 1

讨价还价

一天，某人将钥匙锁在了家里，于是他到小区门口请锁匠开锁。此人见到锁匠后问道："师傅，到小区里开把门锁要多少钱？""五十五。"对方答道。此人心里一惊，心想："这么多钱！家里可能也就剩四五十块钱了，不知道够不够。"他这里一不说话，对方马上说道："还可以便宜一些的，五十怎么样？"此人装作犹豫，还是没有讲话。锁匠又说："算了，你就是这个小区的，咱们抬头不见低头见的，就再给你便宜五块，四十五吧。"此人这时才开口说："那就四十吧。"

小案例 2

对求婚的不同反应

在英国，如果被求婚者对求婚保持沉默，说明她很有可能是还不确定；可如果同样的事情发生在日本的话，被求婚者的行为则被理解为是一种默许；而在依博族里，如果女人站在原地不动，那么求婚者则要伤心地接受失败的结局，而如果她什么也没说，掉头就跑，则表示她接受求婚了。

本章思考题

1. 什么是非语言沟通？它有哪些特征？
2. 非语言沟通具有哪些功能？
3. 不同文化在声音品质上有何不同？
4. 不同文化在目光接触方面有何不同？
5. 不同文化的象征性手势有何不同？请举例说明。
6. 什么是接触文化和非接触文化？
7. 不同文化在空间距离方面有何不同？

本章思考案例

美国商人和阿拉伯商人的尴尬

一个美国商人前往某阿拉伯国家谈生意，商谈进展得很顺利，双方都感到非常满意。

在会谈休息时，美国商人和阿拉伯同行站着闲聊。阿拉伯商人认为，既然双方已经彼此认识，两个人应该站得更近一些，以表现出双方关系的亲密度。因此，他向美国商人靠近了一些。而美国商人对此却感到惊讶，但他转念一想：这或许是阿拉伯商人无意间的举动。因此，他丝毫没有表现出他对那位阿拉伯商人的理解，而是稍微后退了一点以保持距离。然而阿拉伯商人对美国同行的悄然后退同样感到吃惊，他认为美国同行并没有理解他的好意。于是他决定再向前移动一步，以表示他的诚意。没想到这新的举动使那位美国商人开始感到不安（他甚至感到有点不高兴）。但由于这是他第一次到这个阿拉伯国家做生意，他不希望因为这点小事而破坏了这次商谈的气氛，使双方尴尬。于是，他再次悄悄地向后退去。就这样，阿拉伯商人的向前移步和美国商人的后退行为重复了多次，直到那位美国商人的后背碰到了墙——他再也无法后退了。两位商人对这一情形都感到非常沮丧，但他们谁也弄不明白为什么对方会对两人间的距离采取相反的行动。

案例思考题

为什么美国商人和阿拉伯商人会对两人间的距离做出相反的行为？

第六章　跨文化商务谈判

引入案例

一次失败的谈判

康沃公司是加拿大一家生产印刷设备的公司。2004 年秋，公司派总裁查理·波顿(Charlie Bolton)和市场部主任菲比·瑞内斯(Phoebe Rinas)前往上海北部的一座小城市，与一家生产印刷设备的中国公司商谈合作事宜。这家中国公司的李总裁亲自到上海虹桥机场迎接他们，然后驱车 90 公里到达公司所在的小城，安排他们住在一座豪华的星级宾馆里。几个小时后，主人设盛宴招待他们，当地一些重要政府官员亲自出席宴会，对加拿大客人表示热烈欢迎。这种红地毯式的接待令波顿和瑞内斯感到十分兴奋，并对销售前景充满期待。

第二天上午，中方安排观光游览活动。波顿急切地想按计划开始谈判，但午饭后却安排他们休息。下午，一位能说会道的中方雇员告诉他们，晚上将安排他们去看歌舞演出。

第三天，双方终于可以坐下来谈判了，但进展非常缓慢。中方代表先详细介绍了自己的情况，加方认为这与销售问题毫无关系。中方提供了翻译人员，虽然翻译的热情友好使加方感到很舒服，但翻译环节却延缓了沟通进程。中方代表还花大量时间谈及之前曾来过小城的加方贸易代表，并问及他的近况，波顿从未见过这位贸易代表，所以无话可说。当轮到加方陈述时，他们惊讶地发现竟有十个中方代表隔桌相坐。波顿和瑞内斯准备了充足的数据以证明他们公司的实力，承诺五年之内他们公司的产量将会翻番，中方代表不停地微笑并点头赞许。

第四天，中方代表又增加了四人，并让加方再次解释他们前一天已经陈述过的数据，加方代表开始觉得沮丧，特别是当中方让他们解释有关技术方面的细节时，由于波顿和瑞内斯均未参与如此高技术含量的活动，而且这是此设备的核心问题，所以，他们只能尽其所能地进行解释，之后疲惫地回到了宾馆。

第五天，中方代表中的一员指出波顿和瑞内斯所陈述的内容与加拿大生产总监和工程师所说的不一致。午餐时，波顿和瑞内斯迅速向加拿大总部发传真索取细节和准确数据。但是，下午的情景令波顿和瑞内斯有点不安：谈判过程中，一位中年女士匆忙进入谈判室与中方谈判领导耳语，随后该领导立即起身离开，没有任何人对此做出解释。

第六天，加方收到了总部发来的传真，双方就上一个问题再次进行磋商，但进展依旧十分缓慢。中方很欣赏加方高质量的产品，但担心一旦产品损坏，他们不会进行维修，因此，他们希望加方能提供维修培训方面的服务，但加方却认为设备本身不会有问题，即使出现问题，中方完全有能力维护此设备，而且，如果派专人在中国工作数周或数月将会增加成本开支，他们将无法承受。

最终，谈判进入了实质性阶段——价格。这是最艰难的阶段。中方要求加方给予20%的折扣，加方却认为这种要求太过分，他们坚持原来的报价，并认为此价格非常合理、公道，但在滚筒部件上可以打3%的折扣。

尽管此前加方代表听说在中国进行商务谈判会很浪费时间，但他们认为一周的时间是足够宽裕的。时间飞逝，还有两天他们就要回国了，事情还没有确定下来，他们开始询问究竟是什么原因使双方达不成协议，他们需要再就哪些问题做进一步讨论，而且，在最后的谈判过程中，他们竭力促使中方讨论未解决的关键问题，但中方似乎并不愿意这么做。最后，波顿和瑞内斯失望地回国了，但他们还是希望双方通过传真或邮件进一步讨论销售事宜。

两周后，加方惊愕地得到消息：中方已经从日本生产商手中买下了此设备。据说，日方的设备质量上乘，价格合理。

从上述案例可以看出，随着经济全球化的不断深入和国际贸易的不断发展，来自不同文化背景的人们之间的商务活动日益频繁，因而跨文化商务谈判中的文化障碍问题逐渐引起广泛关注。在单一文化背景下，商务谈判过程是可以预见、也是可以准确把握的，然而跨文化商务谈判则具有不确定性，更充满了挑战性，因为跨文化谈判是不同思维方式、不同沟通方式、不同行为方式之间进行的谈判行为。如果谈判双方缺乏对彼此文化背景的了解以及忽视文化差异对谈判的影响与作用，将会导致谈判的失败。

第一节　商务谈判的概念和特征

一、商务谈判的概念

商务谈判是指不同的经济实体为了自身的经济利益和满足对方的需要，通过沟通、协商、妥协、合作、策略等各种方式交换商品和服务，并就交换的比率取得一致意见，并把可能的商机确定下来的活动过程；也是一种通过与他人讨论和讨价还价来实现自己目标的艺术。随着市场经济的发展，商品概念的外延在扩大，它不仅包括一切有形的劳动产品，还包括资金、技术、信息和服务等。因此，商务谈判包括一切商品形态的交易洽谈，如商品供求谈判、技术引进与转让谈判、投资谈判等。说起商务谈判，大家很容易联系到电影里常有的情景：谈判双方几十个人围坐在长方形的谈判桌前，烟雾缭绕；表情严肃、目光冷峻的首席代表，嘴里叼个大烟斗；激烈的言辞交锋，紧张而精彩的辩驳对抗等。

二、商务谈判的特征

（一）以经济利益为谈判的目的

不同的谈判者参加谈判的目的是不同的：外交谈判涉及的是国家利益；政治谈判关心的是政党、团体的根本利益；军事谈判主要是关系到敌对双方的安全利益。虽然这些谈判都不可避免地涉及经济利益，但是常常是围绕着某一种基本利益进行的，其重点不一定是经济利益。而商务谈判的目的则十分明确，谈判者以获取经济利益为基本目的，在满足经济利益的前提下才涉及其他非经济利益。虽然，在商务谈判过程中，谈判者可以调动和运用各种因素，同时，各种非经济利益的因素也会影响谈判的结果，但其最终目标仍是经济利益。因此，与其他谈判相比，商务谈判更加重视经济效益。在商务谈判中，谈判者都比较注意谈判所涉及的成本、效率和效益。所以，人们通常以获取经济效益的好坏来评价一项商务谈判的成功与否。不讲求经济效益的商务谈判就失去了价值和意义。

（二）以价格为谈判的核心

商务谈判涉及的因素很多，谈判者的需求和利益表现在众多方面，但价值则几乎是所有商务谈判的核心内容。这是因为，在商务谈判中，价值的表现形式——价格，最直接地反映了谈判双方的利益。谈判双方在其他利益上的得与失，在很多情况下或多或少都可以折算为一定的价格，并通过价格升降而得到体现。需要指出的是，在商务谈判中，我们一方面要以价格为中心，坚持自己的利益；另一方面，又不能仅仅局限于价格，应该拓宽思路，设法从其他利益因素上争取应得的利益。因为，与其在价格上与对手争执不休，还不如在其他利益因素上使对方在不知不觉中让步。这是从事商务谈判的人需要注意的。

（三）以合同体现谈判的最终结果

商务谈判的结果是由双方协商一致的协议或合同来体现的。合同条款实质上反映了各方的权利和义务,合同条款的严密性与准确性是保障谈判者获得各种利益的重要前提。有些谈判者在商务谈判中花了很大气力,好不容易为自己获得了较有利的结果,对方为了得到合同,也迫不得已作了许多让步,这时谈判者似乎已经获得了这场谈判的胜利,但如果在拟订合同条款时掉以轻心,不注意合同条款的完整性、严密性、准确性、合理性和合法性,其结果会被谈判对手在合同条款措词或表述技巧上,引你掉进陷阱,这不仅会把已到手的利益丧失殆尽,而且你还要为此付出惨重的代价,这种例子在商务谈判中屡见不鲜。因此,在商务谈判中,谈判者不仅要重视口头上的承诺,更要重视合同条款的准确性和严密性。

第二节　跨文化商务谈判的特征

跨文化商务谈判是发生在跨越国界的、分属于不同国家的公司之间、私人商业组织之间和买卖双方之间的关于投资、商品出口、机械设备进出口以及技术进出口的磋商过程。

一、跨文化商务谈判与国内商务谈判的共性

跨文化商务谈判作为国内商务谈判的延伸和发展,与国内商务谈判存在着十分密切的联系,并具有一些共性特征。

(一)为特定目的与特定对手的磋商

跨文化商务谈判和国内商务谈判同样都是商务活动主体为实现其特定的目的而与特定对手之间进行的磋商。作为谈判,其过程都是一种双方或多方之间进行信息交流,“取”与“予”兼而有之的过程。谈判过程中所适用的大多数技巧并没有本质的差异。

(二)谈判的基本模式是一致的

与国内商务谈判相比,跨文化商务谈判中虽然必须考虑各种各样的复杂环境因素,但谈判的基本模式却是一致的。事实上,由于文化、政治、经济制度等多方面的差异,谈判过程中的信息沟通方式、需要讨论的问题等都会有很大的不同。但与国内商务谈判一样,跨文化商务谈判也同样遵循从寻找谈判对象开始,到建立对应关系、提出交易条件、讨价还价、达成协议,直至履行协议结束这一基本模式。

（三）国内、国际市场经营活动的协调

在经济活动的主体参与国际市场经营活动时，国内商务谈判和跨文化商务谈判是两个不可分割的组成部分。尽管国内商务谈判和跨文化商务谈判可能是由不同的人员负责进行，但由于企业必须保持其国内商务活动和国际商务活动的衔接，因此，国内商务谈判与跨文化商务谈判之间就存在着密不可分的联系。在从事跨文化商务谈判时，必须要考虑到相关的结果或可能出现的状况，反之亦然。

二、跨文化商务谈判与国内商务谈判的区别

在认识到跨文化商务谈判与国内商务谈判的共性特征的同时，对于预求得跨文化商务谈判成功的商务人士而言，进一步认识这两种谈判之间的本质区别，并针对其区别而采取相应的措施则更为重要。跨文化商务谈判是跨越国界的谈判，其与国内谈判活动的根本区别源于谈判者、谈判活动以及谈判协议履行的不同环境背景下的文化差异。

国内谈判者通常拥有共同的文化背景，谈判双方生活于共同的政治、法律、经济、文化和社会环境之中。在国内谈判中，谈判者主要应考虑的是双方公司及谈判者个人之间的某些差异。而在跨文化商务谈判中，谈判双方来自不同的国家，拥有不同的文化背景，谈判者各方的价值观、思维方式、行为方式、交往模式、语言以及风俗习惯等各不相同。不同文化背景的人，对同一件事、同一句话、同一个动作都有着不同甚至相反的理解，从而导致信息不能准确地转达给对方，甚至信息被曲解，发生文化冲突和障碍，这对跨文化商务谈判的成功与否都将产生直接的影响。高瑞（Ghauri）曾提出了谈判的社会心理模式，他把谈判界定成五个要素：谈判目标、交流和行为、传统与文化、谈判环境和谈判结果。其中，谈判目标是前提；交流和行为是载体，是手段；结果是必然；而传统和文化是影响谈判的主观因素，贯穿于谈判的各个环节，是对跨文化商务谈判影响最大的一个因素。正如原中美合资天津奥的斯电梯公司的一位美方代表所言："中国伙伴在谈判桌上表现出与我们不同的文化价值观念，中国人对合同或协议的看法，对合作伙伴选择的标准，对知识和软件的看法等，都与我们不同，谈判有时会因此陷入困境。"对此，美国一位资深企业家甚至断言："如果能有效地克服文化障碍，美国对华投资、贸易量可以比现在增加两倍。"

就这个意义上说，跨文化商务谈判不仅是经济领域的交流与合作，也是不同文化之间的交流与沟通，而且文化因素的作用至关重要。因此，研究跨文化商务谈判中的文化差异就显得十分重要。

第三节　文化因素对跨文化商务谈判的影响

许多学者从不同角度研究了对跨文化商务谈判产生影响的文化变量。

史蒂芬·威斯(Stephen Wisconsin)在他的《复杂的国际商务谈判分析》一书中把影响跨文化商务谈判的因素分为12个变量:谈判的基本观念、谈判人员选用标准、侧重点、礼节、语言交流和非语言交流、争论的性质、个人的角色、信任的基本条件、风险、时间概念、决策制度和协议形式。

唐纳德·威·汉顿(Donald We Hanton)在他的《跨文化商务谈判》一书中指出,跨文化商务谈判受背景因素和氛围变量两组变量的影响:第一,背景因素是指谈判双方的目标(通常被认为或是共同的,或是相互冲突的,或是互补的)、谈判中的第三方(如顾问、代理人、各方的政府机构等)、市场定位(买方和卖方的定位)、谈判人员的技巧和经验等。第二,氛围变量是指可感知的合作或冲突(谈判双方有协议目标和协议内容)、权力和服从(谈判一方权力较大)、可感知距离(谈判双方不能相互理解)、双方的期望(真正交易或利益的长期期望值和现时交易的短期期望值)等。

塞拉卡斯(Salacuse)总结了在跨文化商务谈判中最容易引起分歧的十大焦点:谈判目标、谈判态度、谈判的个人风格、沟通风格、对时间的敏感度、谈判中的情绪、合同的特点、合同的格式、谈判团队的组织、对谈判风险的接受程度。

基于上述观点,结合笔者多年的研究成果,我们认为,文化因素对商务谈判的影响主要表现在以下方面。

一、谈判代表的标准与人数的选择

商务谈判代表的选择标准是谈判的首要问题。哈佛大学经济学家格力汉(Gree Han)曾经比较了美国、日本、中国台湾与巴西选择谈判代表的不同标准。

美国代表标准:准备与计划的技巧,压力下进行思考的能力,判断力与睿智,口头表达能力,专业知识,认知与开发能力,正直。

日本代表标准:对工作的献身精神,认知与开发能力,赢得尊敬与信心,正直,倾听能力,社交能力,口头表达能力,一定的地位和职务。

中国台湾代表标准:毅力与果断,较易赢得尊敬与信心,准备与计划的技巧,专业知识,风趣,判断力与睿智。

巴西代表标准:准备与计划的技巧,压力下思考的能力,判断力与睿智,口头表达能力,专业知识,认知与开发能力,竞争力。

我们比较之后可以发现，美国和巴西之间，日本和中国台湾之间，对谈判人选选择的条件较为接近，都强调准备与计划的技巧、专业知识、判断力与睿智。日本虽然和美国、巴西一样重视口头表达能力，但是同时注重倾听能力。同时，日本是权力距离较大的国家，在这里地位象征非常重要，所以选择的谈判人员一般除了具备一定的社交能力外还要拥有一定的地位和职务。

在谈判人数方面，不同文化也存在着明显差异。如：个人主义文化的美国在谈判人数的确定上充分体现了精干的原则，谈判班子较小，只有少数的几个人组成。而日本的谈判班子一般较大，人数较多，以表示重视，便于职能分工，一般会有管理人员、技术人员、法律方面的人士参与。

二、谈判目标的差异

在商务谈判目标的认识上，不同文化的谈判者倾向于设定不同的谈判目标。对于个人主义文化的谈判者来说，谈判目标通常非常具体、明确，以解决问题为主，谈判的终极目的是签订合同、实现经济利益；而对于集体主义文化的谈判者来说，谈判目标往往更多地考虑关系层面，特别重视长期友好的商业关系的建立。对他们来说，谈判的过程就是建立人际关系的过程，谈判目的更多的是为建立和发展一种长期的合作关系，签订的合同代表着长期互利合作的开始。如果谈判中双方没能建立起相互信任的关系，交易常会以失败而告终。

密歇根大学的心理学家伯克尔（Jeff Burks）曾观察了美国人和墨西哥人对于谈判目标的认识差异。他发现：强调个人主义的美国人在谈判目标的选择上，局限在对于所要解决问题的关注上，因此，与对方的关系不会影响到他们谈判的目的；而对于集体主义特色明显的墨西哥人来说，他们谈判的目标或多或少地含有维持关系的成分，他们的谈判目标受与对方关系的亲疏程度的影响。墨西哥人在同自己关系较近的人谈判时，目标之一就是避免使现有的关系受到伤害，而在与自己关系较远的人谈判时，他们才会把谈判目标放在解决问题上。

在一项对 12 个国家 400 多人的调查中，74% 的西班牙人认为其目标就是达成合同，而只有 33% 的印度人持有相同的观点。

有一项实证研究也证明了这一差异。北京大学经济学院教师赵霞和浙江师范大学教师张生祥，在德国组织了 110 组中德跨文化商务模拟谈判，参与模拟商务谈判的 220 名学生大都来自在德国就读经济管理类的本科生、硕士生和博士生，他们中有一少部分人已经在德国从事经济贸易工作。其中 110 名是中国人，110 名是德国人，他们的平均年龄为 23.68 岁，90% 的人至少有 1 年左右的打工经验。谈判采用了按谈判先行阶段、谈判发生阶段和谈判结果阶段划分的方法，把解决问题倾向的策略作为该项研究的核心策略，并对数据进行了量化分析。结果发现，德国人采取解决双方问题倾向的策略得分要远远高于中国人，而中国人在保持良好的谈判气氛和愿意保持长期商务合作关系这两项得分上要远远高于德国人。

三、谈判方式的差异

商务谈判目标的差异导致了不同文化的谈判者在如何与对方进行交流和对话的方式上存在着明显的差异。研究发现，西方国家的谈判者，既然是以解决问题为主要目标的，通常使用冷静的、非个人化的、具体的、直截了当的谈判方式；而东方国家的谈判者，通常采用的是循序渐进的、广泛的、以关系为基础的谈判方式。

哈佛大学社会学家格林（Green）曾研究了美国和阿拉伯国家之间的国际谈判，发现美国人的外交谈判，通常都是具体的、实在的、甚至是非个人化的风格；而阿拉伯国家的谈判者，更多的是个人化的、感情化的甚至情绪化的谈判风格。

小案例 1

美国大使和叙利亚大使之间的论战

1976 年，以色列的轰炸机对驻扎在叙利亚境内的巴勒斯坦游击队进行轰炸，由此引起美国驻联合国大使和叙利亚驻联合国大使之间的一场论战。

美国大使说：“叙利亚大使对我做的发言，提出了一个错误的抗议。我愿意给大家指出这个发言的具体情形，这个发言主要涉及叙利亚大使的一个错误的恶毒攻击。他说以色列的飞机是从美国的航空母舰上起飞的，我必须指出，做出这种指责的人必须为这一指责提供具体的证据。到目前为止，我们还没有看到任何证据，我们也不会看到这一证据，因为这一指责是毫无道理的，因为这一指责是荒谬的、恶毒的，而且是臭名昭著的。这就是我所做的声明。我为什么要做这个声明，是因为凡是认为美国参与这一行动的指责都是非常危险的，因为在这一具体的行动中，美国没有参与。”

如果仔细阅读美国大使的这一声明，我们可以看出他反复使用了“这一个”“这一”“因为”“所以”等词语，反映出他的谈话方式是具体的、逻辑性强的、非个人化的特色。

我们再来看看叙利亚大使是如何反驳的，叙利亚大使说：“我不会对美国大使的发言做出反应，如果他认为我以前的发言是错误的、荒谬的，我可以全面地肯定美国帮助了以色列侵略阿联酋共和国和约旦，因此美国必须对阿联酋共和国和约旦所造成的伤害负责任。如果有任何事件是臭名昭著的话，那就是美国的政策，因为在过去20年间,它对阿拉伯世界和阿拉伯国家的政策都是可耻的。”

这段回应中使用了“全面的”“所有的”“整个政策”“过去20年”等广义的、宽泛的词语,来表达自己的立场,与美国大使的发言形成了鲜明的对比。

我们再来看下一段的论战。

美国大使:“叙利亚大使的个人声明显然与国际上公认的外交准则大相径庭,我不会对这样的言论做具体回答,我只想声明我所说的关于攻击的飞机是从美国的航空母舰上起飞的指责是完全错误的、恶毒的,我希望任何人包括叙利亚大使,就这个具体的事件给安理会提供证据。”

叙利亚大使说:“我将不理睬美国大使对我所做的恶毒的人身攻击,我只想说这是与美国的大国身份不相符的。美国可以动用一颗炸弹去摧毁整个叙利亚,但是一个伟大的文化和文明是更有力量、更为强大的,我为我们的文化和文明感到骄傲。”

我们再次比较双方的这轮论战,更进一步看出美国人的谈判风格是非个人化的、理性的,尽量强调具体细节;而叙利亚人的谈判风格是个人化的、情绪化的。

四、沟通风格的差异

谈判过程是一个谈判双方深度沟通的过程,文化差异明显地表现在沟通风格上。低语境文化的人倾向于通过简洁明了的语言让对方了解自己内心的真实想法和决定,高语境文化的人则倾向于采用表情、语气、客套话和模棱两可的语言来表达自己内心的想法和决定。以色列和埃及在戴维营谈判时,以色列人采用的是直接沟通风格,埃及人采用的是间接沟通风格。结果埃及人认为以色列人过于强硬,甚至有冒犯之意;以色列人认为埃及人缺乏诚意,很虚伪。

哈佛大学教授格力汉对美国和日本的商务谈判录像进行了详细比较,发现美国谈判者的沟通风格是低语境的沟通风格,而日本谈判者的沟通风格是高语境的沟通风格。美国谈判者一般倾向于直截了当地提出谈判要求;日本谈判者则含蓄委婉,更加依赖客套话、表情、语气和模棱两可的方式来表达自己的想法与决定,表示拒绝时也会通过为难的表情和停顿的语气传递自己的真实意图。因此,在美日商务谈判中会产生许多误会和矛盾。据统计,在日美之间每25次商务谈判中,最终只有一次能够达成协议,其成功率仅为1∶25。日本谈判者最不满意美国谈判者经常打断他们的谈话,经常直截了当地拒绝他们的提议。在推销产品的时候,美国的推销商往往不等日本买主做出任何反应,就提出新的方案和想法。美国的谈判者最不满意日本人的地方就是不知道日本人的点头是同意还是不同意,因为,他们发现日本人即使在不同意他们的报价时,也不断地点头。其实,日本的点头只是一种礼貌性的反应,并不表明他们同意这一报价,他们只是用点头来鼓励美国谈判者报出新的价格来。美国的谈判者也很不满意日本谈判者的沉默。美日间的商务谈判往往会陷入一个怪圈:美方谈得越多,日方越是保持沉默——他们需要时间来化解美国人所谈的一切。而日本人越是沉默,美国人就谈得越多,美国人不知道日本人的沉默到底表示什么意思,是不同意呢?还是在思考?又或是希望美国人继续提出新的方案?

小案例 2

对"yes"的误解

一家美国公司和一家日本公司正在进行重要的商务谈判。在谈判过程中,美国谈判者很高兴地看到,每当他提出一个意见时,对方就点头说"yes",他以为这次谈判进行得特别顺利。直到他要求签合同时才震惊地发现,原来日本人说的"yes"是表示礼貌的"I hear you"的"yes",不是"I agree with you"的"yes"。这使他非常郁闷。

五、谈判特点的差异

有的文化倾向于正式的谈判:参与者穿着正装,称呼对方的姓加职衔,气氛严肃正规,商谈内容不涉及个人问题或家庭情况。日本和韩国商务人士的谈判特点明显倾向于正式性。而有的文化则倾向于非正式的谈判:见面即用名字称呼对方,不带头衔,可以穿便装,气氛比较轻松,可以开一些适度的玩笑,会谈前可能会花一些时间建立双方的信任关系。

六、谈判策略的差异

东方文化和西方文化在思维方式上表现出各自的特点。两者在思维方面的差异有三个方面:一是东方文化偏好形象思维,西方文化偏好抽象思维;二是东方文化偏好综合思维,西方文化偏好分析思维;三是东方文化注意统一,西方文化注重对立。基于客观存在的思维差异,来自不同文化背景的谈判者呈现出决策方式上的差异,形成顺序决策方法和通盘决策方法间的冲突。当面临一项复杂的谈判任务时,采用顺序决策方法的西方文化特别是英美人常将大任务分解为一系列小任务,将价格、交货、担保和服务合同等问题分次解决,每次解决一个问题,从头到尾都有让步和承诺,最后的协议是一连串小协议的总和。然而采用通盘决策方法的东方文化则注重对所有问题的整体讨论,不存在明显的次序之分,通常要到谈判的最后才会在所有问题上作出让步的承诺，从而达成一连串协议。例如，中国人在谈判中习惯首先就有关合同双方所共同遵守的总体性原则和共同利益展开讨论，认为总的原则是解决其他问题的出发点。只有当总的原则确定下来，才有可能就合同的具体细节问题进行谈判。这种“先谈原则，后谈细节”的谈判策略是中国的谈判方式最明显的特征之一。中国政府在中美建交、香港回归、澳门回归等一系列重大涉外谈判中，始终坚持“台湾是中华人民共和国不可分割的一部分”这一前提原则，在这一原则的总揽下，再谈细节问题。西方人往往难以适应这种决策方式，他们认为对方谈判人员思路混乱，造成谈判效率的低下。

七、谈判决策权与决策者的差异

在做决策方面，不同文化存在着不同的特点。在集体主义文化中，决策通常是集体协商的结果，一般来说避免个人做出决定。谈判小组在谈判之前、谈判当中，以及谈判之后通常都要一再交换意见以协调整个小组的行动。当对方的提议超出代表的权限范围时，他们还要请示上级，需要报请上级领导同意或集体讨论。在个人主义文化的国家，个人完全可以代表公司做出决策，公司派出的谈判代表通常有足够的权力，他们可以在授权的范围内直接对谈判的议题做出决策。而且，谈判人员对他(她)做出的决策所造成的损失负责。如果该决策成功了，所有的荣誉及随之而来的利益也属于决策者。

小案例 3

中美商务谈判的一个片段

马丁：“我们不可能接受这种价格。”

张先生：“368 美元是我们能给出的最低价格，并且这对你们是有好处的。”

马丁：“恐怕我不能同意你的说法，你们给出的价格要高于其他公司。”

张先生：“但是鉴于我们产品的高质量，我们的报价是非常合理的。我不知道我们还能否降低价格，这件事我先要和我们的总经理讨论一下。”

马丁：“给你带来麻烦，我很抱歉，但是我不得不说，我们如此费尽周折进行商谈，最后这个问题却要你们总经理来拍板，我感到很遗憾。”

马丁之所以失望，是因为他是全权代表，在谈判中有权做决定，而张先生却在他提出报价后，告知他自己没有决定权。但是，张先生的做法在中国人眼中无可厚非，他请示领导后再回复是最佳做法之一。这里关键的差异在于权力距离。中国属于高权力距离文化，即使上级授权，依然需要请示汇报，而美国属于低权力距离文化，上下级之间的关系更为平等。

八、合同内容的差异

在对合同内容、合同作用的理解方面，西方文化尤其是美国文化，强调客观性、注重平等，他们的合同界定严密、内容全面、文本较长，以保障公司利益不受各种争端和意外事故的伤害。与此相比，东方文化尤其是那些注重关系的文化，书面合同较短，主要用来确定合同双方各自的责任及处理相互关系的原则，即便是在针对复杂的业务关系而制定的详细合同，其目的也与美国人的理解不同。

九、对谈判风险的接受程度

每种文化对谈判风险承受的程度是不同的，这直接决定了谈判的进程、谈判的内容和约定。根据萨拉丘斯（Salacuse）的调查，日本是最不愿意承受风险的国家，最愿意承受风险的国家是法国、英国和印度。

对于不愿意承受风险的谈判者来说，尽可能多地了解有关谈判的信息、花时间做判断、与对方建立信任和良好的关系是至关重要的，所以谈判进程不会太快。

十、处理纠纷的差异

在处理经济纠纷方面，东方文化习惯于回避从法律上考虑问题，着重于从伦理道德上和双方关系上考虑问题。一旦发生纠纷，首先想到的是如何赢得周围舆论的支持，这在东方人看来有着极其特殊的内涵和意义。于是，很多应该利用法律来解决的问题，东方人宁愿通过依靠道德规范的作用加以解决。如，日本人不喜欢谈判时有律师参与，他们认为带律师参加谈判，一开始就考虑日后纠纷的处理，是缺乏诚意的表现。当合同双方发生争执时，日本人通常不选择诉诸法律这一途径，而是愿意坐下来重新协商。而西方人则与此不同，他们对于纠纷的处置，习惯运用法律的手段，而不是依靠良心和道德的作用。例如，美国人在进行商务谈判特别是在国外进行商务谈判时，一定会带上自己的律师。他们常说的一句话是：“我要征求律师的意见。”西方很多个人和公司都聘有法律顾问或律师。一些在东方人看来可以通过人际关系解决的纠纷和冲突，西方人往往安排律师出面去处理。

十一、非语言沟通的差异

语言是人们进行跨文化商务谈判的主要交际手段，但是人们在使用语言时，往往会伴之以一系列的非语言行为，不同的文化对它们有不同的理解与使用。

（一）谈判场所和座位安排

1. 谈判场所选择

场所本身具有正面和负面的效应。谈判的场所可以选择在我方的办公室、对方的办公室或者一个中立的地点。据调查，大部分商务人士喜欢选择在中立的地点进行谈判。例如：日本人喜欢在餐厅或者酒吧等较无拘束的地点进行谈判；芬兰人则喜欢在集体洗桑拿浴时谈判；中国人喜欢在酒店、饭店进行谈判。人们认为这样做是为了缓和竞争的紧张气氛，保持融洽的关系。

2. 谈判场所布置

谈判场所的布置，特别是桌椅的摆放也有讲究。若侧重谈判的竞争性，双方可以坐在谈判桌的两个对立边；若谈判以签订合同为目标，则安排双方坐在谈判桌的紧邻两边；若谈判侧重对事不对人的问题解决，则双方坐在谈判桌的同一边。在美国文化中，商务谈判是一种很正式的交际形式，一般应该在会议室进行，谈判双方的座位安排以面对面为主，以便保持目光接触；阿拉伯文化中，人们则喜欢席地而坐，谈判双方人员混坐在一起；日本人喜欢挨着坐在一边，让目光注视白墙或地面，说话时眼睛不直视对方；法国人经常把对手的座位调低以降低其声调。

3. 座位安排

座位与座位的空间距离应该如何确定也因文化而异。北欧人和德国人认为，人与人之间的空间距离在 1.2 米左右，但墨西哥人、南美人和阿拉伯人认为 0.5 米左右是最合适的距离。

小案例 4

巴黎和平谈判的座位安排

1968 年，越战结束前的巴黎和谈开始，谈判的四方分别是：美国、南部越南、民族解放阵线和北部越南。为了安排一个让四方都感到满意的谈判位置，工作人员整整花了八个月的时间，因为有太多需要考虑的因素：文化、政治态度、实力对比和谈判目标。美国和南越希望谈判桌上只出现两方，他们压根不承认民族解放阵线是谈判对手，而北越和民族解放阵线希望每一方都拥有平等权利，四方应该平等地坐在谈判桌边。组织者提出了数种谈判桌的摆放及各方位置安排的方案，最后采用的是一种折中方案：采用了圆桌方案以满足北越和民族解放阵线要求的四方平等；两张秘书桌的存在相当于分界线，桌上没有任何标志，发言的方式为 AA、BB 轮流,满足了美国和南越提出的双边要求。正如美国人所说:“考虑到为达成这个座位安排的一致,在过去8个月中失去的生命,我们必定会得出这样的结论:在人类相遇时,空间布局和领土意识远不是小事。”

(二)谈判气氛

任何谈判都是在一定的气氛中进行的,谈判气氛的发展变化直接影响着整个谈判的结果。谈判气氛往往是在双方开始会谈的一瞬间形成的。

路易斯(Lewis)曾经观察了在谈判开始的半小时内不同国家人的沟通内容,他发现德国人、美国人和芬兰人大概只花两分钟时间在彼此介绍上,然后就入座讨论正题。但在英国、法国、意大利和西班牙,这样做会被认为粗鲁无礼,他们大概会花10分钟到半个小时的时间寒暄问候。英国人尤其不愿意开口说出转入正题讨论的话。在日本,大家一般会花15分钟到20分钟的时间彼此介绍,互道冷暖,直到一位年长者突然发话宣布会议开始,然后大家开始低头准备。西班牙人和意大利人一般会花30分钟左右的时间互道冷暖、谈家事、谈体育、谈音乐,一边谈一边等待姗姗来迟的参会者,人到齐后才开始谈判。

(三)肢体语言

一些身体语言在不同文化中所表达的意思完全不同。例如:中国人跺脚以示愤怒,美国人把此解释为不耐烦;中国人演讲完毕,通常为自己鼓掌,美国人认为这是不谦虚的表现;给予或接收礼物时,中国人使用双手以示敬意,而美国人对此却不以为然。美国人喜欢用抬眼眉、点头、微笑或同说话者保持良好的目光接触来表达对说话者的关注。如果你和一个美国人谈话却不直接看着他的眼睛,他可能会质疑你的动机或猜测你不喜欢他,而中国人为了表示礼貌、尊敬或服从,总是避免直视对方,因此美国人比中国人目光交流的时间长而且频繁。另外,通过观察我们会发现,中国人的欠身或者略微弯腰的动作用得较多,日本人表现得更突出;而西方人的欠身动作则要少得多。

美国学者约翰·格雷厄姆(John Graham)曾对日美商务谈判中的文化差异问题作过详细的研究,他根据美国商人所反映的日本商人善于在谈判中耍花招这一问题,作了深入的分析。结果发现,在多次日美商人谈判中,当一位美国商人直视谈判桌对面的日本商人时,日商立刻低下了头,等那位美国商人低头记录时,他才抬起头,当对方再次直视他时,他又低下了头,这个现象使美国商人形成了日本人善于耍花招这一印象。格雷厄姆的进一步研究发现,这其实是美国商人的误会,原因是美国商人对低头和直视这些动作符号的理解,与日商截然不同。在日本,当晚辈被长辈训斥时,晚辈必须低头,表示谦恭和尊敬;同样是受长辈训斥的美国儿童,却必须要直视长辈以示聆听。

(四)空间距离

阿拉伯人、墨西哥人和南美人与他人交谈时喜欢站得近些,他们之间的间距不到0.5米;对于中国人来说,0.5米到1米是常规距离;而美国人之间比较舒适的距离要宽得多,将近1米;北欧人和德国人认为人与人之间合适的空间距离在1.2米左右。如果你和一个墨西哥人保持1.2米的距离谈生意,他会觉得需要大叫才能让你听到,就像中国人在和站在房间另一头的人谈话一样。

(五)沉默

中国人习惯用沉默表示自己正在考虑问题,有时还表示自己处于“是说还是不说”的犹豫状态。而西方人认为沉默就是表示不同意,他们会失去耐心从而打破沉默,催促对方快速做出反应,以使谈判继续。殊不知这种做法被中国人认为很粗鲁,使谈判难以达到预期的效果。

十二、情绪表露的差异

在商务谈判中,每种文化都有情绪表露的规则。在萨拉丘斯(Salacuse)的调查中,拉丁美洲人和西班牙人是最愿意表露情绪的;而德国人和英国人是欧洲人中最不愿意表露情绪的;在亚洲人中,日本人最不愿意表露情绪。

第四节　不同文化商务人士的谈判风格

一、谈判风格的特点

英国哲学家弗朗西斯·培根(Francis Bacon)曾在《谈判论》一书中指出:“与人谋事,则须知其习性,以引导之;明其目的,以劝诱之;知其弱点,以威吓之;察其优势,以钳制之。”这段话是对谈判经验的深刻总结,尤其是“与人谋事,须知其习性,以引导之”更是成为至理名言。每一个谈判人员来到谈判桌前,都带着自己深深的文化烙印。谈判风格是一个经常被人们使用的词,是指谈判人员在谈判过程中通过言行表现建立在其文化积淀基础上的、与对方谈判人员明显不同的关于谈判的思想、策略和行为方式等特点。因此,了解每一种文化下商务人士的沟通风格,是成功进行跨文化商务谈判的关键。

谈判风格具有以下特点。

（一）对外的独特性

谈判风格的独特性是指特定群体及其个人在谈判中所体现出来的独特气质和风格。从社会学的观点看，任何集团的人和集合都是一种群体，各群体都有自己的主文化和亚文化，会体现出群体与群体之间的差异。在同一个群体内，个体与个体之间也存在着差异。谈判风格的独特性决定了它的表现形式的多样化，所以，不同国家、不同民族，或同一个国家、同一个民族，由于文化背景、生活方式、风俗习惯等因素的影响，会表现出不同的特点和风格。

（二）对内的共同性

同一个民族的谈判人员或有着相同文化背景的谈判人员，在商务谈判中会体现出大体相同的谈判风格。这就是谈判风格的共同性特点。

二、不同国家商务人士的谈判风格

不同国家的商务人士在长期谈判实践中形成的谈判风格，在他们的日常言谈举止中都会有所表现。想要用比较少的文字来描述或总结这些风格显得非常困难。因此，我们需要先确立考察商务谈判风格的方法：一是从谈判者的性格特征来总结或描述；二是从地理分布以及不同国家商人表现的大体特点来介绍。为了便于比较，我们选取后者来观察一些比较重要国家商务人士的谈判风格。

（一）美国商务人士的谈判风格

美国是一个经济高度发达的国家，也是一个时间观念很强的国家，美国商人参加谈判会非常守时，也极讲效率。他们入场时，只是礼貌地握握手、略事寒暄，即直接进入谈判正题。过多的礼节有时可能会招致其反感。因为美国是世界上经济、技术最发达的国家之一，不论经济实力、语言、还是货币，都在世界经济中占有重要地位，这使得美国人对自己的国家深感自豪。在谈判中，他们的商务人士都表现出非常强的自信心，自我感觉良好。他们总是自信地开局，迅速将谈判引入实质性阶段，发表观点非常率直。美国商人习惯于按照合同条款逐项进行讨论，解决一项，推进一项，尽量缩短谈判时间。美国商人的自信还表现在他们坚持公平合理的原则。他们认为两方进行交易，双方都要有利可图。他们在谈判桌上对含糊其辞、似是而非的态度极为反感。所以，对他们的要求表示拒绝一定要明确、直接，不必为他们的面子而转弯抹角，否则他们会认为你已接受。美国人谈判讲究实际、注重利益。他们善于步步为营，在利益方面充满竞争精神，十分精于讨价还价，他们会讲得有理有据，从国内市场到国际市场的走势甚至最终用户的心态等各个方面劝说对方受其价格要求，以智慧和谋略取胜。美国商人对“一揽子”交易兴趣十足。在谈判某一项目时，除了探讨所谈项目的品质规格、价格、包装、数量、交货期及付款方式等条款外，还包括该项目从设计到开发、生产工艺、销售、售后服务以及为促进双方能更好地合作各自所能做的事情等，从而达成一揽子交易。

另一个谈判风格是，他们重视已签订的合同，法律观念很强。他们认为，商务合同就是商务合同，朋友归朋友，两者不可混淆。

（二）英国商务人士的谈判风格

英国是最早的工业化国家，贸易发展比较早，所以英国人有一种与生俱来的优越感，但英国人的民族性格是传统的、内向的、谨慎的。因此，英国人不轻易与对方建立个人关系，很难做到一见如故。英国人很崇尚绅士风度，讲究等级、知识和个人修养，对知识面广的人才和个人修养良好的谈判者特别友好。在这种情况下，与英国人谈判，派有较高身份、地位的人参加谈判有一定的积极作用。英国人在谈判开局阶段总是与对方保持某种距离，在谈判过程中举止大方、斯文礼貌、外柔内刚、平和而高傲、谦逊略显保守。他们善于简明扼要地阐述立场、陈述观点，而激动、冒险和夸夸其谈是他们鄙视的行为。英国商人对于物质利益的追求不如日本人表现得那样强烈，也不如美国人那样直接，他们宁愿做风险小、利润也小的买卖，而不喜欢冒大风险、赚大钱的买卖，所以英国人在谈判中缺乏灵活性，不允许讨价还价，在谈判的关键阶段表现得很固执，只要认为某个细节没有谈妥，就绝不会在协议上签字。

（三）德国商务人士的谈判风格

德意志民族是一个勤劳、好学、善于发明创造的民族，德国人办事严肃认真、注重效率、讲究信誉且素质较高。德国是世界上经济实力最强的国家之一，工业发达、生产率高，产品质量堪称世界一流。德国企业的技术标准十分精确，这是德国人引以为豪的，所以，德国人对于要出售或购买的商品要求很高，与他们谈判，就一定要让他们相信你的产品可以满足他们的高标准要求。德国商人的时间观念也非常强，日程安排一般比较紧凑，不喜欢漫无边际的侃谈。德国商人善于对谈判做好充分的准备，在谈判前，投入很多精力，准备工作细致周密，极具条理性，你很少能在谈判时发现他们准备工作的疏漏。德国人在谈判之前的准备不仅包括要研究购买的产品，而且包括研究对手的公司，公司所处的大环境，公司的信誉、资金状况、管理状况、生产能力等。他们掌握大量翔实的第一手资料，以便在谈判中得心应手、左右逢源。德国商人在谈判中审慎稳重有余而适当的妥协性和灵活性不足。如果我们对出口商品报价过高，他们可能会觉得双方的价格相距太远，不值得进一步探讨，从而可能使我们失去一次贸易机会。相反，他们一旦报出价格，那他这个价格显得不可更改。德国商人很少讨价还价,即便是有,讨价还价的余地也会很小。但协议一旦达成,他们会严守合同条款,一丝不苟地去履行,很少出现毁约行为,在国际商务合作中有着十分良好的信誉。

(四)法国商务人士的谈判风格

一提到法国,人们首先想到的就是“浪漫”二字,提到巴黎,就和“花都”联系到了一起,而且法兰西民族在社会科学、文学、科学技术方面都有着卓越成就,所以法国人民族自豪感强,一般都比较注重自己的民族文化和本国语言,因此在进行商务谈判时,他们往往习惯于要求对方以法语作为谈判语言。所以要与法国商人长期做生意,最好学些法语,或在谈判时选择一名优秀的法语翻译。相应的书面材料也应该用法语书写,关于你的产品的关键性资料也应该翻译成法语。谈判中,法国人喜欢比较微妙的、间接的语言,喜欢用笛卡尔式的逻辑、优美的措辞和大量的修辞来陈述自己的观点。这就是法国商人习惯于用法语来进行谈判的原因之一:使用其他语言很难表达出法语的出色之处。法国商人大多性格开朗、十分健谈,他们喜欢在谈判过程中谈些新闻趣事,以创造一种宽松的气氛。因此,多了解一些法国文化、电影文学、艺术摄影等方面的知识,非常有助于互相沟通、交流,在就餐的时候谈谈法国的烹饪或是红酒也是不错的办法。法国商人天性浪漫、重视休闲、时间观念不强,他们在商业往来或社会交际中经常迟到或单方面改变时间,而且总会找一大堆冠冕堂皇的理由。在法国还有一种非正式的习俗,即在正式场合,主客身份越高来得越迟。所以,要与他们做生意,就须学会忍耐。但法国商人对于别人的迟到往往不予原谅,对于迟到者,他们都会很冷淡地接待。因此,如果你有求于他们,千万别迟到。在谈判方式的选择上,法国商人偏爱横向谈判,这种横向谈判,即先为协议勾画出一个轮廓,然后达成原则协议,最后再确认谈判协议各方面的具体内容。谈判的重点在于整个交易是否可行,不太重视细节部分。主要问题谈妥后,他们便急于签约。他们认为,具体问题可以以后再商量或是日后发现问题时再修改,经常出现昨天签的协议明天就要修改的情况。同时,法国商人谈判时思路灵活、手法多样,为促成交易,他们常会借助行政、外交等手段介入谈判。法国商人大多专业性强、熟悉产品、知识面广,同时个人拥有较大的办事权限,在进行商务谈判时,多由一个人承担并负责决策,很少有集体决策的情况,谈判效率较高。法国商人对商品的质量要求十分严格,条件比较苛刻,同时他们十分重视商品的美感,要求包装精美。法国人从来就认为法国是精美商品的世界潮流领导者,巴黎的时装和香水就是典型代表。因此,他们在穿戴上都极为讲究。在他们看来,衣着可以代表一个人的修养与身份。所以在谈判时,稳重、考究的着装会带来好的效果。一般而言,男性应该穿深色西服,女士应该选择一些美观大方或者相对保守一些的服装和饰品。

（五）俄罗斯商务人士的谈判风格

俄罗斯商人的谈判能力很强，这源于其传统。他们特别重视谈判中的技术内容和索赔条款，为了尽可能以较低的价格购买最有用的技术，他们特别重视技术的具体细节，索要的东西也包罗万象。所以，与俄罗斯商人进行谈判时要有充分的准备，必要时配备技术专家，同时要十分注意合同用语，不能随便承诺不能做到的条件。除此之外，对合同中的索赔条款也要十分慎重。俄罗斯商人在谈判前通常要准备一套完整的方案，谈判通常分为两个阶段：第一，摸底阶段，即了解对方或说明己方商品的技术性能以及对方可能提供的承诺；第二，实质谈判阶段，即磋商各种具体的交易条件。俄罗斯商人非常善于寻找合作伙伴，也非常善于讨价还价，不论你的报价是多么公平合理，他们也不会相信，更不会接受外商的第一次所报价格。他们会千方百计迫使外商降低价格。为了达到这一目的，他们会使劲玩弄“降价求名”的把戏。他们会告诉外商：“我们第一次向你订货，你的开价低一些，以后你就会源源不断地接到订单。”而事实上并非如此。无论如何不要为未来的交易而降低你现在的价格。一旦他们得到了低的价格，他们就会盼望、要求价格永远保持在低水平上。有时，他们会使用“欲擒故纵”等最古老的计谋：“我们没有办法同你做生意，因为你的价格和你的竞争者们相比实在太高了，跟他们做生意，我们现在都快达成协议了。”还有其他惯用的招数，像大声喊叫，敲桌子，甚至拂袖而去等，对此，你最好的办法就是不为所动，牢牢把住自己的价格防线。俄罗斯人在谈判中一般不会主动让步，在他们看来让步就是软弱，他们这种强烈的谈判意识给人留下一种僵硬而固执的印象。

（六）中东地区商务人士的谈判风格

中东地区的商务人士具有沙漠地区的豪放性格。他们十分好客，任何人来访他们都会热情接待。因此，谈判过程常常被一些突然来访的客人打断，主人可能会抛下你，与新来的人谈天说地，所以你必须忍耐并适应这种习惯，这样，你便会获得他们的信赖。这种先交友后谈判的方式是达成交易的关键。中东商人的这些习俗，使人感觉他们缺乏时间观念，谈判的决策过程较长，所以与中东地区的商人谈判不能太计较时间，不要一见面就谈业务，应用较长的时间沟通、联络感情，切忌打断对方的聊天，急于切入正题，否则只能给谈判造成阻碍。另外，与中东商人谈判，最好寻找一个当地的代理商。这些代理商使用纯正的阿拉伯语，有广泛的社会关系网，熟悉民风国情，特别是他们与你的谈判对手存在着直接或间接的联系，这是非常必要的。同时，中东是一个敏感的政治冲突的地区，在谈判过程中应尽量避免涉及政治问题，要远离女性话题，并且要在任何场合都表示你对他们宗教的尊重与理解。

（七）日本商务人士的谈判风格

众所周知，日本生活节奏快，竞争激烈，但日本文化所塑造的日本人的价值观念和精神取向却是集体主义的。他们强调秩序，以集体为核心，这一点反映出日本人最为明显的谈判风格是他们具有强烈的群体意识，注重集体决策。所以，与日本商人谈判，他们决策的时间很长，如果谈判协商的内容与他们原定的目标不相符，他们需逐层上报，反复讨论，最后在取得一致的意见后方能决策。在这种情况下，即使是与他们有签署协议权力的谈判代表进行谈判，合同的各个条款也是集体商议的结果。但高节奏的生活与激烈的竞争又促使他们在作出决策后，能迅速履约。日本商人对履约非常重视，履约率极高。在以往的概念中，日本商人往往精于算计，惯于施计，但对于大多数日本商人来说，信任是合作成功的重要媒介。因此，他们非常注重建立和谐的人际关系。日本商人把与谁做生意同怎样做生意看得同样重要。他们往往将相当一部分时间、精力花在人际关系中，愿意与熟悉的人做生意并建立长期友好的合作关系。他们不习惯直接的纯粹的商务活动，如果有人不愿意开展人际交往活动而直接进入实质性的商务谈判活动，那他就会欲速则不达。因此，要与他们进行良好的合作，建立相互之间的信任是十分重要的，双方一旦建立了可以相互信赖的关系，几乎可以随便签订合同。日本商人在谈判中首先着眼于商品的质量、包装和生产工厂，而后才会谈及价格。当然，价格问题也很重要，但必须是以符合所要求的质量标准且能提供优质服务为前提。在他们心中，产品的质量、优质的服务和可接受的价格这三个要素缺一不可。一旦他们与你做成了第一笔生意，而且很顺利，他们就会继续与你合作下去，即使再有其他贸易公司报以更优惠的价格，他们也不会轻易转向这家公司。日本商人给人的印象是礼貌、谨慎、沉着以及谈判极具耐心。耐心使得日本商人在谈判中具有充分的准备，他们的经济情报信息工作做得相当细致。在谈判过程中，他们习惯慢条斯理、婉转暧昧，不明确地发表意见。他们的点头和“嗨！嗨！”并不表示接受对方的意见。这种模棱两可的做法，使得性急的谈判对手感到急躁，依靠耐心使日本的商务谈判人员多次击败急于成功的谈判对手，从而为他们赢得了最大的利益。

小案例1

谈判出现转机

1925年，美国总统福特访问日本，美国哥伦比亚广播公司（CBS）受命向美国转播福特在日的一切活动。在福特访日前两周,CBS谈判人员飞抵东京,进行器材租用、人员安排、保密系统及电传等问题的谈判。美方代表是一位年轻人,雄心勃勃,提出了许多过高的要求,并且直言不讳地表述了自己的意见,而日方代表则沉默寡言。第一轮谈判结束时,双方并未达成任何协议。两天后,CBS一位要员飞抵东京,他首先以个人名义就本公司年轻职员的冒犯行为向日方表示道歉,接着就福特访日一事询问日方能提供哪些帮助,日方转变了态度并表示支持,双方迅速达成了协议。

在这个案例中可以看出,美国人坦率外露的思维方式和日本人含蓄间接的思维方式相冲突。美国人反对过分拘泥于礼仪,办事干净利落,注重实际,语言表达直率,而且耐心不足;日本人讨厌过分施加压力,比较注重资历、地位。CBS的要员充分掌握了日本人的性格及谈判风格,才促成了谈判的成功。

(八)韩国商务人士的谈判风格

自1992年8月中韩正式建交以来,两国贸易步入了新的发展阶段。目前,中韩已互为重要贸易伙伴,随之,双方之间的商务谈判机会也大大增加。韩国人受儒家文化影响较深,注重传统道德。在商务活动中,只有最高层人物才具有决策权。韩国商人比较重视咨询工作,在谈判前,会通过各种渠道对对方的经营项目、规模、资金、经营作风以及有关商品的行情等方向进行调查,做到心中有数并做好充分准备后才与对方坐到谈判桌前。在谈判准备阶段,他们对谈判点的选择十分讲究,强调气氛。在谈判中,韩国商人对谈判内容的条款层次非常重视,在实质性磋商开始前,他们常常要与对方商量,敲定主要的议题、目标及谈判顺序,然后才进行实质性谈判。韩国商人既谙熟东方的谈判策略,也深钻西方的谈判技巧,并善于应用。韩国商人同中国商人一样重视招待与被招待,在饭桌上做成的生意常常与在公司的会议室做成的一样多,所以千万不要将招待看成是浪费时间。

(九)非洲商务人士的谈判风格

非洲是面积仅次于亚洲的世界第二大洲,东临印度洋,西濒大西洋,北隔地中海与欧洲相望,地理位置十分重要。非洲大陆有50多个国家,近6亿人口,大多为发展中国家。

按地理习惯,非洲可分为北非、东非、西非、中非和南非5个部分。不同地区、不同国家的人民在民族、历史、文化等方面的差异极大,因而他们在生活、风俗、思想等方面也各具特色。

非洲各国内部存在许多部族,各部族之间的对立意识很强,其族员的思想大都倾向于为自己的部族效力，对于国家的感情则显得淡漠。非洲人有许多禁忌需要注意，比如，他们崇尚丰盈，鄙视细腰，因此在非洲妇女面前，不能提“针”这个字。又如，非洲人认为左手是不洁的，因此，尽管非洲商人也习惯见面握手，但千万注意别伸出左手来握，即使对方人很多也一样，否则会被视为对对方的大不敬。

非洲人的权利意识很强，每个拥有权利的人，哪怕是极小的权利，都会利用它索取财物。在非洲，利用采购权吃回扣的事也屡见不鲜。因此，去非洲做生意，谈判者应当注意用“吃小亏占大便宜”的方法，以“小恩小惠”来取得各环节有关人士的信任和友谊，才可能使交易进展顺利。

由于历史的原因，整个非洲的人们大部分文化素质较低，有些从事商务谈判的人员对业务并不熟悉，因此与其洽谈时，应把所有问题乃至各个问题的所有细节都以书面确认，以免日后产生误解或发生纠纷。另外，在非洲还要避免与那些“皮包商”做生意，他们往往只为骗取必要的许可证再转卖出去，或为了拿到你提供的样品，积极找你谈生意并一口答应你的条件和建议，得手后便逃之夭夭。非洲国家的法制不健全，因此，很难依靠法律追究他们的责任。

（十）东南亚商务人士的谈判风格

1. 新加坡商务人士的谈判风格

新加坡的经济很发达，被誉为亚洲“四小龙”之一。新加坡总人口中，华人约占70%以上，其次是马来人、印度人、巴基斯坦人等。新加坡华裔有着浓重的乡土观念，同甘共苦的合作精神非常强烈，他们的勤劳能干举世公认。他们注重信义、讲友谊、爱面子，在商业交往中十分看重对方的身份、地位及彼此的关系。对老一辈华侨来说，“面子”在商业洽谈中具有决定性意义，交易要尽可能以体面的方式进行。交易中，遇到重要决定，新加坡华人往往不喜欢签订书面字据，但是一旦签约，他们绝不违约，并对对方的背信行为十分痛恨。

2. 泰国商务人士的谈判风格

泰国是亚太地区的新兴的发展中国家，20世纪70年代以来，泰国经济发展十分迅速，目前的发展重点是农业、机械制造业、交通运输业、水利、电力、建筑业、服务业和对外贸易。泰国的国内市场以曼谷及其周围地区为中心，比较集中，市场条件较好，而且泰国政府为外商提供了优惠的投资环境。对中国商务人士而言，中泰关系良好，贸易前景光明。控制泰国产业的也多为华裔，但泰国华裔已消除了与其他民族之间的隔阂，完全融入泰国的民族大家庭中，没有形成华裔自成一个社会的现象。泰国商人崇尚艰苦奋斗和勤奋节俭，不愿过分依附别人，他们的生意也大都由家族控制，不信赖外人。在泰国，同业之间会互相帮助，但却不会形成一个稳定的组织来共担风险。与泰国商人进行商务谈判时，要尽可能多地向他们介绍个人及公司的创业历程和业务开展情况，以获得他们的好感。与泰国商人结成推心置腹的朋友关系要费相当多的时间和努力，而一旦建立友情，他们就会信任你，遇到困难也会给你以帮助。他们喜欢的是诚实、善良和富有人情味的人，而不仅仅是精明强干的形象。

3. 菲律宾商务人士的谈判风格

菲律宾是个岛国，资源丰富，教育普及，居民中有 42 个种族，其中马来裔人和印尼裔人共占 90% 以上。菲律宾人天性和蔼可亲，善于交际，做事落落大方。他们在商务活动中常常举行聚会，并且大多在家中举行，稍微正式一点的聚会，请帖上会注明"必须穿着无尾礼服等正式服装"，若没有无尾礼服，可以穿着当地的正装，即香蕉纤维织成的开襟衬衫式衣服。同菲律宾人做生意，最容易取得沟通的途径是入乡随俗，在社交场合尽可能做到言行得体、举止有度，表现出良好的修养和十足的信心。

第五节　赢得跨文化商务谈判成功的对策

从文化差异对商务谈判的影响中，我们要深刻认识到，各种文化各具特色，文化因素会给商务谈判活动带来种种障碍。要取得跨文化商务谈判的成功，我们只有尊重对方的文化并了解自己文化与对方文化的差异，发现导致彼此误解或对立的原因，才能找到建设性的沟通渠道，以使我们的跨文化商务谈判真正做到兴利除弊、扬长避短，寻求合作互利。

一、做好谈判前的准备工作

谈判者要在复杂的局势中左右谈判的进程，必须做好充分的准备工作，只有做好充分准备，才能在谈判中随机应变、灵活处理，避免谈判中矛盾的升级和冲突的激化。由于跨文化商务谈判涉及面广，要准备的工作也多，一般包括谈判者和谈判对手的分析，如谈判班子的组成、精心拟定谈判目标策略、必要时还要组织模拟谈判。

谈判准备中，谈判者要在对自身情况做全面分析的同时，设法全面了解谈判对手的情况，自身分析主要是进行项目的可行性分析；对对手情况的分析包括对手实力（资信情况）、对手所在国（地区）政策法规、商务习俗、风土人情以及对手的人员状况。

谈判前所有的准备工作都必须考虑到可能出现的文化差异，例如，在场地的布置上，文化差异可能对合作产生微妙影响。在等级、地位比较强的国家和地区，座位、房间的安排必须考虑周全，否则可能引起对方的不安或者不满。对于谈判本身，虽然谈判的对方不是敌人，但肯定会有利益上的冲突，要谨慎地对待文化上的差异，避免产生不必要的麻烦，因此，谈判前的准备工作十分重要，必须高度重视。

二、增强跨文化意识，正确对待文化差异

跨文化的谈判者必须增强跨文化谈判意识，具备足够的敏感性，认识到不同文化背景的谈判者在需求、动机、信念上的不同，学会了解和接受，要尊重对方的文化习惯和风俗。西方社会有一句俗语，“在罗马，就要做罗马人”，其意思也就是中国的“入乡随俗”。在跨文化商务谈判中，“把自己的脚放在别人的鞋子里”是不够的。谈判者不仅要善于从对方的角度看问题，而且要善于理解对方看问题的思维方式和逻辑。而且，任何一个跨文化谈判活动中的谈判人员都必须要认识到，文化是没有优劣的。此外，还必须尽量避免模式化地看待另一种文化的思维定式。美国跨文化学者大卫·卡尔提出了跨文化道德行为的四条原则：第一，对不同文化的人采取自己希望得到的尊敬态度；第二，尽可能准确地描述你所感觉的世界；第三，鼓励其他文化的人用他们独特的方式表达自己；第四，努力寻找同其他人的共同点。这对跨文化谈判者应该有所启迪。

三、正确运用谈判语言技巧

（一）语言技巧在跨文化商务谈判中的地位和作用

跨文化商务谈判的过程是谈判双方运用一定的语言进行洽谈的过程。商务谈判中，对抗是基本特征，如行动导致反行动、双方策略的互含性等都通过谈判语言集中反映出来。因此，语言技巧的效用往往决定着双方的关系状态，以至谈判的成功。语言技巧的地位和作用主要表现在以下几个方面。

1. 语言技巧是跨文化商务谈判成功的必要条件

美国企业管理学家哈里·西蒙（Harry Simon）曾说，成功的人都是一位出色的语言表达者。同时成功的商务谈判都是谈判双方出色运用语言技巧的结果。在跨文化商务谈判中，同样一个问题，恰当地运用语言技巧可以使双方听来饶有兴趣，而且乐于合作；否则可能让对方觉得是陈词滥调，产生反感情绪，甚至导致谈判破裂。面对冷漠的或不合作的强硬对手，通过超群的语言及艺术处理，能使其转变态度，这无疑为跨文化商务谈判的成功迈出了关键一步。因此，成功的跨文化商务谈判有赖成功的语言技巧。

2. 语言技巧是处理谈判双方人际关系的关键环节

跨文化商务谈判对抗的行动导致反行动这一特征，决定了谈判双方的语言对

彼此的心理影响及其对这种影响所做出的反应。在跨文化商务谈判中,双方人际关系的变化主要通过语言交流来体现,双方各自的语言都表现了自己的愿望和要求,当这些愿望和要求趋向一致时,就可以维持并发展双方良好的人际关系,进而达到皆大欢喜的结果;反之,可能影响这种人际关系,严重时导致双方关系的破裂,从而使谈判失败。因此,语言技巧决定了谈判双方关系的建立、巩固、发展、改善和调整,从而决定了双方对待谈判的基本态度。

3. 语言技巧是阐述己方观点的有效工具,也是实施谈判技巧的重要形式

在跨文化商务谈判过程中,谈判双方要把己方的判断、推理、论证的思维成果准确无误地表达出来,就必须出色地运用语言技巧,同样,要想使自己实施的谈判策略获得成功,也要出色地运用语言技巧。

(二)正确运用谈判语言技巧的原则

1. 客观性原则

谈判语言的客观性是指在跨文化商务谈判中,运用语言技巧表达思想、传递信息时,必须以客观事实为依据,并且运用恰当的语言,向对方提供令人信服的依据。这是一条最基本的原则。

坚持客观性原则,从供方来讲,主要表现在:介绍本企业情况要真实;介绍商品性能、质量要恰如其分,如可附带样品或进行演示,还可以客观介绍一下用户对该商品的评价;报价要恰当可行,既要努力谋取己方利益,又要不损害对方利益;确定支付方式要充分考虑到双方的情况,达到双方都能接受、都较满意的结果。

从需方来说,谈判语言的客观性,主要表现在:介绍自己的购买力时不要水分太大;评价对方商品的质量、性能要中肯,不可信口雌黄,任意褒贬;还价要充满诚意,如果提出压价,其理由要有充分根据。

如果谈判双方均能遵循客观性原则,就能给对方真实可信和以诚相待的印象,就可以缩小双方立场的差距,使谈判的可能性增加,并为今后长期合作奠定良好的基础。

2. 针对性原则

跨文化商务谈判语言的针对性是指根据谈判的不同对手、不同目的、不同阶段的不同要求使用不同的语言。简言之,就是谈判语言要有的放矢、对症下药。提高谈判语言的针对性,要求谈判人员做到:第一,根据不同的谈判对象,采取不同的谈判语言。不同的谈判对象,其身份、性格、态度、年龄和性别等均不同。在谈判时,必须反映这些差异。从谈判语言技巧的角度看,这些差异透视得越细,洽谈效果就越好。第二,根据不同的谈判话题,选择运用不同的语言。第三,根据不同的谈判目的,采用不同的谈判语言。

（三）跨文化商务谈判中的语用策略

1. 礼貌策略

礼貌在维护和谐的人际关系中起到积极的作用。中国语言学专家何兆熊认为，策略是礼貌的根本，礼貌地使用语言是得体地使用语言的一个因素。得体的语言受社会因素制约，语言的礼貌程度也同样受到社会因素的制约。礼貌策略强调说话要看对象，要注意言行的时间和场合，要注意语言表达的效果，应恰到好处。不严谨的语言会冒犯他人，过于有礼则让人感到虚伪。在跨文化商务谈判过程中，把握好礼貌得体这一语用策略，就能获得事半功倍的谈判效果。例如："请报旧金山最低到岸价""感谢贵方的密切合作""如贵方将交货日期提前至6月中旬，且做一次性装运，我方当十分感谢""得知贵方对此报盘不感兴趣，深表遗憾"。

愉快、感谢和遗憾的表达法属于礼貌语言，能开创友好的气氛，使谈判成功。谈判活动中使用的礼貌用语涉及问候语、致谢语、致歉语、邀约语、馈赠语，以及如何进行谈判的交涉用语、讨价还价用语、妥协让步用语等。

2. 委婉策略

委婉语是对令人不快或不够尊敬的事实、概念等不明说，以此能使人感到愉快的含糊修辞表达手法。它是为了在语言交际中达到理想的交际效果和个人目的而采用的一种会话策略。在跨文化商务谈判中的许多环境下可运用此策略，如遇到机密、不友好言行或活动场合等不宜直接陈述时，可以采用暗含委婉的策略间接地表达。这可以保留双方面子，避免正面冲突，制造友好气氛。

跨文化商务谈判有些话语虽然正确，但却令对方难以接受，话语不能取得较好的效果。委婉的语用策略强调"言有尽而意无穷，余意尽在不言中"，让人领会弦外之意。例如："你说的大部分事情我都同意"（言外之意是还有一些事情我不同意）。

总之，委婉语是一种营造和谐氛围、建立良好人际关系、确保语言交际顺利进行的常见语言手段，能达到理想的交际效果。

3. 幽默策略

根据格赖斯（Grice）的会话含义理论，人们使用语言有效地进行交际时，都在自觉或不自觉地遵守一个原则，即合作原则，以达到相互了解、相互配合，从而使谈话目标得以实现的目的。格赖斯把这些原则总结为四个准则：第一，数量准则，所说的话应该包含交谈目的所需要的信息，不应包含超出需要的信息；第二，质量准则，努力使你所说的话是真实的，而不要说自知是虚假的话或缺乏证据的话；第三，关系准则，所说的话要有关联并切题；第四，方式准则，要清楚明白，避免晦涩和歧义，要简练、井井有条。格赖斯还发现，在现实交际中，人们并不总是遵守这些原则，恰恰相反，人们总是有意无意地违反这些原则，并往往导致说话者的主观意图与客观效果之间的不一致。这种不一致往往是造成会话幽默的一个重要因素，下面一段对话中，交际一方故意违反了质量原则，会话的幽默效果避免了一场难堪：一位顾客坐在一家时尚整洁的餐馆桌旁，将餐巾围在颈上。恼怒的经理叫来一位服务员并告诉他："要策略地使他明白那样做不行。"细心的服务员对顾客说："对不起，先生，剃须还是剪发?"

在跨文化商务谈判的语用行为中，诙谐幽默的语言首先能使严肃紧张的气氛变得容易让人接受，使谈判气氛顿时活跃起来。即使在唇枪舌剑的论辩和激烈竞争的讨价还价中，幽默的语言也能极为有利地批驳谬误、明辨是非、说服对方。其次，幽默的语用策略，体现谈判者具有较高文化修养和较强的驾驭语言的能力。总之，幽默的语用功能在于创造良好的谈判气氛，传递感情，使谈判人员在心理上得到享受，提高谈判的效率，使错综复杂的谈判活动在愉快的气氛中顺利进行。

4. 模糊策略

语言的模糊性质很早就引起语言学家的注意。所谓语言模糊性，即词语所指范围边界的不确定性。模糊性是人类语言的客观属性，而商务谈判语言的特点主要是准确简洁，但由于某种语用目的而使模糊语言客观存在于商务语言中。语言的精确性，并不排斥其模糊性。一般说来，语言的模糊性是通过使用模糊词语和句法结构来体现的，即使用模糊信息传递语言内涵，如日常生活中的时间词、颜色词、年龄词、象声词等；可分等级的词，如可分等级的形容词或副词等。在跨文化商务谈判中，为了增强语言的感染力，使用模糊语用策略把输出的信息模糊化，避免过于确定，让谈判者进退自如，避免谈判陷入僵局。

例如：我想你刚才提出的建议还有所欠缺。你的陈述使我感觉有点儿……你知道我的意思。

①We'll contact our manufacturers and do what we can to advance the time of delivery.（我们将与厂商联系，尽量将发货时间提前。）

②We have always insisted on the principle of "equality and mutual", but we have adopted much more flexible approaches in our practices nowadays.（我们一贯坚持平等互利的原则，但现在我们也倾向于灵活性。）

③I don't think my clients would accept your price. We are not playing in the same ballpark at this price.（我认为我的客户不会接受你们的价格，你们不是我们的对手。）

上述三个英文句子中提到的"do what we can to advance the time of delivery""much more flexible approaches""not playing in the same ballpark"都是常用的模糊词语，向对方传达的是一种不具体的模糊信息。

再如：

④We are sorry to learn that the shipment of your order of June 12, when having reached you, did not correspond with your order. We have had our records gone over thoroughly and are not able to find where the mistake crept in. However, the matter must be straightened out to your satisfaction at once. We just ask for a few days to deal with this matter. Return at our expense the goods, which you have received. Just as soon as they reach the house we will have a new and correct shipment made up and sent to you in no time.（很遗憾，我们得知你们6月12日收到的货物与你们的订单不符，我们仔细检查了记录，但没有发现问题出在哪里。但是，这件事情必须解决，以达到你们满意为止。我们是需要几天来处理这件事。你们需要将货物发还给我们，一旦我们收到退货，我们会马上给你们发新货。）

例④中，"at once""for a few days""as soon as""in no time"都是意思表达比较模糊的词语，"马上""几天""即刻发货"都没有具体说明日期，一是解决问题需要几天还缺少具体的信息；二是不说得太具体可以给自己留有余地。

⑤We have examined all items one by one, and found nearly each of them was leaking more or less.（我们仔细检查了每一件货物，发现几乎每一件都有或多或少的泄漏。）

例⑤是买方关于卖方包装低劣的投诉，出于礼貌及不影响对方的面子，买方用了"nearly each of them（几乎每件）""more or less（或多或少）"的模糊语表达抱怨，使对方不至于过分为难、尴尬，并为对方积极主动地解决问题提供可能。

上述例子都是模糊性语言，含义很广，没有明确的界限，让人灵活地去理解。在跨文化商务谈判中，最首要的是要保持和谐的气氛，避免制造紧张局势，有时甚至是要救对方的面子。当正面冲突发生时，使用模糊语言是最有效的方法。

5. 赞美策略

赞美策略在跨文化商务谈判中也起到融洽的作用。从语用策略上理解，只要对方说出的话语有利于双方的接近，有利于双方谈判意图的理解，都应予以赞美。真诚的赞美既可缩小谈判双方的心理距离，又可以融洽气氛，有利于达成协议。赞美的方式多种多样，可以是直接的，也可以是间接的。运用赞美语用策略时应恰如其分。谈判人员要注意如下几点：第一，选择的赞美目标应是对方熟知的，并应为最值得赞美的人或事；第二，讲究赞美方式，尊重谈判对方人员的个性、个人意识；第三，重视被赞美者的言行、情绪及心理反应；第四，赞美的话要具体、明确，有实际内容。

四、掌握非语言沟通的差异

如前所述，在跨文化商务谈判中，非语言沟通是一个非常重要的影响因素。谈判者要在实践中注意自己的形体语言，要善于观察，注意揣摩对方的手势、语调、沉默、停顿和面部表情的含义，认真学习和及时总结，不断积累和丰富阅历，从而避免导致歧义和误解。

五、善于倾听，做到少说多听

跨文化商务谈判实际上是一种对话，在这个对话中，双方说明自己的情况，陈述自己的观点，倾听对方的提案、发盘，并做反提案、还盘，互相让步，最后达成协议。成功的谈判者在谈判时会把50%以上的时间用来听。他们边听、边想、边分析，并不断向对方提出问题，以确保自己完全正确地理解对方。同时，尽量鼓励对方多说，习惯向对方说："yes""please go on"，并提出问题请对方回答，使对方多谈他们的情况，以便对其情况了如指掌。

（一）巧提问题

可以用开放式的问题来了解进口商的需求，使进口商自由畅谈。"Can you tell me more about your company?""What do you think of our proposal?"

在谈判独家经营代理权的合同事宜时，如果我们想摸清对方在什么条件下才将独家经营代理权交给我们，我们可以提议："What if we agree to a four – year contract? Would you give us exclusive rights as your agent in our city?"对方也许会回答："We would be ready to give you exclusive rights provided you agree to a ten – year contract."这样，我们就可以判断对方关心的是长期合作。这些信息对往后的谈判很有帮助，会大大增加谈判成功的机会。

（二）注意倾听对方的关键词和重点问题

进口商常常会问："what do you think of our proposal?"对此不要让步，而应反问："what is meant by better?""better than what?"使进口商说明他们究竟在哪些方面不满意。进口商回答："Your competitor s will offer better terms."这时，应继续追问："what is meant by terms?"

（三）使用条件问句发问

跨文化商务谈判中，可以用更具试探性的条件问句进一步了解对方的具体情况，以修改我们的发盘。典型的条件问句有"what. . . if"和"if. . . then"这两个句型。如："what would you do if we agree to a two – year contract?""if we?"

六、制定灵活的谈判策略，运用不同的谈判方式

前面我们谈到，不同文化造就不同的行为、性格。形成不同的谈判风格，不同的谈判风格主要表现在谈判过程中的行为、举止和实施、控制谈判进程的方法和手

段上。要想在跨文化商务谈判中不辱使命，稳操胜算，谈判人员就必须事前深入了解各国商人的谈判风格，并采取灵活的谈判方式。例如，在与欧美国家的商人谈判时，如果有不同意见，最好坦诚地提出来，而不要拐弯抹角。表示无法赞同对方的意见时，可以说：I don't think that's a good idea.（我不认为那是个好主意），或者 Frankly, we can't agree with your proposal.（坦白地讲，我无法同意您的提案）；如果是拒绝，可以说：We're not prepared to accept your proposal this time.（我们这一次不准备接受你们的报价）；有时，还要说明拒绝的理由，如：We would like to point out that your price is somewhat on the high side. As you know, black tea of similar quality from China is available in the world market at a price 15% lower than yours（我们要指出，你方的价格有点偏高。正如你所了解的，市场上中国产的相同品质的红茶要比你方的价格低 15%）。如果对手来自受男权文化影响的阿拉伯世界，则在谈判之前及谈判间隙为营造气氛的闲谈中，都不可涉及妇女问题，更不可派女性作为商务代表，而且开门见山并不是收效很好的谈判开局策略。而要得到新加坡谈判对手的合作，则需加深与对方谈判成员的私人交往，努力强化人际关系，可适时适量赠送礼物作为联系纽带，而且谈判之余和谈判结束都要经常保持联系。美国人的性格豪爽，他们与别人结识不久，就会显露出如多年的好友那样的亲热感，他们个性果断、自信，因此他们总是十分自信地步入谈判大厅，而且美国人喜欢与"高手"——与自己同样精明的谈判者交往，从而获得追求中的利益。面对同样自信和多谋的对手时，他会油然生敬，更易于洽谈。所以在与美国人打交道时，应充分利用美国人豪爽这一特点，诚挚热情地与他们交往，这样很容易创造和谐的气氛，加速谈判进程，创造成功的机会。否则，会增加误会或导致失败。同时利用他们自信、滔滔不绝的个性了解情况，在其滔滔不绝的陈词中找到有价值的信息，搞清目标内容，探听虚实，谋划对策。另外，利用美国人喜欢与"高手"交往的特点，即喜欢"棋逢对手"，他们对以计谋获得追求中的利益感到有兴趣。因此，与美国人交往就要针锋相对，以牙还牙，这样不仅不会遭到对方的反感，反而会博得对方的赏识。

七、谈判后要针对文化差异做好后续交流

谈判后管理涉及合同管理及后续交流行为。首先就合同而言，在那些注重人与人之间关系的国家，例如中国，其争端的解决往往不完全依赖法律体制，而常常依赖双方间的关系。在这些文化中，书面合同很短，主要用来描述商业伙伴各自的责任。而西方国家，例如美国，他们一般将合同签字仪式视作既浪费时间又浪费金钱的举动，所以合同常常是通过寄发邮件来签订的。就后续交流而言，美国文化强调把"人和事区分开来"，所以不太注意后续交流。而在东方文化国家，例如日本，保持与大多数外国客户的后续交流被视做跨文化商务谈判的重要部分。他们在合

同签订很久以后，仍然会进行信件、图片和互访等交流。

本章思考题

1. 什么是商务谈判？它有何特点？
2. 跨文化商务谈判具有哪些特征？
3. 谈谈文化因素对跨文化商务谈判的影响。
4. 美国、英国、法国、德国、俄罗斯、日本、韩国商务人士的谈判风格有何不同？
5. 如何赢得跨文化商务谈判的成功？

本章思考案例

鲍勃的拉丁美洲之行

鲍勃(Bob)是美国明尼苏达州一家中等规模贸易公司的销售总监。最近，公司在拉丁美洲有一笔业务要洽谈。考虑到该业务的重要性，他决定亲自前往。在动身之前，他进行了非常充分的准备，仔细地对产品以及拉美公司的历史、规模、人员情况、信誉、资金状况、管理状况、生产能力和售后服务等方面进行了研究。在出发前，他还请助手把自己的日程安排发给对方，包括每天几点会谈及会谈的具体内容。但第一天会谈时，对方的销售总监就迟到了3分钟，令鲍勃十分不快。会谈开始后，他直截了当地说明来意，马上进入正题，而对方代表却在那里过多地客套："你路上顺利吗？""在这里住的习惯吗？""能适应这里的气候吗？"鲍勃马上提醒道："我认为我们应该马上开始讨论。"一天的谈判下来，他觉得进展不大。接下来确实是按照鲍勃的日程表开会，但是进展缓慢，鲍勃已经把自己的底牌完全亮出，但对方似乎并没有跟着他的节拍走，总是支支吾吾，或者用"研究研究""考虑考虑"等拖拖拉拉的谈判语言。而且，在开会时还会提一些私人问题："你结婚了吗？""儿子几岁了？""夫人做什么工作？"这些私人问题在正式谈判中被提出，令鲍勃感到十分惊讶，但是出于礼貌，他还是回答了。鲍勃感觉在这里谈判特别浪费时间，他甚至怀疑起对方的诚意了。

案例思考题

为什么鲍勃会怀疑拉美公司的谈判诚意？

第七章　跨文化团队管理

引入案例

深圳威尼斯酒店的互补型团队

深圳威尼斯酒店位于深圳华侨城，是一家高档酒店，其投资方为华侨城集团，由著名的酒店管理机构——六洲集团管理，其独特的身份决定了它从一开始就是一个“混血儿”。酒店的管理层由来自德国、美国、新加坡、菲律宾、中国香港和中国大陆等多个国家和地区的人员组成，成为一支名副其实的“多国部队”。酒店总经理皮特·鲍尔迈耶先生已经在中国工作了12年，并娶了一位中国太太。之前他在欧洲和澳洲的酒店工作了许多年，在美国接受过培训，是一个不折不扣的“文化混血儿”。他认为，总经理主要的工作就是组建一个成功的管理团队，而他的三大原则即是存同求异、交流学习和本土化。

第一，存同求异。鲍尔迈耶先生认为，在一个团队中，互补涉及成员之间文化背景、从业经历、个性特点和管理风格等诸多方面的内容，因此，要在存同的基础上主动求异。

威尼斯酒店的管理层以来自欧洲、美国和亚洲三个地区为主。鲍尔迈耶认为，从酒店行业来讲，欧洲的特点是讲求高标准、高质量和高规格，文化气氛浓厚，尊重客人的身份和地位，管理上追求一丝不苟。美国的酒店则最关注成本底线和赢利能力，管理上追求高效率、高利润，在此前提下，鼓励创新和发挥。而以中国为代表的亚洲酒店，则是人文气氛浓厚，管理上讲求亲和力，因此，“关系”是国外经理人必须学习的课程。这些管理风格和文化本身没有先进与落后、好坏、优劣之分，它们是相互补充、互相融合的关系。

考虑到自己是德国人，鲍尔迈耶先生在招聘副总经理时，刻意避开自己的同胞，最终选择了在美国生长的法国人。来自香港的财务总监是个典型的东西结合体，熟悉东西方的财务制度，既能按照国际标准进行财务管理，又可按中国习惯进行运作。主管餐饮的总监来自酒店业相对发达的新加坡，餐饮部配备了中国本土和澳大利亚的顶级厨师，以满足中外客人的不同需求。销售总监是在新西兰工作多年的菲律宾人。这种“文化熔炉”可以将世界各种管理风格汇聚到威尼斯酒店这个大家庭中。

第二,交流学习。不同的文化、知识经验和风格其实是公司宝贵的财富,但如果这些互补型资源彼此孤立,不能很好交流和沟通,它们将无法发挥应有的作用。鲍尔迈耶认为,理想的做法是,团队成员之间彼此沟通,互相了解和学习,将自身的独特资源和同事分享,让这些资源在团队内部合理流动。团队中的这种“资源流”其实是知识管理的重要组成部分,它在互补型团队中的作用更加明显。

管理多国团队的“资源流”,其挑战是显而易见的,对一个新的团队来说更是如此。在团队组建之初,大家彼此了解不多,文化背景不同,价值观念迥异,难免存在互相排斥的现象。因此,如何在互补型团队中保证成员之间分享彼此的资源,就成为摆在总经理面前最紧迫的任务。威尼斯酒店的团队建设得到高层的极大重视。为了使团队成员能尽快融合,酒店聘请了专业的团队教练来把关,包括总经理在内的所有员工,分批参加各种形式的野外团队拓展训练,通过游戏、竞赛等各种活动,成员之间打破了职位、国别和文化的界限。在这些活动中,管理层和员工一道,人人平等,为了共同的目标同甘共苦,彼此增进了解、加强友谊,消除了员工沟通时心理上的障碍,培养了团队合作精神。

交流和沟通的畅通是互补型团队的最大挑战。物以类聚,人以群分,拉帮结派的小圈子显然不利于团队的整体利益。酒店通过每天的晨会、每周五的部门经理例会和每月的中高层会议,疏通了各级交流的渠道,鼓励各级、各部门的员工进行横向和纵向沟通,倡导一种团结合作、开放透明的氛围。

第三,本土化。鲍尔迈耶认为,互补型团队的建设需要以本地具体环境为根本,以尊重本土文化、发挥本土员工优势为指导思想。西方管理再先进,也需要结合中国的实际才行,否则,无异于舍本逐末,必败无疑。

中国员工在此得到极大的重视。威尼斯酒店的中层管理团队以本土职员为主,他们本身有本土的实践经验,在该酒店的工作中,又接触到西方先进的管理理念和实践,如果能将这些理念和中国实际相结合,必将成为酒店的中坚力量。

鲍尔迈耶毫不掩饰地表示,对本土员工的提拔是酒店发展的一大战略。他说,中国本土优秀员工不少,他们不仅了解本地文化,而且具备很强的学习能力,接受新知识的能力很强。酒店将有意识地培养部分有潜力的本地员工,并分批将其送到国外培训,使他们逐步能将中西方的管理理念和方法融会贯通。

上述案例说明,20 世纪末以来,跨国经营一直呈加速发展的趋势,尤其是国际直接投资,已经日益成为规模最大、最为活跃的跨国经营形式。在跨国公司中,不同国家、不同文化背景的人们在一起工作形成了跨文化团队,甚至在领导高层也会出现了跨文化团队。由于文化差异的存在,不同文化的人们汇聚在一个团队中会产生很多不可回避的矛盾和冲突，因此，如何进行成功的跨文化团队管理必然提上议事日程。

第一节　团队的含义和类型

一、团队的含义

在全球化的大趋势下，企业之间的竞争日趋激烈，组织所面临的外部环境变化越来越快，如信息技术快速发展、用户需求日新月异、产品生命周期不断缩短，使得不确定性大大增加，传统的科层组织结构受到挑战，目前组织内的很多工作兼具复杂性与分工协作性的特色，仅仅依靠个人的力量根本无法完成，只有依赖员工组成的团队，集合团队中每个人的能力与特色，同心协力才能完成。因此，许多成功的跨国公司都十分重视团队的运用，如摩托罗拉公司、波音飞机制造公司等成功的企业，其团队精神已经成为企业文化的重要部分，甚至成为其竞争优势的有力源泉。

关于团队的含义，西方学者从不同角度给出了定义。

斯蒂芬·罗宾斯(Stephen Robbins)认为，团队是指一种为了实现某一目标而相互协作的个体所组成的正式群体。

刘易斯(Lewis)认为，团队是一群认同并致力于为达成共同的结果而努力的组织。刘易斯的定义中强调了三个重点：共同目标、工作相处愉快和高品质的结果。

沙勒斯(Shals)等人认为，一个团队是由两个以上具有不同背景及特色的人所组成的，他们被赋予特定的角色与功能，并表现出不同的功能，在有限的期间内紧密地在一起互动，相互依存，机动式地完成共同的目标或具有特别价值的任务。该定义除了再度提到共同目标外，还强调了团队成员的互补性。

盖兹贝克(Gaizibeike)和史密斯(Smith)认为，一个团队是由少数具有互补技能的人所组成的，他们认同于一个共同目标和一个能使他们彼此担负责任的程序。这个定义目前在团队文献中被广泛采用。

综上所述，团队是一群为数不多的、具有不同背景、不同技能、不同知识的人所组成的一个特殊类型的群体，他们相互承诺，具有明确的团队目标。

二、团队的类型

根据团队成员的来源、团队拥有自主权的大小，可以将团队分为以下四种类型。

（一）问题解决型团队

问题解决型团队的核心点是提高生产质量、提高生产效率和改善企业工作环境等。在 20 世纪 80 年代，团队刚刚产生，大多数团队的形式都很相似，这些团队一般由来自同一部门的 5～12 个员工组成，他们每周聚会几个小时，团队成员就如何改变工作程序和工作方法相互交流、提出建议。

（二）自我管理型团队

自我管理型团队是一种独立自主的团队，承担了过去由领导者承担的职责，作为组织正式运作的一种方式，得到来自于组织强有力的支持。自我管理型团队不仅注意问题的解决，而且执行解决问题的方案，并对工作结果承担责任。较问题解决型团队，它更能激发员工参与决策的积极性。

（三）多功能型团队

多功能型团队是为了完成某项任务，由来自同一等级、不同领域的员工组成，促使组织内不同领域的员工之间交换信息，激发新的观点，协调复杂的项目，解决组织所面临的一些难题。

多功能型团队的兴起是在 20 世纪 80 年代末。当时，著名的汽车制造公司如丰田、尼桑、本田、宝马、通用汽车、福特以及克莱斯勒等都采用了多功能型团队来完成一些复杂的项目。

（四）虚拟团队

虚拟团队是虚拟组织中一种新型的工作组织形式，是一些人由于具有共同理想、共同目标或共同利益，结合在一起所组成的团队。从狭义上说，虚拟团队仅仅存在于虚拟的网络世界中；从广义来说，虚拟团队早已应用在真实的团队建设世界里。虚拟团队只要通过电话、网络、传真或可视图文来沟通、协调，甚至共同讨论、交换文档，便可以分工完成一份事先拟定好的工作。换句话说，虚拟团队就是在虚拟的工作环境下，由进行实际工作的真实的团队人员组成，并在虚拟企业的各成员相互协作下提供更好的产品和服务。

第二节　高绩效团队的特征

事实上，团队的形式并不能自动地提高生产力，它也可能使管理者失望。高绩效团队是指工作绩效高、学习能力强、工作满意度高和内部凝聚能力强的工作群体。组织行为学家的最新研究表明，影响高绩效团队的因素或者说高绩效团队具有如下主要特征。

一、清晰的目标

高效的团队成员对于要达到的目标有清楚的了解，并坚信这一目标包含着重大的意义和价值。

二、相关的技能

高效的团队是由一群有能力的成员组成的。他们具备实现理想目标所必需的技术和能力，而且相互之间有能够良好合作的个性品质，从而可以出色地完成任务。

三、高度的忠诚

高效的团队成员对团队表现出高度的忠诚和承诺，为了能使群体获得成功，他们愿意去做任何事情。也就是说，每一个成员都具有充分活力，愿意为目标全力以赴，觉得工作非常有意义，可以学习成长，可以不断进步。

四、相互的信任

成员间相互信任是有效团队的显着特著，就是说，每个成员对其他人的行为和能力都深信不疑。

五、良好的沟通

群体成员可以通过畅通的渠道交换信息，包括各种语言和非语言信息。此外，管理层与团队成员之间也有健康的信息反馈机制，并经常进行以获取超过个人水平的见解为目的的“深度访谈”，鼓励成员将他们认为最困难、最复杂、最具冲突性的问题放到团队中来讨论，自由地表达各自的观点并加以验证，使彼此真诚对待、消除误解。

六、适当的领导

团队领导人对于照顾团队任务的达成与人员情感的凝聚，保有高度的弹性，能在不同的情境下做出适当的领导行为。

七、团队的规模

认知心理学的研究表明，人的认知加工广度为 7 ±2。人们称之为“心理魔数”。这个数字也成为确定有效团队规模的一种框架，例如，把团队规模定为 7 ±2 人，把管理部门的个数定在 7 ±2 的幅度等。

第三节　跨文化团队的类型

随着跨国企业、无边界组织的不断扩张和发展，这类组织成了跨国体、跨民族、跨地域、跨政体的特殊实体，被称为跨文化组织。这类企业必须把具有不同文化背景、不同价值标准、道德标准和行为模式的各国员工凝聚起来，形成有战斗力的团队，共同实施公司的经营战略。那么，当来自不同文化背景的人在一起工作时，就形成了跨文化团队。

按照成员来源，我们可以将跨文化团队分为以下三种类型。

一、象征型文化团队

象征型文化团队指的是在一个团队中，只有一个或两个成员来自不同的文化，其他队员则全部来自同一种文化，例如，在财务部工作的 6 个成员中，有 5 个是中国人，1 个是埃及人。

在象征型文化团队中，象征型成员要实现与多数成员的平等交流是相当困难的。例如，在你所在的部门，你是唯一一个会说中文的人，其他外国同事只要碰到与中文有关的问题就来问你，只要是与中国员工有关的事情就找你拿主意，销售到中国市场的产品出现问题也来向你请教。但与此同时，你又感觉到别人对你在某种意义上的排挤，他们说的笑话你听不懂，他们在有的场合故意把你冷落在一边，在重大决策时，他们似乎不怎么征求你的意见，你不能取得与他们平等的地位。

二、双文化团队

双文化团队指的是一个团队成员基本来自两种文化，而且来自两种文化的人员数量相等。例如，一个研发团队有 8 个人，有 4 个来自美国，其余 4 人来自印度。

在双文化团队中，因为双方数量相当，势均力敌，双方敢于坦率说出自己的看法，也不掩饰自己的文化特色，能够更加正视双方的文化差异，开诚布公地进行沟通。

三、多文化团队

多文化团队起码会有数量相当的来自 3 个或 3 个以上文化的成员，且没有哪一种文化占据绝对主流地位。这在美国企业或者全球企业特别常见。如，NEC 通讯中国公司的高层管理团队就是一个比较标准的多文化管理团队，它一共有 14 位高层管理者，其中有 4 位分别是美国籍、加拿大籍，5 位是来自 NEC 本部的日籍人员，其他 5 位都是中国人。

第四节　跨文化团队的优势与劣势

许多关于多元化群体或团队的研究，例如：库马尔 · 伊特尔(Kumar Etal)、马斯内维奇(Maznevski)、米利肯(Milliken)的研究表明，文化背景的多元化可能给团队的绩效带来正面或负面的影响：当团队成员对于团队的管理能够让团队实现全部的潜力时，效率就会提高，反之效率就会降低。其他一些研究 ，例如：科瓦奇(Kovach)、沃森 · 伊特尔(Waston Etal)、厄雷(Earley)和摩萨科维奇(Mosakowski)的研究表明，与单一文化团队相比，跨文化团队的绩效要么非常低，要么非常高，完全倾向于两极化。

一、跨文化团队的优势

(一)增强文化协同增效，提升团队创造力

协同增效是指两个或更多的不同元素之间共同起正面作用的过程和效果。文化协同增效是指在跨文化环境中，来自不同文化的成员通过协同增效策略发展出一种全新的解决途径，创造性地解决团队面临的问题。

由于跨文化团队的成员来自不同的文化，对许多问题在认识上有着明显的不同，他们更容易和持有不同观点的其他文化成员进行辩驳，导致建设性争论增多，决策信息更为充分，可能产生更多备选方案，而这种思想上的碰撞很可能激发团队产生更具创造力的思维和方案，避免单一文化团队的“群体思维”问题，因而，跨文化团队会增强团队成员之间的信息交流和合作，提高团队决策质量，更有可能获得成功。

(二)产品更容易被客户接受

跨文化团队成员的交流提高了企业对所面临客户群体的理解能力，使得企业的产品更容易被当地客户所接受，帮助企业更快速地实现在当地市场的扩张。

小案例 1

微软的跨文化研发团队

微软的研发团队是典型的多文化团队,因为团队成员大多来自不同的国家,并对自己的母文化有深刻的了解,在设计软件产品时就有优势,使软件能够适应不同文化的价值观和使用习惯。比如在设计 X - Box 的时候,因为考虑到玩游戏的人大部分为美国青年人和中年男性,根据他们的身体条件,尤其是手部特征,设计的游戏控制器就会比较大。如果将这样的产品销售到亚洲国家,尤其是日本,很多人会觉得控制器不好用。当时在这个研发小组里,有几个来自日本的成员,他们看到这个控制器后,马上指出了问题所在,并修正了控制器的设计,避免了一场可能出现的“灾难”。试想一下,如果所有的成员都来自美国,很可能发现不了这个问题,跨文化团队的优势在这个故事中充分彰显出来。

(三)使团队形成任务导向

研究表明,来自不同背景的员工一起工作时,往往容易使团队形成任务导向。有关高层跨文化团队的研究表明,团队构成对公司战略选择和绩效起着明显的作用。

(四)促进员工职业技能和工作责任感的提高

对于一个跨文化团队中的个体来说,跨文化的环境会让他对个人和文化差异产生更加深刻的认识,因此,多元文化团队的企业能够改善人际关系和提高成员的沟通能力,有利于公司内部的国际协作关系的建立,促进员工职业技能和工作责任感的提高。

二、跨文化团队的劣势

跨文化团队虽然存在着超越单文化团队的极大潜力,但如果管理得不好,还存在着极大的风险和隐患。

厄雷(Elei)和莫莎考斯基(Mosha Koski)在 2000 年曾做过一项实证研究,他们在 MBA 的课堂上,把学生组成具有文化异质性团队特征的项目小组,让这些学生为一个虚拟的产品策划一个广告,要求项目小组选择最合适的广告媒体,并阐述为什么做出这种选择。他们聘请专家对这些学生项目进行评价,作为测量团队绩效的指标。在项目小组进行活动的过程中,他们又让团队成员填写了各自对团队的认同感、团队效能感、角色期待和团队内部的沟通过程。结果发现,单文化团队和多文化团队相比,双文化团队的绩效和满意度最低;同时发现,团队成员的文化异质性与团队绩效之间的关系是通过成员对团队的认同感、团队效能感、角色期待和团队内部的沟通过程来作为中介的。

这个研究的最大贡献在于,双文化团队容易产生"两军对垒"的局面,很可能大大降低团队成员沟通互动的质量,结果导致整个团队绩效的下降。

因此,跨文化团队的最大风险在于管理者是否有能力去驾驭这个团队,有效解决团队中的各种矛盾和冲突,提升团队绩效,能够使得这个团队的文化氛围和战略与公司总体的文化氛围和战略相一致,更有效地推动和提升公司的战略。

第五节　跨文化团队内部冲突的成因及其负面影响

美国斯坦福大学商学院教授玛格丽塔·尼尔(Margaret A. Neale)将人际冲突分为三类,即关系型冲突、任务型冲突和流程型冲突。关系型冲突指的是由于人与人不同而造成的冲突,这其中包括性格差异、敌意对抗和个人反感;任务型(或称认知型)冲突指的是各方对团队任务认知差异而造成的冲突;流程型冲突指的是包括在行事方式和资源分配方面的意见分歧。而跨文化团队的主要冲突是三者兼而有之。

一、跨文化团队内部冲突的成因

跨文化团队内部冲突是团队成员之间,或团队成员与团队之间由于互不相容的目标、认识或情感,引起对立或不一致的状态。其成因主要有如下四个方面。

(一)团队成员的价值观高度差异化

单一文化团队成员的价值观尚且存在差异,跨文化团队成员价值观的差异则更加显著。我们在第二章阐述的文化维度理论揭示了这些差异的根源,这里不再赘述。价值观一旦形成,就具有相对的稳定性和持久性,也就是说,在特定的时间、地点、条件下,人们的价值观总是相对稳定和持久的。因此,价值观的差异极易导致跨文化团队成员之间的冲突。例如,来自北美个体主义文化的团队成员是任务导向型的,他们在设定群体目标时强调任务的完成,而中国等东方集体主义文化的团队成员是关系导向型的,在群体目标中会强调良好关系的建立。再如,来自集体主义文化的成员强调相互依赖,合作至上,而来自个人主义文化的成员则更看重个人的价值和成就;来自个人主义文化的团队成员偏好个人决策,而来自高度集体主义价值取向文化的成员更倾向于集体决策。上述差异可能导致成员在团队目标、任务认识、决策方式和协作方式上的分歧与争议,还可能引发容易产生负面影响的人际关系冲突。

小案例1

好心没好报

王关新毕业于某名牌大学通信工程专业。通过笔试、面试和心理测试,他进入一家位居世界500强的知名企业工作。3个月培训结束后,他被安排到一个项目组,从事软件开发工作。该项目组是一个跨文化虚拟团队,成员来自美国、马来西亚、德国等国家,共有18人。他们之间有明确的分工,需要独立完成自己负责的部分,但也有合作。一天,王关新在浏览美国同事皮特已完成的部分时,发现有一个小错误,他当即对此进行了修改,并且做了一个注释链接在上面,心想:“美国同事下次开会时肯定会为这件事感谢我。”

还没有等到下次网络会议见面,王关新就收到了皮特的邮件,不是感谢信,而是抗议信,信上写道:“尽管修改过的在功能上更加完善,但我宁可不要这种完善!我无法容忍我的工作结果被别人修改!”王关新还发现这封抗议信被同时抄送给对方的老板。

王关新没想到自己的好心竟换来这样的结果,他感到很委屈,不知如何应对。

(二)不同文化成员之间缺乏信任

价值取向的差异使得来自不同文化的人们很难建立起相互间的信任。蔡安迪斯在1965年的一项研究显示,跨文化团队成员通常觉得自身文化的成员要比其他文化的成员更有吸引力,人们倾向于忠于自己文化的成员而非其他文化的成员。罗姆布兹(Rombauts)也发现,比利时瓦龙人(Walloon)和法蓝德斯人(Flemish)与来自自身文化的成员之间说话最频繁。因此,跨文化团队中不同文化成员之间一旦缺乏信任,就会放大彼此间的差异,使得信息交换、相互协作变得异常困难,进而增加冲突发生的概率和强度。

(三)文化优越感

跨文化团队成员中有人秉持着文化优越感或群体优越感,认为自己的文化价值体系优于其他文化的价值体系。持这种观点的成员,其行为将可能为其他文化的成员所忌恨,并遭到抵制,进而引发冲突,导致团队效率低下,造成团队建设失败。

(四)跨文化沟通的障碍

不同文化背景的团队成员有着不同的语言、沟通风格和沟通方式。某些成员可能并未熟练掌握团队工作语言,导致沟通速度下降和沟通质量恶化。除语言外,对非语言沟通信息的不同理解也将产生沟通障碍,使得团队成员之间发生误会。此外,沟通风格的差异也可能导致冲突。比如演讲时,美国人认为最有效、最能引起大家注意和好感的开场白是讲一个故事,它最好与演讲内容有直接联系;德国人则喜欢直接切入主题,呈现数字、图表等客观的基于研究基础上的硬性材料;日本人则喜欢在开讲之前说"道歉",为准备不周道歉,为招待不好道歉,为天气道歉,有时候实在没有什么可道歉的,就为没东西道歉而道歉。还有,在东方文化中,人们喜欢假设对方已经了解了很多背景知识,因此,说话非常简略,常用三言两语隐晦地说明问题。而西方人通常会假设你对背景情况一无所知,他们在叙述自己的观点之前会先叙述一下背景。来自高语境文化和低语境文化的团队成员在进行沟通时,其语境信息存在着显著的差异,很可能导致双方无法有效地传达自己的意思。来自亚洲的成员沟通风格婉转,人们通常旁敲侧击、顾及面子,而来自北美的成员沟通风格直接坦率,可能引发后果严重的人际冲突。此外,由于话轮转换的差异,在跨文化团队工作的中国员工不少人觉得自己没有"话语权",因为抢不到说话的机会,往往自己还没说话,西方同事就把说话的机会抢走了。华盛顿大学商学院陈晓萍教授讲述了一个她在上海工作的学生的案例:他为了让自己的声音在总部开会时能听到,曾与东南亚的管理人员联合进行训练,他们先是用英语进行模拟电话会议,发现很困难,改成汉语,情况也未改善。他们意识到问题并不在语言,而是在沟通方式,于是建议总部改变会议方式,不是让大家自由发言,而是轮流发言,给每个人都安排说话的机会。这样,大家突然发现那些过去在会议上沉默寡言、"不作贡献"的人提出了非常有创见的建议。

小案例 2

他遭遇"边缘化"

向东明是一位刚进公司的新员工。5 个月培训期结束后,他加入一个虚拟团队中来。该项目组是一个跨文化虚拟团队,成员来自英国、印度、新加坡等国家,共有15人。项目依靠分工、计划进度表来推进,每周进行一次电话会议以便进行沟通和协调。工作语言当然是英语。向东明在学校时学的是“哑巴英语”,虽然他的写作、阅读水平还过得去,但口语水平确实不敢恭维。因此,在开电话会议时,向东明不知道同事们在说谁,也听不懂他们在讨论什么主题。听到电话里大家笑起来时他最尴尬,因为他不知道别人为什么笑。有人在电话里轻松地叫着相互的名字发言,好像老朋友一样,而他则像个局外人。从没有人叫他的名字,因为他很少发言,即使发言也语无伦次,他完全跟不上同事们的思路。没多久,向东明成为了整个项目组里工作进度最慢的一个人,他感到非常苦恼。

(五)不当的跨文化团队管理方式

文化对于管理模式以及成员对于管理方式的感受都产生较大的影响。比如,领导行为诸如参与的技巧、人文精神、自主管理及感召力等,其有效性都受到文化影响。同样,不同文化成员在计划、决策和激励等管理问题上,也都存在着不同倾向。如果片面以自我为中心,死守教条,对其他文化习俗、行为习惯和管理方式都缺乏了解,或完全照搬本国模式,或一味各持己见,互不相让,必然造成“多重指挥”的现象,一旦处理不当,就会引发不同文化成员之间的冲突。陈国权研究表明,不同文化中处理冲突的方式存在较大差异,与北美文化不同,来自诸如中东、东方和中美洲的人们强调和谐的人际关系。东方社会,尤其是中国文化中,对冲突的认识从古至今几乎都是建立在避免冲突、消除分歧的基础上的。因此,不同文化成员对于冲突管理方式有着不同的倾向,如果处理不当会使得冲突升级、恶化。

(六)资源竞争

由于团队所拥有的资源是有限的,跨文化团队成员在相互作用过程中对于资源的占有和享用上存在着竞争关系,有竞争就可能产生冲突。社会心理学家谢尔夫通过一系列的心理学研究发现,如果把随机抽选的小孩分成具有竞争关系的不同小组,竞争很容易让双方发生冲突,并产生对对方的负面印象以及对己方的认同和骄傲。该研究深刻地阐释了这样一个道理:即使是那些温和善良的人,在资源缺失的情况下,也会变得对他人充满敌意和仇视。

(七)感性认识的个体差异

感性认识是个体通过感觉器官对客观事物局部的、现象的和外在的认识。个体独特的感性认识是在特殊文化背景中通过亲身经历获得并发展起来的,它存在某种惯性,其变化往往不及环境变化的速度,一旦进入异域文化,这种惯性常常导致个体产生错误的估计和判断。

二、跨文化团队内部冲突的负面影响

跨文化背景下的团队如果不能很好地解决上述冲突，必将引发诸多问题，会给团队过程及其绩效带来显著的负面影响。阿德勒（Adler）剖析了多文化团队中由于错误的过程导致的绩效损失。她认为，文化多元化使得团队成员进行沟通、决策、建立信任和产生凝聚力变得异常困难，由此带来的成员的态度问题、感知问题、沟通问题以及高度压力等都有可能大大降低团队的绩效。舒特（Shutter）指出，文化价值观对团队过程产生显著的影响。由于跨文化团队中的成员更倾向于不喜欢那些反对自己或者持有不同信仰和价值观的成员，因此，在跨文化工作团队中发生情感冲突的概率和激烈程度要比同质团队中高出许多。许多研究，例如曾格（Zenger）、劳伦斯（Lawrence）、阿德勒（Adler）、汉布瑞克（Hambrick）的研究证实了该观点，他们发现多元化工作群体与同质群体相比，其凝聚力和社会整合程度通常较低，群体中可能存在着更多的冲突、成员离去、缺乏信任、低工作满意度、高压力、高缺勤率和更多的沟通困难等诸多问题，会给团队过程及其绩效带来显著影响。此外，文化差异对于成员关于冲突的感知、理解和反应也产生较大影响，进而影响团队绩效。阿贝尔鲍姆（Appelbaum）等人将冲突理论和跨文化理论相结合，对跨文化团队内部冲突进行了分析。他们认为，文化多元化在建立信任和沟通两个方面大大增加了群体生命周期和发展阶段中产生冲突的可能。此外，无论是在团队建设过程中还是冲突管理过程中，文化差异都会使得成员对冲突以及冲突管理的感知和反应产生显著的影响，进而影响到团队绩效。

第六节　跨文化团队冲突的管理

玛格丽塔·尼尔明确指出："人们指望冲突会自动消失，可冲突只会愈演愈烈。保持高度警惕是团队领导者的职责所在，他们必须在问题发展到失控之前防患于未然。"因此，如何通过有效的管理提升跨文化团队绩效，是冲突管理的重点所在。笔者认为，可以通过培训提高团队成员的跨文化工作能力、建立团队共同的价值观、建立团队成员之间的信任、加强团队成员之间的沟通交流、建立起有效的团队管理机制以及在冲突干预过程中采取文化权变的冲突管理策略等方式，对跨文化团队的内部冲突进行有效的管理。

一、向团队成员提供必要的跨文化培训

1980 年，贝雷（Bailey）提出文化适应理论（acculturation），其结构框架被称为

“Bailey 的理论框架”。其研究指出，应从两个维度来描述文化适应，一个是人们是否能够保持自己的文化特色，另一个是个体是否愿意接触异族文化。在这两个维度上的不同反应就生成了四种文化适应方式：有的人在学习新文化的同时依然不放弃自己原有的文化价值观，而能有机地将二者结合在一起以指导自己的行为，这样的适应方式被称为“融合”；有的人在接触到新文化后，为了使自己完全融入新文化，而完全抛弃了原有的价值观，所谓“脱胎换骨，重新做人”，这样的适应方式被称为“同化”；有的人坚持自己母文化的价值观和风俗习惯，不愿接触、更不愿包容和接受新文化，这样的适应方式被称为“隔离”，许多“唐人街”的华人就是典型的例子；也有的人接触到新文化后，既不愿接受新文化的价值理念，也不再认同原有的文化价值观，非常困惑和迷茫，感到不知所措，这样的适应方式被称为“边缘化”。研究表明，在这四种适应方式中，融合是最理想的方式，而边缘化是最痛苦和最糟糕的适应方式。而融合的发生必须建立在对母文化和异文化都有相当深刻了解的基础上，必须在学习新文化的同时反思自己的文化，找出文化之间的最本质的差异以及潜在的相似之处，然后找出调整的方式，发展出一套为双方文化所接受的文化规则。显而易见，培训是达到这个目标的最有效的途径。对跨文化团队成员的培训应包括以下两个方面。

（一）文化敏感性培训

跨文化敏感性是指个体辨别和体验文化差异的能力。跨文化敏感性的缺失会导致个体的文化适应问题、沟通障碍、自信心的丧失和工作满意度的降低。因此，在团队建设中，提供文化敏感性培训是至关重要的。通过让团队成员熟悉不同文化的价值观念、风俗习惯、宗教信仰、语言表达方式等内容，增强团队成员对于其他文化特征的把握能力以及与其他文化成员成功打交道的能力，引导团队成员以尊重平等的态度看待对方的文化，最终通过成员积极的适应性调整打造能够有效运作的跨文化团队。

（二）跨文化沟通培训

跨文化团队中，每个成员都必须和其他文化背景的人进行沟通。然而，如前所述，不同文化背景的成员往往以本民族的文化背景下的风格和方式进行沟通，在交流过程中难免产生误解、引发冲突。因此，一方面，应对成员进行必要的语言培训，每种语言都有着独特的编码规则和模式，熟练掌握团队工作语言将大大提高沟通效率。另一方面，应根据团队组成状况，有针对性地向成员提供跨文化沟通培训，使其相互了解彼此的沟通风格、语言以及非语言沟通的差异，促成成员之间的有效沟通。

总之,跨文化培训对于跨文化团队来说至关重要。通过培训,可以使受训者深刻认识并理解不同文化之间存在的客观差异,能够主动地、有意识地从文化差异的角度来理解问题;通过培训,还可以使受训者更好地认识、理解自己文化和其他文化的发展、变化、优势和不足,能够主动地吸收异质文化中使用价值高的文化特质为我所用,提高自己的沟通和管理水平;通过培训,还可以使受训者掌握不同的背景知识,掌握与人打交道的技巧,改变态度和偏见。相关实证研究显示,团队在进行跨文化培训后会有更强的凝聚力。

二、建立团队共同的价值观

跨文化团队成员有着各自不同的价值观,使得目标各异,难以形成一个统一的整体。因此,需要在团队内建立一个被广泛认同的崇高的价值观体系,充分调动各成员的积极性和主动性,并在大的企业使命和价值观的背景下,进行员工之间的沟通和管理。这种使命和价值观体系需要与本土文化相融合,而且要符合团队成员共同的价值观体系,才能起到凝聚团队全体成员的作用。

三、建立团队成员的相互信任

成员之间相互信任是跨文化团队有效运作的关键因素之一,它可以营造轻松和谐的团队氛围,吸引和留住成员,舒缓成员工作和人际压力,使成员之间坦诚相待。相反,缺乏相互信任将使成员之间相互戒备,导致人际关系紧张、冲突频频发生 、团队绩效大幅度下降。在跨文化团队中,可通过以下方式建立或增进团队成员之间的信任。

(一)营造团队成员相互尊重的氛围

成员之间相互尊重是团队有效运作的前提。在跨文化团队中,由于文化差异的存在,成员对于尊重问题尤为敏感和关注。因此,必须注意营造相互尊重的氛围:第一,在选拔团队成员时应当注意成员能力的均衡问题,并将每位成员之前的成就和相关技能介绍给所有成员以增进了解;第二,设法消除民族中心主义和种族偏见,这两种心理会使成员之间彻底失去信任,引发难以弥合的情感冲突;第三,在不同文化群体间平等分配权力,鼓励所有成员积极参与团队事务。某一文化群体支配团队将遏制非支配文化成员的贡献,对团队效能是非常有害的。

(二)鼓励团队成员诚实守信

诚实守信是一种良好的道德规范。如果诚实守信成为团队的主导氛围,将增进跨文化团队成员之间的相互信赖。如果相互猜忌、隐瞒欺骗的行为盛行,会让团队成员失去相互间的信任，并使团队瓦解。

四、加强团队成员之间的沟通交流，鼓励员工自主学习

团队成员之间沟通交流的质量在团队的发展过程中是最为重要的。通过沟通交流，一方面有利于团队成员之间感情的建立和维系，另一方面有利于团队成员各自所掌握的信息资源等的展示和交流。倘若没有了沟通和交流，那么团队就没有了继续存在的理由，团队成员各自所掌握的信息资源等就难以得到展示和交流，造成信息闭塞，而这种情况的严重后果就是：目标变得渺茫甚至完全无法企及。因此，跨文化团队的领导要积极营造一种支持的氛围，鼓励成员自由地表达、分享信息。如有的跨文化团队建立定期例会制度，为项目组成员提供一个沟通的正式场所。每周三下午和周日晚上召开工作例会，一方面可以制订计划、安排任务；另一方面可以统一思想、增进共识、消除冲突。有的跨文化团队还重视非正式组织的作用，许多在正式场合产生的分歧，利用非正式场合进行沟通，予以消除。还有一些全球虚拟团队在电子会议中提供一部分时间供成员闲聊，培养一种开放、轻松、合作的团队风格。而在平常的交流中，设立一个聊天室，提供一个建设性对话的平台，促进成员积极地参与到跨文化的交流中来。

与此同时，团队的领导者要鼓励团队成员主动学习其他文化，自主地分析其他文化的精髓，特别是对一些不同的观点与行为，成员彼此应从文化差异与思维差异的角度作一些分析，真正地了解文化差异，使成员相互理解，求同存异，避免冲突，最后才能建立适合本团队的管理理念、思维方式、工作方式、交流方式和合作原则。

五、建立团队的有效管理机制

由于不同文化之间的差异较大，其遵循的准则也有很大差异，要保障跨文化团队有效运作，必须由所有成员就完成团队任务相关的诸多问题协商并建立共同的有效管理机制。当然，要求所有成员完全满意地达成一致是难以实现的，这里的“共同”是指所有成员都能够接受并遵循。

（一）建立有效的管理机制

是所有成员共同管理还是推选领导进行管理？西方文化中有淡化领导在团队中作用的倾向；而东方文化中多数成员却希望团队有领导者，这会导致双方的冲突。如果团队中有一定比例的成员来自权力距离大的文化，那么就有必要讨论决定是否需要领导，以及如果没有领导怎样进行管理等问题。

（二）建立有效的决策机制

决策是团队需要时刻面临的重要问题，其质量决定着团队绩效。在不同文化中，人们的决策行为不同。例如：个体主义文化中人们偏好推销式的决策方式，并不追求达成一致；而东方的集体主义文化中，所有成员达成一致是人们所追求的群体和谐境界。两种文化中的成员共同进行决策，必然面临着决策机制的巨大差异，让任何一方完全放弃自己文化中的决策机制都是异常困难的。因此，管理方应引导团队成员在互动中探索大家都能够接受的有效的群体决策机制，以减少降低决策效率和效果的跨文化冲突。

（三）建立有效的分工、协作和绩效考核机制

团队工作中必须处理分工、协作和成员绩效考核等问题，不同文化的成员在处理上述问题时有着明显差异。例如：对于整体性的任务，中国文化成员通常期望团队成员共同完成，而不强调严格分工，对于分工的公平性是大而化之的；而西方文化成员则强调分工的精细和高度公平。就绩效考核而言，中国人通常难以接受过于直接的绩效信息负面反馈以及成员之间高度差异的奖励，因为它们可能破坏成员之间和谐的关系。相对而言，西方人更倾向绩效信息的直接反馈和差异化的奖励。跨文化团队成员应当共同建立有效的机制来处理上述问题，以减少负面冲突。

六、采取文化权变的冲突管理策略

在跨文化团队内部冲突问题上，不可能找到适用于所有情境的冲突管理策略，有效的管理策略必须符合具体团队的文化背景，即采用文化权变的冲突管理策略。

（一）根据团队成员的文化构成状况选择适宜的管理策略，做到文化、冲突问题与管理策略的最佳匹配

比如，在团队成员实力对比非常悬殊的象征性跨文化团队中，当双方由于琐碎、繁杂的问题发生冲突，且迫切需要解决时，可考虑采用强迫策略。这种策略的核心是牺牲别人利益换取自己的利益，即实力强的一方以权力为中心，为实现自己的主张，动用一切权力，包括职权、说服力、威逼利诱等，使自己的文化凌驾于其他文化之上而扮演统治者的角色，团队内一切决策及行为均受这种文化支配，而其他文化则被压制和排挤。

再如，当不同文化力量相当，难以达成一致，却需要及时解决问题时，可考虑采用折中策略，即冲突双方主动一起寻求解决问题的办法，互惠互利，这样在团队内部会逐渐形成融合的文化，也就是说，不同文化间在承认、重视彼此间差异的基础

上，相互尊重，相互补充，相互协调，相互合作，形成全新的组织文化，这样既能够维护各方利益，又可以找到解决问题的最佳途径。

（二）根据团队内部不同的文化采取针对性的冲突管理方式

不同文化成员对于同一冲突管理方式会有不同的倾向和反应，因此，应根据不同团队成员的文化背景，采用一种能够被各方共同接受的方式或多种分别适合不同文化的方式进行管理。例如：在西方文化中，暴露冲突、解决冲突是人们所期望的方式；而在中国，人们顾及面子、强调和谐，回避冲突是常见的方式。在干预两种文化成员之间的冲突时，可以兼顾两种文化背景下不同的冲突管理倾向。一方面，在适当时机暴露冲突、解决冲突，才能使得西方文化成员寻求解决方法、做出调整；另一方面，应让西方成员了解，在该过程中必须尊重中国成员的感受和维持和谐关系的需要，才能获得他们的支持。

小案例 1

ComCorp 公司的跨国虚拟团队

ComCorp 公司成立于 20 世纪 70 年代末，是计算机网络行业的先驱，在全球拥有大约 8 000 名雇员。21 世纪初，公司面临着全球范围的激烈竞争和严峻挑战，销售收入直线下降，迫使公司不断进行机构重组和缩小规模。

公司的培训发展部是一个分散型的跨国虚拟团队，隶属于公司人力资源部门，团队成员代表各地和各部门的需要，向各地的人力资源经理负责，同时又要向公司的培训发展部领导汇报工作。经过公司的重整和人事调整，新的培训发展部团队成员由 11 人组成（包括团队领导），他们分别来自不同国家和地区，其中美国 7 人，英国 2 人，爱尔兰 1 人，澳大利亚 1 人。许多虚拟团队的组建是为了解决某个突发问题或完成某个特定任务，一旦任务完成，团队就自动解散。但是 ComCorp 公司的这个虚拟团队是公司组织中的常设机构。团队成员要履行多种职能，如共同解决问题、执行方案等，但是他们大多数人从来没有见过面。

新的培训发展部团队成员分布在 17 个时区内，成员之间主要依靠电子信件、音频邮件、电话、传真和可视会议等通信手段进行交流。该团队面临的主要任务就是设计同公司重组的需要相匹配的培训和发展方案，并且按照单位和地区文化差异对方案进行适当的调整。显然，这种复杂的任务要求团队全体成员联合诊断和解决问题、公开讨论和做出决策。因此，团队新领导面临的两个关键问题是：第一，通过团队成员的参与和承诺来构筑团队成员之间的信任度；第二，选择适当的战略和战术来完成公司的命令和指示。而且，团队的领导也意识到，全体成员必须努力工作以增加公司的价值，并让全公司都知道他们的贡献。为此，团队新领导采取了以下管理措施。

第一，创造参与。由于培训发展部团队面临复杂和变化的环境，要求成员必须进行大量和即时的沟通，然而，成员之间存在的空间距离和时间差异减少了交流的机会。因此，团队成员一致同意每周开一次90分钟的音频会议来评估目标、修订计划、理解要害问题、检查可能性、做出决策和制定行动方案。团队领导首先起草提案，事先发给每位成员，然后在每周的音频会议上听取反馈意见，最后综合不同观点编写成正式的书面文件。该文件包括：①描述外部的环境和公司内部的条件；②清楚地陈述团队的计划、目标和项目，并且要同人力资源部门和公司总部的目标协调一致；③描述各部门负责人的主要职责，如营运经理、营销经理、会计经理和项目经理等；④描述团队运行的程序，包括各种会议的目的、各种交流的方式、业绩治理流程和团队工作协议。该书面文件的所有要素在每周团队会议期间逐渐形成，并随环境的变化不断修改。

第二，团队的治理流程。与传统团队的领导相比，虚拟团队的领导要将其职责分配给每个成员，并且创立组织和工作流程来替代传统的业绩治理方法。为此，培训发展部团队的新领导建立了如下的业绩治理工作流程：①评估每个项目的目标和工作过程；②每季度向人力资源部领导汇报工作进展；③每年对每个成员进行业绩考核和自我评价；④每个成员都要提出书面的个人目标和计划。

第三，团队领导的承诺。团队领导成功的决定性因素取决于他对团队成员的态度而并非某些非凡的技能或方法。培训发展部团队新领导在以下几个方面对团队成员做出承诺：①增加公司业务的价值，从而推动团队的信任度；②在迅速变化的环境下创造团队高效的条件，如建立清楚的目标、增强信息交流、发展健康的成员关系等；③通过指导、反馈、物质激励和个人职业发展来支持每个团队成员的成功，团队领导要公开承诺负责实现这些目标。

培训发展部团队重组的第一年，就成功地完成了三项公司级的项目，包括制定了一套组织变革方案、重新设计了公司的业绩治理体系、设计了提升公司经营治理能力的项目。团队同人力资源部门负责人和公司 CEO 之间的信任度在稳步提高，公司 CEO 和有关负责人全力支持了团队的所有项目，定期评估了团队的成果。团队成员也对团队的业绩和经历感觉良好，一名团队成员说："我们团队领导的工作出色并且尊重专家经验，我们没有感觉到工作压抑，我们真正地像一个团队一样在一起工作。"

虽然跨国虚拟团队有许多难以克服的障碍，但是从上述案例可以看出，优秀的团队领导能够成功地驾驭团队的成员，从而出色完成任务目标，并超过传统团队的业绩水平。

小案例 2

黄辉：跨越四海的“适者”

毕博管理咨询公司全球高级副总裁兼大中国区总裁黄辉毕业于厦门大学，在德国获得硕士、博士学位，之后在德国工作的 7 年中，他先后加盟过德国当时最大的化学及医药公司——赫司特、普华咨询和毕马威管理咨询公司（现为毕博管理咨询），后来被毕马威派往日本负责当地的业务。从 2001 年起，他除了负责日本、韩国区的制造业、流通业与高新技术等产业咨询服务外，还兼任大中国区总裁。黄辉的职业生涯横跨德、日、中三个国家，服务的却是美国上市公司。对于不同的文化，黄辉早已习惯了适应。或者说，他的优势就是适应。

先后管理过欧洲、日本和中国团队，黄辉对于跨文化团队管理面临的挑战性深有体会。“20 世纪 90 年代以来，领导的概念变得很厉害。我们现在所说的领导应该是在不同环境中因人而异的领导，也就是情境领导或灵活领导。”他认为，在多文化环境中，情境领导尤为重要：你的团队中可能既有美国人，也有日本人；既有北京人，也有上海人。这些人的文化背景不同、职业经历不同、能力素质不同，所以价值观不一样、态度不一样、行为不一样，那么领导方式也应该不一样。

西方文化很直接，不像中国人、日本人那样拐弯抹角，所以该严厉的话就要严厉地说，但是要很尊重他们，不要觉得自己比他们地位高。做了决策后要实施时，要耐心地说服他们，听取他们的意见，让他们愿意往这个方向走。在日常工作中，要发挥他们的主动性，让他们自己去做工作。

在欧美，员工们习惯了在压力下工作，而在日本则不能施加压力，不能对员工说：一定要怎么样，一定要达到某个目标。否则，肯定会遭到抵触。在这里，领导要发挥模范带头作用，要与员工共同去做事，使他们认为领导和他们是一个团队，追求的是共同的利益。这样，员工就会很有积极性，也会替领导考虑问题。另外，西方文化中的授权式领导到日本要变成辅导式领导，就是一步步地去帮助基层管理者做工作，如果他们哪件事做得不好，也不能直接批评，而要拐几个大弯，通过辅导让他们自己领悟到怎样能做得更好。

中国的文化与日本文化有类似之处，如：爱面子、不想得罪别人、说话不很直接、有时候会产生误解等。但是虽然都属于东方文化，在管理上却也有很大的不同。中国企业很多时候还是需要强势管理，目标要说得很清楚，从领导角度要让员工清楚地认识自己的能力如何、哪些地方需要改进，还要花很多时间去进行团队建设。

本章思考题

1. 什么是团队？团队有哪些类型？
2. 高绩效团队有哪些特征？
3. 跨文化团队有哪些类型？
4. 跨文化团队有哪些优势和劣势？
5. 跨文化团队内部冲突的成因是什么？
6. 跨文化团队内部冲突的负面影响是什么
7. 如何进行跨文化团队冲突管理？

本章思考案例

NEC 的跨文化管理团队

2004 年 5 月，NEC 通讯中国有限公司一改多数日本企业保守的作风，大胆启用了此前一直供职于欧美企业的职业经理人卢雷担任公司总裁，并且随之组建了一支跨文化的管理团队。截至今天，这些来自美国、加拿大、日本、中国等地的成员已经正式到位就职。

虽然这种多国部队式的管理团队架构在跨国公司中并不算是十分稀奇，但是这类团队构建的过程和其中每个人的感受依然非常令人好奇。

（一）多国部队

企业应该构建单一文化管理团队还是跨文化管理团队，这取决于公司如何定义自己的顾客。如果以顾客为中心，公司就必须采取一种“等距离”的观点，防止“总部主义”，这就需要对世界各地的顾客需求有详细的了解，而做到这点最容易的办法就是建立跨文化管理团队。

NEC 通讯中国有限公司的管理团队就是一个比较标准的跨文化管理团队，一共 16 位高层管理者，其中有 3 位分别是美国籍、加拿大籍，5 位是来自 NEC 本部的日籍人员，其他 8 位都是中国人。为什么 NEC 的管理组织会如此构建？已经在 NEC 工作了 13 年的 NEC 通讯中国有限公司人力资源总监曹来京这样理解：“这是市场的需求。”

事实的确如此，NEC在3G领域拥有优秀的技术，目前它在全球3G终端的占有率达52%，网络设备的占有率也有41%，但是处于中国市场2.5G时代的NEC却显得光芒不足。“NEC一直也想求变，它在日资企业中是一个比较革命的企业。”曹来京说。

由技术导向转向市场导向的一个关键问题就是必须搭配好领导团队，最容易的办法就是建立跨文化管理团队。“这是自上而下的改变，如果是自下而上地构建跨文化团队，恐怕就没有这样顺利了。”曹来京分析说。

这个16人管理团队规模是NEC在华企业中绝无仅有的，“以前都是5～6个人。成员的增加与扁平化管理有关，公司进行了一系列组织改革，打破了以前几个人各自分摊一部分业务的状况，将各部门职能细分化、专业化。从人力资源角度讲，公司的各个成员如果都只重视自我发展，便无法形成一个集体主义价值的企业文化。而这样的细分也更便于对管理团队进行绩效评估和管理”。

NEC的跨文化管理团队首先选择了了解中国通信市场的卢雷担任NEC通讯中国有限公司总裁。

曾在摩托罗拉工作了多年的卢雷深受摩托罗拉跨文化管理的影响，“这是一个技术主导的公司，也是一个典型的日本文化主导的公司，我进来以后感觉到NEC是过分谦虚了，如果他们有10只会说5。”他说：“我在摩托罗拉的团队也是由欧洲的、亚洲的还有本土的领导者组成，团队的混合其实很重要，都是同一国人做事也不一定会有很大提高。而混合型的团队，大家可以从不同的角度考虑问题，不同的想法会让思路更加开阔，应该更能擦出火花。”国际化成为卢雷选择管理团队的标准之一，另外两点则是专业知识和有抱负。

NEC通讯中国有限公司常务副总裁山崎耕司向记者描述了他在这个跨文化管理团队中的切身感受。他于2002年下半年来到中国，一直参与NEC手机产品的开发工作。

山崎认为，NEC通讯目前的管理层给他的最大感受就是既国际化又本土化。说它国际化，是因为这个团队由来自美国、日本、中国等不同国家的精英组成，完全发挥多样性的优势。在中国有一个说法是，学技术到美国，学应用到韩国、日本，学商务到中国。我们同时拥有来自这三个国家的专家。说它本土化，是因为我们都在按照中国的商业方法做事，并不断努力开发适合中国市场的产品。与具有各种各样的价值观和商业经验的精英在一起共事，对他来说是非常宝贵的经历，学到了许多经验。

NEC通讯中国有限公司副总裁、市场总监王善齐是跨文化管理团队的新成员，在过去十几年中，他一直在欧美著名企业任重要职务。在提到新团队的磨合时，王善齐说:“磨合二字给人的开始感觉通常是不配套的东西在一起磨、一起合,其实我们的磨合并不是这样,我的感触是正面的互相配合。”他认为,NEC 原有的员工与新来的员工不是在划分各自职能和地盘,老员工也不是在冷眼旁观新来的员工怎样做,而是积极地参与到这个团队的改革中来。

（二）关键在于沟通

在 NEC 工作多年的曹来京这样总结中日文化的差异:日本人与中国人有本质的区别,日本人善于用右脑,中国人善于用左脑,这是民族的差异。右脑在想象方面有特长,左脑在逻辑推理方面有特长。因此,日本人更善于执行,中国人比较善于谋略。他认为,这次新公司成立改变了以往日本人当领导、中国人做执行的不太完美的组合,由中国人当领导,日本人做执行,各得其所。这样至少在理论上说是一个完美的组合,因为现阶段处于市场灵活多变的时期,需要企业建立快速反应的机制,谋略性组织能够适应市场,而当处于市场比较稳定的时期,按部就班的执行可能会更好一些。

谈到文化磨合,曹来京的体会是,自己原来认为西方文化与日本文化相对立,西方企业注重结果、注重个人、注重创新,而日本企业注重过程、注重团队、注重改善,这种文化差异也许会造成合作起来的不便利。但是事实相反,由于实行扁平化管理,分工细致,每个人的团队依赖性更强,每一个人都在强调与谁配合,怎样配合。“好像有一种内在合作的动力促使大家需要更多的沟通,合作的结果是一种互补。”

当然,跨文化管理不仅仅是文化的冲突与磨合,可能还会面临一些不可避讳的敏感问题,比如,各个国家由于文化不同而导致对工资的态度和政策的不同,沟通在此显得尤为重要。“我们都知道,日资企业薪酬与欧美企业相比较低,这些从欧美知名企业过来的企业精英的薪酬必须得到保障,但是这又无疑会成为一件容易产生矛盾的事情,怎样说服日本员工接受这一点显得很重要。我必须告诉他们这些从欧美知名企业过来的员工的价值所在以及市场行情。最后,这样的沟通使招聘工作平稳完成。”作为人力资源总监的他表示要尽可能做好润滑剂。“增加工作之外的沟通机会,通过这种活动增加了解,融洽关系。”

案例思考题

1. NEC 公司高管团队的组成有什么特点,文化在这里有什么影响?
2. 组建跨国高管团队时应当如何处理文化差异问题?

第八章　企业文化的冲突与整合

引入案例

企业并购中的文化整合——联想兼并 IBM 个人电脑部

2004 年，联想集团以 12.5 亿美元收购 IBM 个人电脑事业部，获得 IBM 的研发和技术优势，也为联想的国际化步伐在一定程度上铺设好了道路。更重要的是，根据协议，IBM 的员工也被算作无形价值统一打包出售给联想，将无条件地成为新联想的员工。

联想并购 IBM 个人电脑事业部之初并不被看好，因为这决定了企业要接受两种完全不同的文化差异所形成的无形合力的影响。IBM 最重要的信念是尊重个人，重视机构内每一个成员的尊严和权利，充分调动员工的工作积极性。与之相反，联想的核心理念是：把员工的个人追求融入到企业的长远发展之中。前者强调个人价值，鼓励个人创新；后者注重员工对企业文化的遵从。两者有截然不同的特点，如何处理好大相径庭的文化差异、化解冲突，保留企业人才是联想集团选择跨国并购所面临的巨大挑战。

在这方面，联想有许多成功的经验值得借鉴。刚开始，双方最大的矛盾是管理层的工资差异。IBM 员工的薪酬 80% 来自于个人的基本工资，只有 20% 来自于与绩效有关的奖励，而联想的薪酬基本上都是与工作绩效挂钩，基本工资相对而言很低。这也就是说，很多美国人拿到的工资要远远高于他们的中国同事，即使联想的大部分利润都来自中国部门的业绩，而不是来自美国部门的业绩。这种“同工不同酬”的差异，严重地伤害了中国员工的积极性。但是，在过去几年里，联想通过自己内部的努力，不断地降低中美管理人员工资的差别。其中一个办法就是将联想总部在三个地方不断地轮回，包括法国巴黎、中国北京和美国北卡罗来纳州罗利市，这样就使得中国员工有机会享受到国外的工资标准。

双方第二个文化差异就是原有的公司文化不同。IBM 的企业文化中，上下各部门只有分工不同，老板和下属地位平等，一视同仁。在纽约州阿蒙克的 IBM 公司里，每间办公室，每张桌子上都没有任何头衔字样，洗手间也没有写明供什么长官使用，停车场也没有长官预留位置，没有主管专用餐厅，那是一个非常民主的环境，每个人都同样受到尊敬。自由的工作环境也是IBM企业文化的一大特点，员工都习惯于美国硅谷那种灵活松散的工作作风。而联想管理理念最突出的特点是规范、标准、纪律严明。被媒体称为“教父”的联想创始人柳传志一直提倡联想的“家文化”，就是“老一代企业家像家长一样以强大的管理权威成为企业的象征和毋庸置疑的权力制高点，所有的人就像家族成员一样感受‘慈父’关怀的同时，必须服从‘严父’的教诲和权威，不仅对成员的工作进行管理，对员工个人行为也进行细致的关注和规范”。按照美国人的标准，联想的公司文化是半军事化的。联想设在北京的总部坐落在一个工业园区内，公司的很多政策都是通过高音喇叭宣布，迟到的员工被要求在所有公司领导的面前罚站。在收购美国公司之后，联想主动改变了自己的公司文化。同时，老总杨元庆主动将公司总经理的职务让给了美国人，以培养国际化的管理文化。

作为企业文化的重要载体，语言是不可不提的一个因素，联想和IBM个人电脑部文化融合的另一个障碍就是语言。IBM是美国公司，员工的工作语言是英语。被联想收购的IBM个人电脑业务部门也是以英语为工作语言。而联想集团是一个只有20年历史的中国本土的民族企业，联想集团员工的工作语言是汉语。在收购IBM个人电脑部之前，它的经营主要着眼于国内市场。联想高层管理人员几乎是清一色的国内毕业生，没有海外留学和生活的经历，没有在外企工作的经验。如果联想人不能用英语进行沟通，那会直接影响新联想向全球的外籍员工传达其企业文化和发展战略，更无法实现联想集团和IBM个人电脑部门的文化融合。因此，在收购不久，联想将公司的工作语言变成了英语。

联想集团初建时是一个国有企业，现在仍然有很大一部分股份由政府掌控。联想集团和政府千丝万缕的联系使企业具有权力集中的特点，导致联想的决策方式是“上级下命，下级执行”。这种决策方式的好处是决策时间短，面对外部变化的反应速度快，决策方案易于落实。但这种决策会议很难听到基层的声音，高层管理者的决策也无法真实地代表员工的意志。这种上传下达的决策方式势必让新加入联想大家庭的IBM个人电脑业务部的员工们受到很大的文化冲击。在收购后不久，联想改变了决策方式，通过集体讨论决定企业的大事。

联想在跨文化沟通中，也曾经有过困难的时期。在公司的会议上，经常是美国员工在滔滔不绝地长篇大论，而中国员工通常只是礼貌性地倾听对方的发言；中国员工抱怨美国员工太喜欢空谈，而美国员工则抱怨中方的管理人员不愿意参与到双方的讨论中来，只是一个劲地说对而不是提出更好的办法。在两年的合作后，联想决定将美国管理人员的发言时间规定为5分钟，而将中国管理人员的发言时间规定为10分钟，以保证双方有基本相同的发言时间。

在双方的沟通方面，还有一些细微的差别。比如，美国人喜欢用体育比赛的例子来谈论公司的管理和策略，于是联想就决定在公司的电话会议中禁止使用这样的比喻，以免双方产生不必要的文化误解。还有，中国员工在不同意某个问题的时候，倾向于保持沉默，而美国员工却总是错误地将中国员工的沉默误解为同意，因此，联想规定，倘若员工有不同的看法，必须公开地表达出来。

在中国人的企业行为中，还包括愿意向上级报告同事和同行的问题，以避免面对面冲突时不必要的尴尬和紧张关系，而美国人通常认为这样的行为是“背后捅刀子”的恶劣表现，是不道德的。因此，联想又做出公开决定，禁止这种背后打报告的做法。同时，增加双方管理人员的互动和社交活动，以保证跨文化沟通的畅通。

上述案例说明，在企业进行跨国并购、从事跨国经营的过程中，必须重视企业文化之间的差异，妥善处理好文化冲突，有效地进行文化协调和整合，才能实现企业跨国经营的目标。

第一节　企业文化的含义及其层次

一、企业文化的含义

企业文化一词源于英文“coporation culture”，又称公司文化、组织文化。目前，关于企业文化还没有一个统一的定义，这反映出企业文化内涵丰富，所涉及的问题较多。

国外学者比较有代表性的观点如下。

威廉·大内（William Daney）认为：“传统和气氛构成了一个公司的文化。同时，文化意味着一家公司的价值观，诸如进取、守成或是灵活——这些价值观构成了公司员工活动、意见和行为规范。管理人员身体力行，把这些规范灌输给员工并代代相传。”

托马斯（Thomas）和小罗伯特（Robert）认为：“所谓公司文化包含为数不多的几个基本原则，这些原则是算数的，必须严肃对待，它们代表了公司存在的意义”，并提到：“一个伟大的组织能够长久生存下来，最主要的条件并非是结构形式或管理技能，而是我们称之为信念的那种精神力量，以及这种信念对于组织的全体成员所具有的感召力。”

沙因（Schein）对企业文化的定义是：“企业（群体）在解决外在适应与内部整合的问题时，因为它们运作得很好，而被视为有效，因此传授给新成员，作为当遇到这些问题时，如何去知觉、思考及感觉的正确方法。”

霍夫斯泰德(Hofstede)认为:“企业文化是一种‘企业心理’及组织的潜意识,它一方面在组织成员的行为中产生,另一方面又作为‘共同的心理程序’引导这些成员的行为。”

约翰·科特(John Cote)和詹姆斯·赫斯克特(James Heskett)认为:“所谓‘企业文化’,通常是指一个企业中各个部门,至少是企业高管们所共同拥有的那些企业价值观念和经营实践。同理,所谓‘部门文化’就是指企业中一个分部的各个职能部门或地处不同地理环境的部门所拥有的那种共通的文化现象。”

雷特·E.迪尔(Rett E. Deere)和阿伦·A.肯尼迪(Alan A. Kennedy)认为:“企业的文化应该有别于企业的制度,企业文化有自己的一套要素、结构和运行方式。企业文化包括四个要素,即价值观、英雄人物、典礼及仪式、文化网络。这四个因素的地位和作用分别是:价值观是企业文化的核心;英雄人物是企业文化的具体体现者;典礼及仪式是传输和强化企业文化的重要形式;文化网络是传播企业文化的通道。”

国内学术界对企业文化的定义也非常多。

许宏提出:“企业文化是经济与文化意义的混合,即在本企业形成的价值观念、行为准则在人群中和社会上发生了文化的影响。这里的‘文化’,不是指知识修养,而是人们对知识的态度;不是利润,而是对利润的心理;不是人际关系,而是人际关系所体现的为人处世的哲学;不是舒适优美的工作环境,而是对工作环境的感情;不是企业管理活动,而是造成那种管理方式的原因。总之,企业文化是渗透在企业一切活动之中的东西,它是企业的灵魂所在。”

陈佳将企业文化解释为:“一个较为完整、准确和科学的企业文化的概念应包括以下几个基本点:第一,文化背景。企业文化是社会文化一定程度上的缩影,是企业在建立和发展过程中逐步形成并且日趋稳定下来的文化积淀。第二,实体内容。企业文化应包括企业价值观、企业精神以及以此为主导的企业行为规范、道德准则、生活信念和企业风俗,及在此基础上生成的企业经营意识、经营指导思想、经营战略等。第三,复合形态。企业文化应包括三种基本形态:观念形态文化、物质形态文化和制度形态文化,是一个三层次的复合形态。第四,功能形态。企业文化的功能赖以发挥的关键,在于企业生产经营中生成的社会群体文化氛围和心理环境。”

魏杰认为:“企业文化是企业信奉并付诸实践的价值观念。也就是说,企业信奉和倡导,并在企业运作的实践中真正实行的价值理念。”

刘光明认为:“企业文化是一种从事经济活动的组织之中形成的组织文化。它所包含的价值观念、行为准则等意识形态和物质形态均为该组织成员所共同认可。总之,企业文化有广义和狭义之分,广义的企业文化是指企业物质文化、行为文化、制度文化、精神文化的总和，狭义的企业文化是指以企业价值观为核心的企业意识形态。”

综上所述，目前，国内外学术界对企业文化还没有一个统一的定义。笔者认为：企业文化是企业在其内外环境中形成的、为全体员工所认同和遵循的价值标准、基本信念及行为规范的总和，其核心内容是企业价值观和企业精神。通俗点讲，就是每一位员工都明白怎样做是对企业有利的，而且都自觉自愿地这样做，久而久之便形成了一种习惯；再经过一定时间的积淀，习惯成了自然，成了人们头脑里一种牢固的“观念”，而这种“观念”一旦形成，又会反作用于（约束）大家的行为，逐渐以规章制度、道德公允的形式成为众人的“行为规范”。

二、企业文化的层次

对于企业文化的层次，学术界也有很多讨论。霍夫斯泰德在《跨越合作的障碍——多元文化与管理》中指出：不同民族、不同时代的文化各有不同，但结构与形态大致是一样的，就是由不同的物质生活文化、制度管理文化、行为习俗文化和精神意识文化四个层级构成。

日本学者把组织文化分为物质部分、动态部分、心理部分三个层级，其中物质部分即设备、建筑等有形物质，动态部分即一些外显的行为方式，而心理部分即价值观、知识等，也即物质文化、行为文化和观念文化。

笔者认为，企业文化本质上是一个由核心层、浅层、中间层和外围层构成的多层次的生态系统，根据其内容大致可以分为四个层次：物质层、行为层、制度层和精神层。

（一）物质层

物质层即企业物质文化。这一层面是员工创造的产品和各种物质设施等所构成的有形物质文化，它往往能折射出企业的经营思想、经营管理哲学、工作作风和审美意识。物质层主要包括以下几个方面：第一，企业标志，包括企业名称、标志、标准字和标准色。第二，企业环境，包括企业的自然环境、建筑风格、车间和办公室的设计和布置方式、厂区和生活区的绿化美化、工厂污染的治理等。第三，产品的特色、式样、品质和包装等。第四，企业的技术工艺设备特性。第五，厂服、厂旗、厂徽、厂花和厂歌等。第六，企业的文化体育生活设施。第七，企业造型或纪念建筑。第八，企业的纪念品。第九，企业的文化传播网络，包括报纸、刊物、广播电视、宣传栏和广告牌等。

（二）行为层

行为层即企业行为文化。行为层包括员工在工作、学习、娱乐中产生的文化，例如：人际关系、经营管理、培训和文体活动等，这是一种组织精神面貌和人际关系的文化,也包含领导者行为、典范行为以及员工普遍行为等。

(三)制度层

制度层即企业制度文化。制度文化主要是指企业在进行生产经营管理时所制定的、起规范作用的管理制度、管理方法和管理政策以及由之构成的管理氛围。企业制度文化是一种成文的规定,是硬性的约束,这种约束是严格而规范的,是与由价值观或企业精神而形成的不成文的软约束相对的。

(四)精神层

精神层即企业精神文化。这是更深层次的一个文化现象,这一层面处于文化体系的核心地位。它是企业在生产经营中形成的一种企业意识和文化观念,包括企业哲学、企业价值观、企业精神、企业使命、企业目标、企业道德和伦理、经营理念、管理理念以及企业风气等,它是前几个文化层的升华。企业文化的层次及其内容参见表8-1。

表8-1 企业文化的层次及其内容

企业文化结构	层次	变化情况	企业文化的内容
物质层	表层	最可变部分	企业环境、产品、面貌、生产环境、技术、设备现代化及文明程度
行为层	浅层	可变部分	经营、宣传、人际、文体活动及组织员工群体行为
制度层	中层	较小变化	领导机制、组织结构和制度
精神层	深层	最小变化	企业价值观、企业精神、经营哲学、道德、价值观、企业作风及管理风格

事实上,企业文化的四个层面是和谐统一、相互渗透的。其中,深层的精神文化是最重要的,精神文化决定着其他三个层次的文化,支配着员工行为,是文化的灵魂,影响着企业的凝聚力。

第二节 典型国家的文化特征及其企业文化特征

一个国家或地区的企业文化是建立在传统的民族文化的基础上的,并且与其自然地理环境、社会经济发展水平相联系,因而不同的国家和地区有着不同的企业文化。企业文化植根于民族文化的土壤中,深深地打上了民族文化的烙印。

一、美国民族文化特征及其企业文化特征

(一)美国民族文化的特征

“大熔炉”(the melting pot)是关于美国的一个比喻,指美国可以融合世界各种不同的文化为美国文化。美国是一个移民国家,美国的移民来自世界的各个角落:欧洲、南美、非洲、亚洲等,每个移民族群本来都有自己的文化,美国社会不排斥这些文化,不同的文化在美国开放、自由、民主、法制的环境里融合形成多元的美国文化。

1. 个人主义的价值观

美国社会形成的特殊历史条件使个人主义在美国民族文化中一直占有突出的地位。个人主义不仅是一种政治哲学,而且是一种价值体系、人生哲学。所谓个人主义,广义上指的是个人利益至高无上,一切价值、权利和义务都来自个人。它强调个人的能动性、独立性,强调个人意志和个人行动。作为个人,应该具有独立性、责任心和自尊心,只有这样,个人才会受到关注和尊重。概括起来,个人主义的表现主要有:个性自由、自我表现、人人平等和个人竞争等。

个人主义和自立精神在美国文化中之所以强烈而持久,其原因之一在于美国是个移民社会。最早到北美大陆的移民大都是受封建专制制度和宗教压迫的农民、手工业者和异教徒。他们远涉重洋,离乡背井到新大陆来,其目的是渴望摆脱国王和政府、摆脱教会以及达官显贵对他们的种种压迫和限制。随着美利坚合众国的诞生,他们的愿望实现了,建立了共和政体;在制定宪法时,又规定实行政教分离,宗教权力受到了根本限制;接着又通过了“人权法案”,对人民的人身权利、政治权利和财产权利作了明确规定,从而在法律上和制度上对个人权利作了保障,创造了一种强调个人价值以及自由的气氛和环境。

2. 敢于冒险,刻意创新

美国人的格言是:不冒险就不会有大的成功,胆小鬼永远不会有大作为。从首批英国移民踏上北美大陆,到美利坚合众国成立这一个半世纪里,北美险恶的自然条件,培育了美国人顽强拼搏、艰苦奋斗的性格。北美丰富的资源等待着开发利用,培育了美国人开拓进取、敢于冒险的精神。从文化学的角度考察,北美在一定程度上曾经是一片文化真空,闯入这真空的,不是有组织的文化单位,而是一批对于传统制度已失去好感的亡命者。他们的头脑为叛逆精神所主宰,身上绝少有传统思想的保守性,即便有,也没有发挥的土壤,因为险峻的环境迫使他们只能确立与传统不同的生活方式,这种冒险精神成了美国人民的传统。他们把冒险探求新大陆看作寻求生活的机遇。这种冒险精神一直渗透到美国人民生活的各个方面。

在硝烟弥漫的商战中,美国人勇敢地开拓创新,从各个方面体现了这种民族冒险精神。基于此,美国人特别强调创新精神,他们认为机会到处都有,主要在于主动发现和利用。除法律外,美国人认为一切传统和先例都是创新的障碍,他们乐于向传统和先例挑战。由于美国不像中国、印度、英国等有着悠久而灿烂的文明,所以美国人在接受新思想、新技术时很少先去考察这些东西是否符合某位专家、权威的理论,然后再引经据典加以注释和考证,以决定是否采用。美国人认为,他们的国家虽没有灿烂的过去,但由于具有创新精神,因而他们拥有光明的未来。所以美国人勇于向传统和权威挑战,勇于向已有的一切挑战。

3. 自由、平等精神

美国是一个崇尚自由的国家。北美殖民地历史的一个重要的特征就是封建秩序从来没有在那里存在过,在美利坚民族的形成过程中,许多从欧洲大陆来的移民把资产阶级自由思想带到了美洲。新大陆的自由空气以及大自然的艰苦环境陶冶了美利坚民族的民族性:热爱自由、珍惜自由、崇尚自由。在美国,对人的自由,除法律可以明文规定加以限制,并由执法机关及其人员执行限制外,任何机关或个人不得非法剥夺或限制他人的自由。民主自由的环境为才能和幸运开辟了道路,因此,出身对美国人不起任何作用。美国人相信这样的格言:“一个人富裕到什么程度,就表明他的才能实现到了什么程度。”因为在机会均等的条件下,人的才能决定富裕的程度。所以美国人一般不羡慕他人的财富,而喜欢赞美富翁的才能。

4. 实用主义

实用主义在美国不仅仅是职业哲学家的哲学,而且是普通美国人的哲学。由于美国没有悠久灿烂的古老文化,因此文化的创造只有在北美大陆的开发过程中才能出现。而要开发这片富庶的处女地,就必须打破一切的条条框框,服从于实际问题的解决。在这种历史背景下,美利坚民族形成了实用主义的哲学观,他们坚信:“有用、有效、有利”就是真理。在实用主义哲学观念影响下的美国人不喜欢正规的、哲学抽象的、概念游戏的思辨哲学,不喜欢形而上学的哲学思考。在美国人眼里,有用就是真理,成功就是真理。他们立足于现实生活和经验,把确定信念当作出发点,把采取行动当作主要手段,把获得效果当作最高目的,一切都是为了效益和成功。

5. 物质主义

美国文化是物质性的,他们认为生活舒适是理所当然的人生追求,并且怀着优越感看待那些生活水准不如他们的人。当美国人谈论一个人的价值时,主要指物质价值,而且除了这个通常标准外,他不管什么别的标准。由于基督新教价值观的影响,美利坚民族至今仍以赚钱多少作为评价一个人社会地位高低的重要依据,仍然以赚钱聚财为荣。在美国社会里,人们向上进取的精神是炽热的。许多人都在拼命地工作,不惜付出自己的一切辛苦与智慧来谋求事业上的发展。通过个人奋斗取得成功,从低贱者变成大富翁几乎成了美国式的信条。在这价值观念支配下的美国社会,企业家普遍受到尊敬,人人都想办企业发家致富,人人都想通过个人创业获得成功。

(二)美国企业文化的特征

1. 建立共同的价值观

美国企业的领导者认为,决定公司生存和发展最重要的因素是企业共同的价值观和共同的信念。美国大多数业绩较突出的公司都有一套很明确的价值观或指导性信念,这些价值观或信念清晰地表达了该企业主张的究竟是什么,它既是企业制定一切政策和措施的前提,又是广大员工的行为指针和精神驱动力。价值观构成了美国企业文化的基石,而当企业价值观与员工个人的价值观相一致,与企业务实精神相统一时,就会产生强大的文化力,激励着企业员工为个人利益和企业价值的实现去拼搏、奋斗。

2. 尊重个人价值

美国企业文化最明显的特点就是表达人性、表现人性、突出人性、强调尊重和信任个人,强调个人奋斗和获取财富上的成功。美国企业对人的尊重主要表现在:一是对员工自主权的尊重。优秀的管理人员相信普通的员工都想把工作干好,有所创造,只要给他们提供适当的环境,他们就能做到这一点。如:1960 年,惠普确立了“相信任何人都能在工作中追求完美和创造性,只要赋予他们适宜的环境,他们一定能成功”的经营理念。二是尊重员工尊严与提高员工地位。大多数优秀企业的管理人员和普通员工之间建立起了一种同伴式的平等的友爱关系,管理人员把员工当作同伴来对待,上下级之间培养不拘礼仪的交往方式,彼此间直呼其名,不冠头衔,不带姓氏。三是制定激励机制。美国公司会花大量的时间、人力和物力对员工进行知识和岗位能力的培训,提高员工的业务能力,并给员工搭建展示自己能力的平台。

3. 勇于开拓的创新精神和激烈的竞争意识

美国企业文化是创新型文化、竞争型文化。美国优秀企业继承并发扬了美国民族文化中的勇于进取、不断开拓的冒险创新精神,把美国创业初始的企业家精神运用于企业的经营管理之中,在企业中培养了一种鼓励革新和创业的文化环境。对失败的容忍是美国优秀企业传统文化里十分特别的一个组成部分,它克服了人们那种“只有大获全胜才干”的心理,使革新闯将得以果敢地进行大量的试验,不断创造业绩。

微软公司是比尔 · 盖茨(Bill Gates)在 1975 年创建的,至今已有三十多年的历史。在短短三十多年的时间里,微软从一个默默无闻的小公司成长为全球最大的软件公司,比尔·盖茨成为当今世界首富,微软公司的 Windows 操作系统坐到了操作系统王者的位置,并推动了整个计算机行业的发展,为普及计算机在软件方面发挥了重要的作用。微软公司为什么能有如此大的成就?其最主要的原因是微软公司的员工不断创新,不断更新自己产品的质量和功能,使其产品在世界上始终成为领跑者。

4. 注重行动的实干精神

美国优秀企业长期培养了一种注重行动的实干精神。这些企业总是干字当头,以行动简化掉那些在某些企业泛滥成灾的各式各样的报表、手续以及其他文牍工作,克服了书面的或正式的繁琐程序所带来的惰性。美国优秀企业促进行动的手段各式各样,其中以非正式沟通方式、改善组织的流动性和进行实验等方面最为突出。首先,优秀企业之所以能够雷厉风行、行动迅速,是因为他们拥有大量的非正式沟通方式。"巡视管理"、各种临时性会议、俱乐部等都是促进人们进行非正式沟通的办法;丰富多彩的信息交流活动能够使人们学习更多的东西,采取更多的行动,进行更多的实验,同时还能更好地保持联系并驾驭局面。其次,美国优秀企业之所以行动迅速,与其组织的灵活性也密不可分。优秀企业通常善于采取化整为零、各个击破的方式把问题马上解决。再次,优秀企业注重行动的实干精神,最重要和最明显的表现是它们愿意去把事情试出来,愿意去试验。

5. 顾客至上

美国企业首先关注的是顾客这一个最大的群体,"顾客至上""顾客就是厂家的上帝""顾客总是有道理的""虚心听取顾客的意见"等口号,已是美国企业界的名言。美国最佳管理企业的经营方式和企业精神之一就是紧靠用户和贴近顾客。

例如:美国波音飞机公司的宗旨是"以服务顾客为经营目标";美国假日旅馆公司的经营宗旨是"为旅客提供最经济、最方便、最令人舒畅的住宿条件,在'最'字上下工夫";美国奥辛顿工业公司的经营哲学是"照顾好你的顾客,照顾好你的职工,那么市场就会对你加倍照顾";国际商用机器公司(IBM)的口号是"IBM 就是服务"。

6. 制度大于人情

为了便于管理自己的企业,使企业的工作秩序有条不紊地进行,美国企业制定了科学的管理制度和严格的工作标准,对员工的工作内容进行详细规定,分工精细,职责明确。如美国通用电气公司实现规范化管理和规范化的工作,细化到对员工放置生产工具都有明确规定。

此外,美国公司管理人员在实施制度时,依章办事,不太讲究情感和面子。如美国企业对员工采用"合同雇用制",企业会根据实际生产情况来决定雇佣工人或解雇工人,人与人的关系是契约关系,而不讲究人与人之间的情面。

二、日本民族文化特征及其企业文化特征

(一)日本民族文化的特征

1. 自尊自强的民族精神

日本民族一个最为显著的特点是它在日本列岛上自始至终都是唯一的民族。在漫长的日本民族历史上,几乎没有民族大迁移及本民族之间的大残杀,社会结构比较稳定和统一,80%以上的人世世代代生活在同质社会中,加之国土面积狭小,这种地理、民族和文化的特点,形成日本人民特有的民族自尊意识和奋发图强、团结协作、振兴经济、对外开拓的民族精神。

2. 强烈的对外学习精神

历史上的长期孤立与对工业国的经济依赖,使日本产生了强烈的危机感。为摆脱危机,日本人奋发图强,形成了强烈的博采众长的学习精神。当今日本经济迅猛发展,跻身于工业强国行列,是全国上下如饥似渴地学习、吸收、借鉴、创新,运用国外的先进科技、知识和经验所取得的成果。日本人秉承"综合即创造"的信条,学习各国之所长,并结合本国的特点和需要,进行加工、改造或成功嫁接,既吸收外来文化,又保持民族特性。

3. 忠诚精神

"忠"是日本人道德的最高准则,由封建时代对领主的效忠,演变到现代对国家、对企业的忠诚。忠诚的标志,就是献身工作、忠于职守。

4. "家族"意识

"家"是日本文化的基石,是民族凝聚力的基础,社会和企业只不过是"家"的放大体。这种家族意识,使职工"以企业为家",愿意为心目中的家竭尽全力,即使赴汤蹈火也在所不惜。

5. 和谐一致的精神

"和"的内涵是指爱人、仁慈、和谐、互助、团结、合作、忍让,它是日本高效能团队精神的基础。"和"的观念其实源于中国的儒家思想,但在日本又发展了儒家思想。中国儒家思想强调的是"仁、礼、义",而在日本则强调"和、信、诚",由此使得日本企业文化中包括"和、信、诚"的成分,使得人们注重共同活动中与他人合作,并时刻约束自己,所有日本的企业都依循"和"的观念行事。在日本人看来,一个团体或企业如果失败,多半由于缺乏"和"的精神。真正实行了"和"的团体,势必带来和谐与成功,带来理想的工作环境,使人的潜能得到良好的发挥,使得每个人找到人生的归宿,达到幸福的境界。"和"的观念在很大程度上制约和引导着日本企业的经营哲学。

(二)日本企业文化的特征

1. 重诚实,讲信用

许多日本企业在经营活动中都强调诚实和信用,将此比作无与伦比的“财富”,看作企业的立身之本。例如,伊藤洋花堂公司提出,使公司成为客户、交易方、股东、地区社会以及公司职员所依赖的诚实的企业。再比如,斯密公司提出的基本姿态是:诚心诚意的 、苦干流汗的、不欺骗不撒谎的企业;日本的中国电气工事公司干脆强调:真心地对待顾客,真心地对待工作,真心地对待员工,真心地对待股东,真心地对待地区社会。

2. 强调集体主义

日本企业文化的集体主义价值观突出表现在以下两个方面:一是集体决策,集体负责。日本企业实行的是U 型决策方式,决策的起点不定,既可以是来自上层的战略构想或新想法,也可以是来自中层管理人员的新意见或下层员工的建议。不管来源于何方,都要经过员工反复讨论,发挥集体作用。二是团队协作精神。首先体现在“和为贵”的思想上,就是强调企业成员之间的相互交往必须讲究和谐协调。法国文化人类学家施特劳斯指出,按照西欧的理性主义,许多情况具有二者择一的性质,非此即彼。而日本文化则将自我和他人巧妙地协调在一起,超越了它们的对立。例如,对自我的把握,不是将其放在与他人的对立中,而是在相互的有机联系中认识自我。合作和竞争也并不对立,只将它们看作整体动态运动的两个侧面。超越对立而形成的“和”,是日本文化认同和追求的人际关系的理想状态。

3. 坚持家族主义的传统

家族主义传统使企业全体职工结成“命运共同体”,对企业有着很强的归属感和献身精神。

日本的一些大中型企业,在实践中往往实施三项制度作为保障:第一,终身制:使员工产生“成果共享”“风险共担”的心理。第二,年功序列工资制,以论资排辈为基础,鼓励员工对企业忠诚。第三,企业组织工会,将企业劳资关系改造为内部关系,使得内部问题内部解决。

4. 强调企业的社会责任

日本的企业十分注重其对各个方面的责任,或者称为“公平对待”各个方面:第一,对消费者(顾客)的责任。这主要是强调要以优良的品质和服务对消费者负责,追求顾客满意度最大化。第二,对交易合作者、股东、工会的责任。这主要是强调要公平地对待各有关方面,取得信任,协调发展,共存共荣,结成命运共同体。日本的不少企业都以“和”为贵,在通过竞争取得企业发展的时候,不忘有关企业、有关方面的利益。第三,对地区、社会的责任。日本的企业文化认为,社会是企业生存的基础,只有对社会公平,为地区和社会服务,采取尊重社会公共利益的经营方式,承担企业的社会责任,才是企业应有的姿态 。

5. 强调建立良好的组织氛围

日本企业鼓励在企业内部形成一种家庭气氛,员工之间沟通密切,十分重视建立亲密感情和良好的人际关系。

三、德国民族文化特征及其企业文化特征

(一)德国民族文化的特征

欧洲有几十个国家,讲十多种语言,各国都有自己的文化传统,但其文化来源主要是古希腊文化与基督教文化,并在此基础上形成一种追求精神自由、人文主义、理性与民主的民族文化传统。而其中最典型的就是德国文化。德国民族文化的主要特征有如下方面。

1. 追求精神自由

在基督教义中,信仰是其他一切的前提,上帝将仁爱传到人间。马丁 · 路德(Martin Luther)创立的新教提出,人的心灵本性是自由的,它依靠基督的福音、凭借对上帝的信仰,这是人们向往的真正的精神自由。而肉体的本性是受束缚的,要很好地进行管理。

2. 倡导人文主义

人文主义的主要精神是突出人的地位,主张自由、平等、博爱,提倡个性解放,崇尚个人,反对强权的价值观。“不自由,毋宁死”就是这种价值观的典型名言。

3. 强调理性与科学

逻辑推理与分析的理性主义,在欧洲有悠久的历史和坚实的基础,早在古希腊时就形成注重研究自然的传统,提出“知识乃是美德”的价值观,人们探索理性,崇尚智慧,强调观察,推崇演绎。到欧洲文艺复兴直至近代,理性主义与科学实验精神得到进一步发扬,这对欧洲人的文化建设和思维方式产生了深远影响。

4. 民主观念

欧洲的生产力发展水平从 18 世纪至 19 世纪,已经超过其他地区。这种商品经济的发展与提升,唤起了人们内心深处的独立意识与民主意识的觉醒。18 世纪相继在欧洲爆发的资产阶级民主革命,正是人们民主观念觉醒的表现。

(二)德国企业文化的特征

1. 强烈的质量意识

德国企业对产品质量一向最为重视。他们认为没有物美价廉的产品,只有精

品和次品。他们的许多产品都是以精取胜,成为世界知名的品牌。德国企业精益求精的价值观已成为企业文化的核心内容,深入人心,成为员工的一种自觉行为。

2. 强调以人为本,注重提高员工素质

德国企业文化十分强调以人为本,提高员工素质,这主要体现在注重员工教育、大力开发人力资源上。德国企业培训的突出特点是注重能力的培养,尤其是解决实际问题能力的培养,通过探讨和实验寻求解决问题的最佳途径和方法,试图给每个员工充分的自由发挥空间,极大地调动他们的积极性,提高员工的素质。德国企业培训工作还有一个十分重要的任务,就是让员工认同企业的价值观。德国企业每年都有针对不同岗位的培训课程,技术层面上的培训则通常是由公司组织专人培训;其他培训例如岗位职称培训,公司直接与相关学校挂钩,培训结束后进行验收,并做详尽的记录。

3. 强调增强员工的责任感,注重创造和谐、合作的文化氛围

德国企业文化体现出企业员工具有很强的责任感。这种责任感包括家庭责任、工作责任和社会责任,他们就是带着这种责任感去对待自己周围的事物。企业对员工强调的主要是工作责任,尤其是每一个人对所处的工作岗位或生产环节的责任。

此外,德国企业十分注重人际关系的营造,努力创造和谐、合作的文化氛围。

4. 不愿冒险

理性主义的文化传统对企业文化产生了极大影响,形成了德国企业冷静、理智和近乎保守的认真、刻板、规则的文化传统,企业没有太多的灵活性。而且,为了保证管理者权威的持续性,德国人也不主张冒太多的风险。

四、中国民族文化特征及其企业文化特征

(一)中国民族文化的特征

中国传统文化经过两千多年的考验,已经深深融入到中国人的生活之中。儒家文化不仅在中华民族的发展史中发挥了重要的作用,而且对世界许多国家和地区的政治、经济、文化、社会也产生了巨大的影响。美国学者彼得·伯格(Peter Berger)教授认为:“儒家文化展现出了经济的动力。中国移民在世界各地都很成功,尤其是在东南亚,便是个例证。”日本、韩国等国家的经济和社会的发展,也都大大得益于儒家文化。儒家文化有以下几个主要特点。

1. 入世精神

纵观中国古代的儒家文化,从政治思想到伦理思想,乃至人生哲学,无不体现着一种积极的“入世”精神,这也是中国古代儒家文化的一个显著特征。儒家的积

极入世思想，是从修身开始，中经齐家，终于治国、平天下，这种思想以个人道德实践为基础，以实行德治为核心，从小到大，由近及远。

2. 和谐

在人与自然、人与人的关系问题上，中国传统文化强调整体，崇尚和谐统一，具有积极的意义。崇德利用是人们处理物质生活与精神生活关系的准则；和与中是处理人与人之间关系（包括民族关系，君臣、父子、夫妇、朋友、兄弟关系等人伦关系）的准则；天人协调则是解决人与自然关系的总法则。可以说，和谐是整个中国传统文化的最高价值原则，这一原则和认为宇宙是一个和谐整体的世界观以及重和谐的思维方式一起，对中国传统文化的形成、发展和繁荣产生了深远的影响。

3. 崇尚伦理道德的人际关系

崇尚伦理道德是中国传统文化的特质之一。中国传统文化素以人文为本位，所以伦理道德受到特别的重视和提倡。长期以来，它被看作是调和人际关系的准绳和维系整个社会秩序的精神支柱。伦理道德在中国威力之强大，影响之深远，是其他民族所不能比拟的。

4. 中庸之道

儒家奉行中庸之道，崇尚忠恕，把在变动中寻求和谐、稳定的处世方法作为人生的最高境界。孔子主张道德至上，将中庸视为最高之道德，宣扬仁义、孝悌、忠信，注重修养德性与人际协调。

5. 民本思想

儒家认为，在自然界的万物之中，人是最尊贵的，“人者万物之灵”“天地之性人为贵”。孔子是儒家民本思想的奠基者，其“仁学”的核心宗旨便是“爱人”，主张“亲亲而仁民”，在此基础上，提出了比较系统的爱民恤民措施。

（二）中国企业文化的特征

1. 以德治企

中国企业讲“企德”，就是以德治企，把“德”熔铸到企业管理中，并在企业行为中加以提倡和应用，成为企业的行为准则。以德治企的重要表现形式是企业在管理中要实行以“德”服人，实行人性化的管理，使企业充满和谐的氛围。如，太极集团有限公司曾是一家名不见经传的中药作坊式加工厂，如今已是拥有资产上百亿元的国有大型企业，拥有“太极集团”“桐君阁”和“西南药业”三家上市公司。它的成功靠的就是“忠诚、团结、努力、责任”的太极理念。太极集团实行以“德”服人，成功地开创了哑铃型发展格局下的“全员营销”模式。以“德”治企业，持续推动企业资本优势的快速扩张。

2. 讲究营造和睦的工作氛围

中国企业文化在处理企业内外关系时，重人情、讲面子。在处理企业内外部重大关系时，规章制度与合同往往退居其次，雇主与员工、上司与下属的关系带有较强的感情色彩，较西方更富有人情味。企业内部讲究一种和睦相处的人际关系，具有一种家庭式的工作氛围。

3. 管理结构集中统一

在管理中，中国企业上层管理人员的权力较大，员工的参与程度较低，工会组织的地位和作用往往是微不足道的。在企业的权力结构中，有一个以血缘、地域或友谊为纽带连接成的核心，重要的职位往往留给家族成员或至亲好友。家庭中对长辈的恭顺延伸为企业中对年资的尊重，家庭中听命于长辈的权威扩展为企业中对主管的驯服。

4. 价值取向以人为本

中国企业重视企业内部“人”的因素，注重发挥企业整体团队的优势，维护伦理纲常和宗法秩序是目的，个人的独立存在和发展都要服从于这一目的。就这个意义而言，个人只是实现这一目的的手段。

5. 善用中庸之道

在企业管理中，往往会遇到许多矛盾，如学习外国经验与坚持中国传统、物质激励与精神激励、赏与罚、严格管理与宽松管理等，中国许多企业家深谙中庸之道的思想实质，善于协调好这些矛盾。

第三节　跨国企业的文化冲突

随着全球化进程的加快，有越来越多的企业从不同的国家和地区招募员工，广泛开展跨国跨地区的经济合作，运用资本杠杆进行组织并购和重组。由于文化的差异性，使得来自不同文化背景的员工在企业经营思想和管理方式上产生分歧和矛盾，导致文化冲突，从而影响跨国企业经营战略的实施。管理学家威廉·大卫(William David)认为，每种文化都赋予人民以互不相同的特殊环境，因此，虽然同样的行为原理对于不同的文化是适用的，但由于当地情况的差别而形成的社会结构和行为模式可以使其具有很大的差距。文化差异性在国际经营过程中是客观存在的，但在制定发展战略和跨文化营销策略上，管理者往往是以自己的价值观为基础，因而会产生不同的观点和管理方法，最终管理层内部的意见分歧，会延误商机。数据显示，全世界有35%～45%的跨国企业是以失败而告终的，其中，大约有30%的企业是由于资金、技术等方面的原因导致的失败，有70%的企业是由于缺乏有效的跨文化管理经验，没有处理好文化冲突而导致的失败。目前大约有30%的著名跨国公司因企业文化管理不善而面临企业内部关系紧张的状况。可以说，文化差异所引发的矛盾将成为21世纪困扰跨国企业进行国际经营的主要羁绊。

一、跨国企业文化冲突的含义及特征

（一）跨国企业文化冲突的含义

文化冲突是指不同形态的文化或文化要素之间相互对立、相互排斥的过程。企业文化冲突是指企业文化发展过程中不同特质的文化在相互接触、交流时产生的撞击、对抗和竞争。跨国企业的文化冲突则是指跨国企业在他国经营时与东道国的文化观念不同而产生的冲突，其实质是人与人之间、群体与群体之间、企业与企业之间在价值观和行为上的冲突。

（二）跨国企业文化冲突的特征

为了正确对待和处理企业文化冲突，我们首先需要明确企业文化冲突的特征。跨国企业文化冲突的特征主要体现在以下几个方面。

1. 非线性

跨国企业文化的冲突是世界各民族之间、人与人之间的普遍冲突。不同的文化像不同的水域，几片或多片水域的冲突常常表现出错综复杂的状态，因而具有非线性的特征。企业文化冲突类似于社会文化冲突，冲突在思维的深处，冲突的核心是价值观的冲突。

2. 间接性

企业文化除了在特殊情况下表现为直接的经营管理或人员之间的对抗外，一般都在心理、情感、思想观念等领域进行，所以企业文化冲突的结果也只有通过较长的历史阶段后才能得到可视的内容，因而文化冲突具有间接性特征。

3. 持续性

企业文化冲突不像政治冲突、军事冲突和利益冲突那样，随着一方获胜另一方失败或是双方和解后很快结束或转化，企业文化冲突似乎是无休止地进行着，在跨国经营企业中，文化冲突贯穿在整个经营管理过程中。

4. 客观性

企业中的管理冲突、生产冲突从某种程度上说可以由人控制，但企业文化冲突的规模、程度是由各方文化的内在生命力及所有相关因素决定的，各种文化冲突累积在一起，是任何个人或权威无法控制的。所以，企业文化始终按照自己的逻辑在发展变化，而不以人的意志为转移，人们只能顺应其规律。

5. 自发性

对于企业文化冲突何时开始，何时结束，如何发展变化，人们是无法把握的，这一点是从文化的客观性中派生出来的，是由外在客观条件和文化内在因素变化引起的。

6. 交融性

企业文化冲突与企业文化融合始终相互交叉，相伴而行，冲突之中有融合，融合之中仍有冲突。

二、跨国企业文化冲突的表现

一般来说，跨国企业的文化冲突往往表现在以下几个方面。

（一）显性文化的冲突

跨文化企业中最常见和公开化的文化冲突，是显性文化的冲突。显性文化的冲突即来自行为者双方的象征符号系统之间的冲突，也就是通常所说的表达方式（语言、神态、手势、举止等）所含的意义不同而引起的冲突。因此，显性文化的冲突即文化差异在语言行为上的表现。文化决定人的思维方式，从而决定语言的表达方式。如：外方领导在与下属的谈话中会很直接地指出对方的错误并坦率提出批评，这对于讲究“面子”的中国人来说是很难接受的，有时甚至会直接导致冲突的发生；而中方领导会很顾及下属的面子，批评也多采取含蓄婉转的方式进行，而下属对上级的批评也往往会心领神会，积极改进，从而双方在不伤害彼此面子的基础上把事情做好。

（二）价值观的冲突

共同的价值观是企业文化的核心。在企业并购时，企业文化冲突首先集中反映在员工个体不同的价值观上。具有差异性的价值观接触在一起，必然会相互摩擦、相互碰撞，每一个体都出于本能，极力维护自己长时期形成的价值观，而轻视别人的价值观，使之不能形成统一的行为准则。

（三）制度文化的冲突

由于处在不同的法律环境和社会环境中，不同国家的企业在其经营过程中所使用的制度往往存在很大差异。在这方面，国际惯例可以起到一定的调和作用，但是对于任何一个需要跨文化管理的企业来说，确定一套令双方都满意的经营管理制度，却并非易事。西方的企业一般都是在比较严格和完善的条件下开展经营与管理，自然会用法律条文作为自己言行举止的依据；而中国企业往往以经常变动的文本、指令、文件作为企业员工的办事章程和决策依据。由于双方行为的标准和依据不同，冲突也就在所难免。

（四）经营理念的冲突

从经营理念来说，西方企业的经营思想侧重于长期战略，当企业效益不好时，往往考虑追加投资，并对现有产品进行改进，积极开发新产品。这种经营战略观念不仅体现在生产方面，而且体现在员工培训方面，比较重视人力资本投资，不断对员工进行技术培训。而中国企业比较重视短期行为，当企业效益好时，首先考虑的是提高分配水平，对员工的培训也不太重视，存在着重视物质资本投资、轻人力资本投资的观念，有的企业还把员工培训视为福利和奖励。

发达国家的企业在长期经营过程中，会形成一种长期的愿景和使命感，把企业的经营当成一种事业，当成对社会的一种贡献。在做企业的长期计划时，制订者会将这种愿景和使命融入计划当中，使企业的长期计划在变幻莫测的市场环境中具有一种远景目标的稳定性。在制订短期计划时，制订者习惯制定较为严格、明晰的计划体系，且将计划内每一步骤的工作都尽可能做出具体的规划。而中国企业是在中国改革开放这短短的三十多年内迅速成长起来的，还没有一种长期的愿景和使命，企业的计划比较短视，处在剧烈变幻的市场环境中，不能预测到市场的方向。因此，被中国企业收购的外国企业员工很难适应中国企业计划的短期性和模糊性，他们觉得中国企业文化中灵活、易变的特征只会导致盲目的企业行为，习惯了科学、量化、标准化企业文化的西方企业员工无法理解，从而对中国企业产生抵触情绪。因此，在企业并购后，并购双方可能在经营理念上无法统一，从而产生冲突。

（五）管理方法的冲突

从管理方法来看，西方企业强调正规化、规范化的管理，从决策到运营的各个方面看都依据制度进行程序化管理。但是中国企业管理者比较注重人伦，习惯于以领导的意图和上级文件作为开展工作的依据和指南，这会造成管理工作中的不协调和冲突。

此外，发达国家企业的管理体系正在经历由官僚制管理体系向扁平制、分权制、团队管理形式转变。在官僚制管理体系中，企业一般都是等级分明，各司其职，按照指挥链进行指挥，很少进行越级管理。在现在的扁平制管理体系中，则是常常在企业中形成团队关系，强调的是授权、平等、合作，高层领导者尽可能接触到下级，提高管理幅度，实现扁平化管理。中国企业多是实行集权制管理，大大小小的很多事情都是由最高领导一个人说了算。在合并后的企业里,西方员工不能接受中方企业管理者“一言堂”的领导方式,中方企业领导者则不容易接受西方企业员工自作主张的工作方式,因此两方冲突不断,由此造成西方企业员工大批离职的现象,给中方企业造成了巨大的人力资源损失。

(六)人力资源管理的冲突

人力资源管理方面的冲突主要表现在以下两个方面:一是在企业员工的工资调整上,中方偏重于考虑企业员工的资历、经历和学历;而外方则认为,企业员工的工资和他们所从事的企业工作性质有关,所以,只有当企业员工的工作内容发生变化时,才会考虑工资的调整。二是在人才的选拔使用上。中方比较注重德才兼备,重视人的政治素质、个人历史和人际关系;而外方则把员工的能力放在首要地位,量才而用。由此形成的观念冲突,不仅给企业重组后的管理本身带来矛盾,也给员工带来巨大的心理压力和困惑。

三、跨国企业文化冲突的成因

(一)价值观的差异

价值观是指人们对事物的看法、评价,是人们信仰、价值、心态系统中可以评价的方面。不同文化背景下的人们对工作目标、人际关系、财富、时间、风险等的观念会不尽相同。

文化价值观的多元化和差异性的客观存在,势必会在企业的跨地域、跨民族、跨政体的经营管理活动中形成不同文化之间的交汇和碰撞,文化之间的相互对立与排斥,不同性质的文化在其力量释放过程中由于差异引起的互相冲撞和对抗状态就是文化冲突。而且,来自于不同文化背景的企业经营管理人员的文化距离越大,产生文化冲突的可能性与强度就越大。

(二)民族中心主义

所谓民族中心主义,就是认为自己的种族优越于其他种族,自己的文化比其他文化优越,常常按照本民族文化的价值观念和标准去理解和衡量其他民族文化中的一切。在当今文明社会,尽管大多数人都不会露骨地公开宣称自己的文化优越于其他民族文化,但在观察另一种文化时,往往会不自觉地以自己的是非评判标准去对与自己文化不同的事物做出价值判断。

如果跨国企业的经理们总戴着一副文化滤色镜,以种族优越感自居,坚持以自我为中心的管理观对待与自己不同文化价值体系的员工,就不会主动、客观地去观察和理解另一种文化，对文化的差异性失去应有的敏感，这会错失文化相互融合的机会，更严重的是，会失去不同文化背景员工的信任，甚至遭到东道国人的记恨和抵制，使企业经营陷入困境。

（三）文化定型观念

文化定型观念主要表现在：对于来自不同国家、不同民族的员工用同一种文化先入为主的印象来看待，忽视个性差异，缺乏沟通与交流。定型观念使得跨国企业的员工不能客观地观察另一种文化，阻碍了不同文化背景员工的相处，从而造成了跨文化企业的文化冲突。

（四）沟通误会

沟通误会是产生显性文化冲突的直接原因。在跨文化环境下，人们因行为方式、风俗习惯、思维方式、对语言的认识和理解不同，对同一个问题会产生不同的观点。在一个企业的内部管理过程中，信息交换、思想交流、决策、谈判、激励和领导等活动是以不同文化背景的管理者与员工之间进行有效沟通为基础的。完整的沟通必须是意向所指的感受者能够感受到信息的传递和意义，并受其影响而作出反应，是一个循环的相互影响的过程。这就要求跨文化沟通应建立双方都可接受、感知和理解的传递渠道和传递技能。但是，由于语言交流障碍，即语言、文字的深层内涵及表达方式上的差异，必然使来自不同国籍的员工和管理人员，在企业的经营理念、管理制度和行为方式上难以达到有效的双向沟通，这就为企业内部管理上的文化冲突埋下了导火索。

四、跨国企业文化冲突的后果

（一）决策低效率

文化冲突会使组织的决策效率降低。由于各方都有自己的价值观、思维方式和行为方式，很容易凝结成某种“秉性”，当遇到问题时，很自然按照自己的价值观、思维方式去分析、判断和评价，做出决策。所以要把各方的分析、判断、评价协调起来需要花费较多时间，有时甚至难以做到，造成公司治理中力量协调的障碍，无法形成合力。在这样的条件下进行决策，其效率可想而知。

小案例 1

东风日产的决策失误

2003年6月16日，中国迄今为止最大的汽车业合资合作企业——东风日产乘用车公司成立，位于广州花都。始料未及的是，在其开始运营的第一年就陷入了“花都魔咒”。由于东风和日产两个母公司企业文化的差异，双方派驻人员的思维和行为方式不同，使得双方之间的沟通和磨合产生非常大的困难。日产刚进入中国，日方对中国市场了解甚少，但公司完全以日方管理为主导，而以东风日产副总经理任勇为代表的中方管理团队了解中国市场，擅长市场推广，却分管生产制造。中日双方不以合资公司利益为重，各为其主，彼此不信任，以争取自己母公司的利益为先，以至决策缓慢甚至出现决策失误。

（二）过度保守

文化冲突影响了外方经理与当地员工的和谐关系。经理们也许只能按照呆板的规章制度控制企业的运行，对员工更加疏远；与此同时，员工则对工作变得不思进取，经理的行动计划实施起来也十分艰难，结果双方都不会有所作为。

（三）组织涣散

文化冲突使组织各项工作散乱，无法形成集中统一、标准化、规范化的管理。由于形成不同的价值观和行为规范，各部门在日常工作中往往容易各行其是、各自为政、各级仿效、自成体系、相互争夺地盘，使组织不能处于正常状态，整个组织犹如一盘散沙，管理者不能将其统合起来，从而造成跨国公司结构复杂，运转不灵。

（四）沟通中断

由于各方的价值观、思维方式和文化背景各不相同，所以彼此之间的理解非常困难，管理者对员工的激励无法调动员工积极性，管理者的行动计划实施起来也十分艰难。当经理层与员工的距离大到一定程度，自下而上的沟通自然中断，结果经理人无法了解实情，双方在不同的方向上越走越远。

（五）企业目标不统一

具有不同文化背景的管理者和员工，其价值观、工作态度及追求大不相同，再加上由于跨文化沟通障碍而造成的信任危机，必然难以形成统一的企业目标，激发企业凝聚力。

（六）非理性反应

管理是“管”与“理”的有机统一。如果跨国公司管理者不相信工人，只“管”他们，而不会“理”他们，在这种情况下，跨国企业管理中的文化冲突会造成管理者和职工关系的疏远和社会距离的增加，导致相互之间的不理解和不信任，破坏他们之间的和谐关系，影响他们之间的正常沟通。管理人员如果不能正确理解不同的文化存在的差异，就会对来自不同文化背景的下属采取情绪化或非理性化的态度，感情用事，这种非理性的态度也很容易遭到员工非理性的报复，导致矛盾深化、冲突升级，后果不堪设想。

（七）怀恨心理

对于发生的冲突结果，冲突双方如不耐心地从彼此的文化背景中寻求“共性”，而一味地抱怨对方的鲁莽或者保守，结果只会造成普遍的怀恨心理。伴随经常性的冲突，会使组织中各方相互猜疑，产生偏见，再加上首先从消极方面考虑，使大家丧失合作信心，甚至后悔错选合作伙伴，导致关系紧张，引起组织心理上的变态。

小案例 2

上海汽车收购韩国双龙汽车始末

2004 年 7 月 23 日，上海汽车工业（集团）总公司宣布，已与朝兴银行就收购韩国双龙汽车（SYMC）的谅解备忘录达成了共识，并将于 27 日正式签署此备忘录。根据备忘录条款，上汽集团将成为双龙 48.9% 股权的独家优先收购者。上汽集团已正式获得对韩国双龙的股份收购权。业内人士认为，上汽集团收购双龙汽车后，可以迅速提升技术，加快实现自主品牌汽车生产的步伐，同时又能使双龙在中国市场获得立足点。

2005 年 10 月 29 日，上海汽车集团以 5 亿美元购买韩国双龙汽车 48.9% 的股份，成功控股这家韩国汽车制造商，长达一年有余的双龙汽车收购战从而宣告结束。当时，国内外媒体都认为，这次收购不仅拓宽了上汽集团发展汽车行业的渠道，同时也将获得汽车制造的先进技术，更重要的是从此拥有了自主品牌。但是，良好的预期不等于良好的收益。从上汽准备收购双龙汽车开始，罢工事件就时有发生。上汽集团拥有双龙汽车48.9%的股份，虽然拥有管理控制权，但由于存在地域文化差异，双龙工会和当地舆论一直担心上汽集团的控股会将双龙的核心技术转移到中国，从而加剧双龙汽车在韩国的就业危机，此外，对上汽集团能否兑现投资承诺，双龙工会也一直持怀疑态度。

早在2004年7月，上海汽车集团收购哈诺双龙汽车的过程中，双龙汽车工会担心公司被并购后工人会失业，要求收购方作出员工三年内工作职位不流失的保证。但在7月19日，双龙汽车的620名员工还是举行了罢工，并提出月薪增长10.5%、工会参与董事会决策过程等一系列条件。

2006年8月9日，韩国双龙汽车工会宣布10日起全面罢工，借口是阻止双龙汽车的核心技术流入中国和不合理的结构调整。双龙汽车工会的150多名成员当天在中国大使馆前举行记者招待会，以全面罢工为要挟，要求上汽集团撤回与双龙汽车签署的技术转让合同、停止结构调整、增加国内投资。双龙罢工危机的再一次爆发，主要诱因是韩国双龙在7月宣布将裁员1 000人，裁员比例接近13%。另外，韩国国内的就业危机也是造成此次罢工的一个关键因素。

就在双龙汽车工会宣布罢工的同时，8月11日，在韩国京畿道双龙汽车平泽总部举行的临时股东大会和董事会会议上，上汽集团负责全球项目的副总裁菲利普·墨斐(Philip Murphy)被聘任为新任代表理事，接替现任代表理事蒋志伟。代表理事兼社长崔馨铎、代表理事兼首席副社长张海涛、代表理事墨斐3人将成为韩国双龙汽车的直接领导者，此次罢工将是新领导层面临的第一次严峻考验。而早在6月20日前后——墨斐就任上汽副总裁前两天，十几家韩国媒体记者应上汽之邀访问上海。上汽希望韩国记者团的到来，能向他们透露一个明确的信号——上汽不会妥协，这时双龙劳资双方的零星摩擦已经开始，当时还没有正式宣布就任的墨斐，在接受韩国记者团采访时表示："如果工会有损害公司长远利益的行为，上汽在罢工问题上是不会让步的！"墨斐称自己在世界各地工作时，就有这方面的应对经验。

8月30日下午，双龙汽车的劳资双方经过最后一轮谈判，达成了和解协议：冻结2008年之前的工资和各种补贴浮动，减少现有的福利；资方可以根据市场状况灵活调配人力(一线工人)资源；公司可以解雇不正常上班的员工和管理者。罢工提前结束，双龙控股股东——上汽的灵活政策起到了决定性作用。双龙汽车一位高层透露，自罢工开始，上汽给予了双龙管理层充分的决定权，谈判中，上汽也做出了部分让步，取消之前裁员1 000人的决定。

受到多次罢工事件的影响，以及韩国市场的不景气的影响，最终导致上海汽车持股48.92%的韩国双龙汽车株式会社2006财政年度收入亏损了约16.38亿元。罢工事件此起彼伏，让上海汽车的并购整合计划实施困难重重，步履艰难。

(八)导致市场机会的损失

由于文化冲突的存在,使跨国企业不能积极和高效地去迎接市场竞争,往往在竞争中处于被动地位,甚至丧失许多大好的市场机会。

(九)文化冲突会使跨国企业的全球战略陷入困境

从一般的市场战略、资源战略向全球战略的转变,是跨国公司在世界范围内提高经济效益、增强全球竞争力的重要步骤。但是,文化冲突的加大会使得跨国公司的整体控制难上加难,从而造成整个组织运转不灵,反应敏锐度降低,大大不利于全球战略的实施。

小案例 3

明基被迫放弃西门子手机业务

2005 年 6 月 7 日,西门子公司宣布台湾明基公司全面接收西门子手机业务,同时西门子将提供 2.5 亿欧元现金,以便完成收购西门子手机业务的交易,也就是说,明基没花一分钱并购西门子手机,还获得了西门子丰厚的 2.5 亿欧元的陪嫁。然而,1 年以后,明基的自主品牌和代工手机业务已经累计亏损 8.4 亿欧元,折合人民币约 126 亿元,原本股价 35 元台币的明基股票在短时间内一路下滑到 17 元台币,总市值蒸发了将近一半,明基无奈只能选择退出。

这个最初看似非常理想的并购,结果却并不一样。原因在哪里呢? 表面上看,影响并购成败的原因很多,如资金、市场、技术、管理、法律等。实际上,正如明基的李焜耀总结指出的,明基并购失败的根本原因在于文化的巨大差距,是跨国并购中的文化冲突毁灭了明基成为国际品牌的梦想。

明基西门子的合并属于完全不同文化类型的企业的联姻。明基属于鲜明活跃、反应迅速的台湾企业,而西门子则具有典型的德国管理风格,严谨稳重,对于市场的反应比较缓慢。明基为了向西门子手机业务部门灌输明基文化,派出了 15 人的精英团队进驻德国,各个部门均安插了来自明基的主管,但这对整合却毫无作用。明基并购西门子后制定了将西门子员工一周的工作时间延长至 40 小时的条款,同时降低员工福利待遇,结果遭到工会的强烈反对。诸如此类的国家文化差异和企业文化的差异,使得明基和西门子的整合进展迟缓,最终失败。

小案例4

TCL并购汤姆逊失败

2004年1月,TCL并购法国汤姆逊公司,组建TTE公司,共同开发、生产及销售彩电及其相关产品和服务。2004年4月,TCL并购法国阿尔卡特公司,组建手机合资公司T&A。

然而并购未能达到TCL预期的提高综合效益的目标,相反,TCL集团2004年的净利润减少了一半,直接导致集团亏损的就是TTE和T&A的不良业绩。更为糟糕的是,并购导致了大量员工离职。2004年年底到2005年3月,法国员工的高层经理全部离职,市场和销售的一线经理也相继离职,TCL陷入空前困境。

TCL集团董事长李东生曾坦言:“整合的成功主要取决于文化整合的成功。”对于TCL并购汤姆逊失败的结果,究其原因,有战略、营销、人员配置等方面的失误,但更重要的是文化方面的冲突。

(一)诸侯分权引争端

TCL文化的一大特色是诸侯分权。李东生向来习惯于分权,他看中业绩,很少过问各子公司的管理细节。所以TCL注重迅速采取行动,员工加班加点是正常现象。这种“分权”文化造就了TCL昔日的繁荣。于是,并购后的TTE也沿用了这一方法:在薪酬方面采用“底薪加提成”的方式,业绩上升者得到奖励,做不好则换人。

而在汤姆逊,受法国文化影响,员工注重生活品质,重视闲暇时间,认为该工作就工作,该休息就休息。据称,李东生在法国时曾打算在一个周末召开会议,却发现所有的人都关闭手机。李东生对此感到不可思议!再者,以销售业务为例,法国原定的薪酬水平比较稳定,与销售额并无太大关系。

在文化差异下,“诸侯分权”带来了两个后果:一是对汤姆逊大量职位进行调整,由TCL派人员担任主要职位,这导致被下调的原法国管理人员的高度不满;二是薪酬制度的变动导致法国基层员工满意度骤减。

(二)内部企业家精神受到质疑

TCL文化一向鼓励的内部企业家精神在合资公司遭遇挑战。TCL高管的用人标准是,具有企业家精神、敢于冒险的人。在TCL公司开会,业绩好的部门代表坐在前面,业绩不好的部门代表自动地坐在后排。在这样一种鼓励企业家精神的文化氛围下,培养起了一批管理人员,他们在跨国并购初期,被安排到了新组公司的核心位置。

而汤姆逊希望企业领导人接受过良好的教育,拥有理论知识和科学的管理方法,认为TCL指派的大量“内部企业家”独断专横,像个“土皇帝”。因此,带着明显的TCL文化特征的新领导层无法在法国员工面前树立权威。

这种文化差异的后果是:一方面当中方管理者按照TCL的方式发号施令时,大量法国员工选择离职;另一方面,中方管理人员开展工作极其困难,导致了员工忠诚度下降和离职率的上升。

小案例5

广州标致的解体

广州标致是由广州汽车集团公司(控股46%)、法国标致汽车有限公司(控股22%,主要以技术入股)、中国国际信托投资公司(控股20%)、国际金融公司(控股8%)、法国巴黎国民银行(控股4%)合资经营的汽车生产企业。截至1997年8月,广州标致累计亏损10.5亿元人民币,实际年产量最高时才2.1万辆,未能达到国家产业政策所规定的年产15万辆的标准。同时,中法双方在一些重大问题上存在分歧,合作无法继续。1997年9月,中法签订协议,广州汽车工业集团与法国标致汽车公司终止合作。广州标致的解体,其原因是多方面的和复杂的,汽车造型失误是关键因素,但在合作后期,由于文化的差异,导致双方目标不一致,未能及时更换车型也是重要原因之一。

透过广州标致解体的全过程可以看到,表面上由各方资本、技术、人员、劳动有机组成的合资企业,其深层次的问题则是文化的交汇、冲突与融合。更多的合资企业的管理实践表明,由于文化差异的存在,中外双方在交流与合作中常存在以下问题:第一,中外双方对各自的政治、经济、法律,尤其是社会文化环境缺乏足够的了解,文化敏感性差,双方往往依据自身的文化,对来自对方的信息做出分析和判断,从而产生了不少误解和冲突。第二,对对方的公司文化及管理方式缺乏了解,或完全照搬外方模式造成“水土不服”现象,或双方各持己见,互不相让,造成“双重指挥系统”现象。广州标致采用了全套法国式管理,采用法国标致的组织机构设置方式,管理组织采用直线职能制,实行层级管理,强调专业化分工和协作,同时采用了法国标致的全套规章制度。法国标致的规章制度是总结了它在全球20多个国家建立合资企业的经验而制定的,有一定的科学性和合理性。法国人工作严谨,要求员工丝毫不差地遵守各项规章制度,100%达到标准。但中方员工由于长期在一种缺乏就业竞争的环境下工作和生活,对这一切非常不适应。第三,双方对合作中可能出现的困难的程度没有足够的思想准备,文化适应能力、解决文化冲突的技能都差强人意,同时未能建立起相互信任和理解的协调机制。第四,沟通障碍。由于语言上的障碍,严重影响了双方的准确交流,加之翻译的水平还不尽如人意,因而造成了许多误解。再者,由于高语境文化中许多信息的传递不是用明确的语言、文字或符号,而是通过肢体语言、上下文的联系、场景等进行的。由于对于上述这些因文化差异而产生的矛盾和冲突难以妥善解决,广州标致最终走上了"离婚"或"解体"的不归路。

总之,跨国经营过程所产生的文化冲突,对于任何一个渴望实现成功经营的企业来说,无疑是巨大的挑战,如不能有效管理,会造成市场机会的损失和组织结构的低效率。在内部管理上,不同的价值观、不同的生活目标和行为规范将导致管理费用的增大,比如:由于企业目标的整合与实施难度的提升而导致的企业管理成本的提升;在外部经营上,由于语言、习惯、价值等文化差异,使得经营环境更趋复杂,从而加大市场运行的难度。

第四节　企业文化的整合

实际上,文化冲突给国际化和全球化经营企业带来管理上的困难,但同时也带来了机遇和新的变化。不同文化背景的群体在一起工作,会形成许多新的想法、建议和解决问题的方案。因此,文化冲突是一种客观存在,如果对文化差异和冲突处理得当,其结果是给企业带来好的效益,同时,如果处理不当,就会降低企业的运行效率,甚至可以颠覆整个公司。戴维·A. 利克斯(David A. Felix)就指出过这一挑战,他认为:"大凡跨国公司大的失败,几乎都是仅仅因为忽视了文化差异——基本的或微妙的理解所招致的结果。"因此,跨国企业如果想要获得更好的效益,就需要进行有效的跨文化管理,最低限度地降低文化冲突,实现文化整合,形成一种优质文化。

一、企业文化整合的内涵和内容

(一)企业文化整合的内涵

企业文化整合就是指有意识地对企业内不同的文化倾向或文化因素进行有效的整理整顿,并将其结合为一个有机整体的过程,是文化主张、文化意识和文化实践一体化的过程。其目的是减少文化冲突,使得每个员工能够把自己的思想和行为同公司的经营业务和宗旨结合起来,也使子公司与母公司的结合更为紧密,增强跨国公司的文化变迁能力。

企业文化整合不是将原两个企业的文化进行简单叠加和拼凑,而是将其优秀部分进行融合和升华,是在共性认识的基础上建立起的具有连续性和一致性的新文化,是对两种不同文化进行的整合重塑,是借机创新的过程。

(二)企业文化整合的内容

企业文化整合的主要内容包括如下各项。

1. 经营宗旨的整合

企业整合后,它的生产能力、产品种类等都已发生变化,经营宗旨也应当随之更新。它应显示新企业发展的方向和轨迹,反映企业今后长期的经营追求,代表企业经营发展的未来,应具体地体现在企业的经营战略中,使全体员工认同。

2. 价值观念的整合

价值观念是企业整合的核心,又是文化整合中难度最大的问题。文化整合要把原来不同文化背景下员工的不同价值取向、处世哲理统一在一个价值观体系中,并给员工以心理上的约束和行为上的规范,这比确定企业经营宗旨要复杂得多。

3. 道德行为准则的整合

它实际上是企业整合中的一种意识立法和行为立法。在企业整合中,需要对原来各自的经营管理制度和规范,根据新企业的特点进行调整或重新制订,形成新的职工行为准则。

4. 组织机构的整合

组织机构的整合虽然不完全是文化整合的内容,但它却是文化整合的保证。企业整合是否顺利进行,在经营宗旨、价值观念、道德行为准则确定之后,还有赖于组织机构的质量和效率。组织机构既是文化整合计划的制订者,也是它的执行者。

5. 物质文化的整合

首先,企业整合必然涉及资产重组、产权变更,在物质上表现为资本结构的变更与调整、员工人数的增减、产品甚至行业的变化、设备的更新换代等企业有形资源的整合;其次,企业整合还会涉及员工队伍结构的变化。相应地,员工的工作条件、福利待遇、文化生活等方面都会发生变化。因此,必须制定一系列人力资源管理方面的新政策,推出一些激励措施,尽快使员工完成角色定位。

6. 企业形象的整合

并购后企业要对技术形象、公司形象、产品形象、管理者形象等进行整合设计,以便给社会公众和内部员工一种崭新的形象和风格。

二、企业文化整合的原则

（一）文化先行原则

“资源整合、文化先行”。文化是企业的价值观、经营理念和经营行为规范的综合体现。进行企业并购重组，首先需要解决人们的价值观、生活生产方式、行为规范问题，避免文化的冲突与矛盾产生，否则会产生“文化休克”现象，使并购夭折。但在企业并购的实践中，人们往往重视企业的有形资源的整合，而忽视无形资源的整合；重视企业物质的整合，而忽视文化的整合，结果造成企业并购的失败。实践经验告诉我们，必须在企业并购中坚持“文化整合在先，资源整合在后”的原则，把它作为企业并购的第一原则和第一要务。

（二）高标准、高起点原则

企业并购为企业提供了一次文化更新与文化升级的良好契机。新文化的建立要根据重组后的发展战略与目标确定，用先进的思想作指导，注意学习国内外先进的文化成果和管理成果，防止对原有企业文化进行简单移植或组合，坚持高起点高标准原则。

（三）求同存异原则

企业文化相对于技术、组织等而言，更多的属于一种“软”件，它更多体现于人们的行为和观念里，而人们的行为和观念是不可能像“硬”件一样容易达成统一的。虽然吃“休克鱼”是一种很有效的方式，但它只是、也只能作为一种特殊的例子。我们遇到的更多例子都是必须在存异的基础上来求共同的地方。完全排斥对方的文化传统是一件非常愚蠢的事情，它不仅会增加被并购方的排外心理，引起他们的反感情绪，严重的话，还会造成高层管理人员和员工的流失，这样做不仅不利于并购后企业的团结，也会损害到企业的利益，降低生产效率。为了避免这种状况的出现，增强并购后企业的凝聚力，我们只能秉着求同存异的原则，制定具体的策略，尽可能地在不同的文化传统中寻求相似的地方，以此作为新企业文化的起点。

（四）渐进原则

企业有形资产的重组可在短时间内完成，但是文化的融合则是一项长期的任务。因为任何一家企业，在其连续的生产经营活动中，都会形成独具特色的企业文化，这种文化背景是由全体员工在自觉和不自觉的条件下形成的，并不断地随着企业的发展而发展着，它贯穿在企业的日常生产经营活动之中，深入到企业员工的精神之中，指导着他们的日常工作。在这种熟悉的文化氛围中，多数员工会感觉到轻松、自在，文化具有相对的稳定性和滞后性。两种不同背景下所形成的文化并非一朝一夕就能融合的。所以，不能急于求成，要把文化整合看作是一项长期的任务来抓，要坚持循序渐进的原则，逐步完成从物质渗透到非物质渗透再到文化交融的整合全过程。

（五）沟通原则

企业文化的实施是需要时间的，而这个时间的长短则视沟通情况而定，也就是说，这段时间大多都是为沟通而存在的。良好的沟通有利于员工了解公司的意愿和目的，减少实施工作中的摩擦，从而使整合后的企业文化更快、更容易地得到贯彻。沟通工作在制定整合战略的时候也是非常重要的，应采取怎样的文化整合方式、整合后的企业文化应是怎么样的，这都需要双方的沟通，有了沟通，才不会出现文化强加的现象，制定出来的战略才容易得到贯彻。基于这两方面，我们说，在企业文化的整合中，加强沟通是一项很重要、也是必要的原则。

三、企业文化整合的阶段

一般来说，企业文化的整合分为三个阶段。

（一）引进阶段

引进阶段是指保持双方文化的独立性，不做全方位的文化整合，中心任务是管理层的文化整合。跨国企业的理论和实践表明，跨国经营后的首要工作就是构建一支合适的管理团队，对缺乏国际管理和市场经验的中国企业来说更是如此。管理团队的文化整合是跨国经营成败的关键，如果管理层文化整合失败，则企业就失去了发展的基础。

管理团队的构成要照顾到双方人员的比例，以使管理团队能吸纳双方的建议和管理经验。管理层文化整合的关键是团队成员的沟通和理解，在成功沟通的基础上对人员、业务、市场等进行平稳调整，在此阶段，企业可以通过正式、非正式两种途径增加沟通手段。正式途径主要有：一是对管理层人员进行跨文化培训，增强管理层成员的跨文化沟通能力，减少管理沟通的失败，提高管理层的跨文化管理能力；二是在董事会下设立管理委员会、战略决策委员会等高级决策机构，成员包括双方企业高管、其他战略投资者以及行业内企业高管人员，定期举行会议对公司发展战略和重大问题进行沟通和讨论，使双方高层人员熟悉和理解对方企业的沟通模式和决策方式，减少文化冲突。非正式途径则包括组建俱乐部、业余爱好者协会等，培养管理层成员之间的友谊，增加人员之间对彼此性格、做事风格的理解。不同途径的最终目的是促进管理层之间的有效沟通，保证企业跨国经营初期的高管层稳定，为业务稳定发展打下基础。

（二）融合阶段

此阶段的中心任务是吸纳东道国文化中的合理成分，促进全员文化整合。管理层文化整合解决的是稳定问题，但企业跨国经营的目的是发展，企业发展的重点就要转到提高运营效率以及竞争能力上，真正发挥出企业的潜力，实现这个任务仅靠管理层是不够的，需要全体员工的共同努力。不同国度和文化背景的员工在一个企业里工作，既可能由于文化冲突产生矛盾，也可能相互借鉴和碰撞，为企业创造更多的价值。

此阶段的实现途径主要有：一是对全体员工进行跨文化能力培训；二是组建业务项目组，增加横向、纵向上的沟通，发挥不同文化背景的组合优势，使双方人员尽快熟悉和理解对方的文化内涵，改造自己的思维方式和行为方式，增强对国际当地市场需求的反应能力；三是搭建无边界沟通平台，如内部电子信箱系统、内部网上论坛等，使内部信息和建议畅通无阻，增强全员凝聚力，促进全员文化的整合。

（三）创新阶段

此阶段的中心任务是创造全新的企业文化，与国际环境融为一体。要坚持面向客户与市场需求构建新型企业文化，把企业文化建立在为全球消费者创造价值这个理念上。这个阶段往往伴随着全球范围内的组织结构调整和业务模式调整，要把这个任务纳入此阶段的文化整合范围，实现组织结构演进、业务模式调整与企业文化创新的良性互动。

此阶段的主要途径是企业要参与当地社区建设，积极参加公益活动，强调企业的社会责任，在消费者心目中塑造诚信品牌，提高产品或服务在当地市场的占有率。创新阶段标志着企业文化达到一个新的高度，并得到全球消费者的认可和支持，此时，企业文化的影响力和整合能力得到提升，企业成长为一个成熟的国际企业。

总之，企业文化整合的三个阶段相辅相成，层层推进，各个阶段所需要的时间则要视企业的具体情况和整合的进程而定。其中，第一阶段的时间不宜太长，时间太长容易使企业经营陷入困境，从而导致失败。融合和创新阶段往往伴随着企业组织结构和业务模式的调整，甚至是国际化企业的一种常态，企业在不断地提高自身文化整合能力进程中逐渐成长为一个真正的国际企业。

同时，企业在渐进式文化整合进程中还要区分不同的业务层面和价值环节，采用不同的整合策略，比如产品设计、技术研发等上游价值环节受文化因素影响较少，人员对先进理念接受较快，新标准的建立和实行相对比较容易，可直接进入融合或创新阶段。而市场调查、营销等下游环节与当地文化的联系比较紧密,可以在相当长的时间内维持引进模式,同时,在财务、人事、生产、管理等价值环节上,需要双方一段较长时间的磨合,可以在渐进模式中逐步探索合适的文化整合策略。总之,只有在文化整合进程中把握不同的业务层面和价值环节,才能最大限度地降低整合风险,实现成功的文化整合。

四、企业文化整合的模式

(一)注入模式

当并购双方强弱分明,尤其是目标企业经营不善濒临破产时,主并企业的优势文化容易在更大范围内获得认同,发挥主导作用。在这种模式下,优势核心企业应当通过适当的方式和手段,强制地将本企业的精神文化、制度文化等内容导向目标企业,使被并购企业的弱文化受到优势企业强文化的冲击而被取代。注入式文化整合模式的优点在于整合过程中有一个强力型的核心文化起主导和推动作用,整合速度较快,效果明显。但此模式由于是一种自上而下的文化整合,且完全以一种文化取代另一种文化,可以想象这种整合方式难度之大,因为,要一个企业完全抛弃它原有的文化转而适应一种新的文化,将对被并购企业的员工思想上形成很大冲击,会增加整合失败的可能性。

(二)渗透模式

现阶段企业并购更多的是强强联合,以扩大经营规模,扩大市场占有率,提高行业集中度,获取超额垄断利润。因此,并购双方企业实力相当,企业文化虽有差异,但总体上都积极进取,富于竞争性,有较强的凝聚力。此时,在不改变各自文化标准的前提下,两种优秀文化应互相补充、互相渗透、互相融合,成员企业有目的地吸纳对方企业的优良文化成果或文化经验,确认各自的文化差异,以寻求新企业文化生长的共同点,达到文化共识,在此基础上构造新企业的文化体系。在这种整合中,应注意以下问题:第一,转变观念,接受、尊重对方文化。两种文化在融合中容易产生主次之争,公司员工一般希望对方改变文化价值,以适应自己,这种思想极易导致员工的对立,结果往往是两败俱伤,因此双方应该本着相互尊重的态度,积极交流,促进文化传播和融合。第二,文化逐步融合。两种不同背景下产生的文化融合为一体往往需要一个较长期的适应和磨合,不能急于求成,在一定时期内,应允许不同文化存在,以减少文化冲突对企业经营管理造成的冲击。

（三）分隔模式

顾名思义，即对两种文化不进行融合，各自保持相对独立性，双方除了少量的、必要的文化接触以外，被并购企业有其独立的经营自主权。分隔策略的目的是预防和避免冲突。因为，分隔保持了目标企业文化的自立，并减少了双方成员公开接触的机会，因而有助于缓和双方的紧张状态，避免产生强烈的文化冲突。这种策略适用于以下情况：一是并购双方分属不同行业，行业差异性较大；二是主并企业文化本身属于多元文化，目标企业文化有很强的吸引力，其成员都极力维护它、保留它，不愿接受主并企业的文化，而且这种文化也不会给并购企业的经营管理活动带来负面影响。在跨国并购过程中，由于国家间文化差异通常较大，因而这种模式应用较为普遍。如美国通用电器公司控股日本五十铃公司时，通用公司并没有向五十铃公司输入自己的文化模式，而是采用了文化隔离的方式，这样就很好地避免了可能发生的冲突。

但分隔模式只是一种权宜之计，往往会给企业的长期继续发展留下隐患。企业在重组完成后，要注意逐步消除企业间的文化分歧，在时机成熟的时候注意及时地调整，重塑新的企业文化。

（四）破坏模式

这种文化模式是指并购企业为了己方目标的实现，向被收购企业施加强大的压力，竭力压抑、攻击、摧毁被收购企业的文化，使其被迫瓦解、消亡，从而灌输自己的文化。在这种情况下，被收购企业可能不再作为一个文化和组织实体而存在。它的实施往往会伴随着大量的混乱、沮丧、愤怒和紧张情绪，会受到被收购企业的强烈抵抗。因此，采用此种策略应当十分谨慎。

五、企业文化整合的实施

（一）成立文化整合小组

企业文化的融合、重塑并不是一件简单的事，任何一家企业所形成的文化都是根深蒂固的，而企业的并购带来的是思维模式的强烈变革以及不同企业文化的巨大撞击，这种企业文化的裂变、再生必然伴随着保守与开放、落后与先进的较量。如果文化整合处理过于草率，缺乏有效的管理沟通，其结果必然造成并购后企业内部更大的摩擦与消耗。所以，并购企业需要组建一个文化整合小组。小组成员可由并购双方选派具有一定企业文化管理经验和影响力的人员组成，也可从社会上聘请有关专家参加。该机构直接向兼并企业的最高管理层负责，组织、策划和领导企业文化整合管理的全部运作过程。因此，对其职责和权力范围应给予明确界定，以便今后开展工作。

由于并购个案的特殊性，世界上没有任何两个企业的文化整合是相同的。因此，对专职整合人员而言，没有固定的职务说明，也没有固定的工作界限，专职整合人员必须凭借自己的工作热情和经验尽快进入角色，自我定义其工作职责，每一天做什么，关注哪方面的问题，与谁联络，如何使价值增值等。这要求专职整合人员必须具有极强的独立判断能力，还要善于倾听，知道何时介入，使事态朝着正确的方向前进。对母体企业的深入了解也是专职整合人员必须具备的条件之一。他能够向大家阐释企业的战略目标和文化，谁有什么样的权限，找谁能解决问题。除此之外，专职整合人员还应具备以下条件：第一，具有人格魅力和感召力，人际交往能力强，容易使人产生信任感；第二，对文化差异十分敏感，即具有文化敏感性；第三，不拘泥于自己原来日常工作领域的整合，而且应有全局观；第四，具有扎实的外语功底。

（二）选择文化整合模式

影响跨国并购企业选择文化整合模式的因素主要有企业并购战略和企业原有文化两个方面。

企业并购战略指并购的目标及该目标的实现途径，内容包括确定并购目标、选择并购对象等。并购目标和并购方式直接影响文化整合模式的选择。例如，以追求企业在财务、经营和管理上的协同效应为目标的企业并购，在文化整合时显然与仅仅以财务协同为目标的并购不同。在前一种战略目标下，并购方会更多地干预被并购企业，并且对它进行更多的调整。并购方式对文化整合模式也有重要影响。如果并购方式是横向并购，并购方往往会将自己部分或全部的文化注入被并购企业以寻求经营协同效应；而如果并购方式是纵向并购和多元化并购，并购方对被并购方的干涉大为减少。因此，在横向兼并时，并购方常常会选择注入式或渗透式文化整合模式，而在纵向并购和多元化并购时，并购方选择分隔式文化整合模式的可能性较大。

企业原有文化对于文化整合模式选择的影响主要表现在并购方对多元文化的容忍度。根据企业对于文化差异的包容性，企业文化有单一文化和多元文化两种类型。单一文化是企业力求文化的统一性；多元文化的企业不但容许多元文化的存在，还对此十分赞同，甚至加以鼓励与培养。因此，一个多元文化的并购企业视多元文化为企业的一项财富，往往允许被并购方保留其自身文化；与之相反，单一文化企业则强调目标、战略和管理经营的统一性，不愿意被并购企业拥有与之不同的文化。

总之,并购企业选择适合本企业的文化整合模式时,要立足本企业的实际,在企业并购战略目标的导向下,兼顾被并购企业的原有文化。

(三)建立文化沟通机制

在确定了文化整合模式、策略并制定了整合计划后,并购企业应建立有效的文化沟通机制,加强与被并购企业员工的沟通与交流。由于长期以来存在着一种“被并购的企业就是经营失败的企业”的思想,这种思想将阻碍被并购企业人才的稳定,也难于激励被并购企业共同营造有利于合作的企业文化。因此,加强沟通便成为一种解决员工思想问题、提高士气的重要方式。为了避免员工抗拒收购,使被并购企业员工能够接受和认同并购后的新文化,并购企业应安排一系列员工沟通会议,让员工清楚整个并购的大致情形,如股权的变化,未来的经营方向等,分析企业生产经营存在的优势与弱势,说明所建立的新文化的必要性。同时,并购企业的高层管理者还需要具备有韧性的和启发式的领导艺术,给员工一个相对宽松的环境,使他们在心理上有一个适应的过程,以逐渐接受新文化,促使并购双方的企业文化达到充分融合。

(四)制定人力资源政策

并购后,被并购企业常常出现关键人才流失现象。这主要是因为某些员工担心新环境下的适应问题,以向外流动来躲避因两种企业制度在整合时产生的摩擦而引起的。而关键人才的大量流失等于宣告并购的破产,企业文化整合也就无从谈起。因此,留住人才、稳定人才从而减少因并购而引起的人员震荡,就成为企业并购中文化整合管理的一个不可或缺的内容。这就要求并购企业在文化整合管理的过程中制定一个稳定人力资源的政策。一是明确对人才的态度。并购企业对人才的态度将会影响被并购企业员工的去留。如果并购企业重视人力资源管理,被兼并企业人员将会感到继续发展机会的存在,自然愿意留任。二是并购企业还应采取实质性的激励措施。若有更好的任用条件,被兼并企业人才必然愿意留任。因此,详细的人才留任措施常常成为收购协商中并购双方关注的焦点。

(五)建立文化整合反馈机制

人们的思想是一个由认识到实践,再认识、再实践的循环往复的过程,文化形成过程也是一个从感性到理性的不断反复、不断循环的渗透过程。为保证渗透循环过程的不断升级,并购企业就要建立文化整合的反馈机制,对文化整合循环过程的主要环节进行有效的监控,随时发现问题,及时纠正文化偏差,找出阻碍文化传播与形成的主要问题,使文化整合得以顺利进行。

（六）加强企业文化整合培训

培训是公认的实现文化整合的一项基本手段。伦纳德·南德勒早就指出，跨文化培训应当是文化整合过程中人力资源发展的重心所在。跨文化培训的主要内容有对文化的认识、文化的敏感性训练、语言学习、跨文化沟通及冲突处理、地区环境模拟等。这类培训的具体目的主要有：第一，减轻外派经理可能遇到的文化冲突，使之迅速适应当地环境并发挥正常作用；第二，促进当地员工对公司经营理念及习惯做法的理解；第三，维持组织内良好稳定的人际关系；第四，保持企业内信息流畅及决策过程的效率；第五，增强团队协作精神与公司凝聚力。

小案例 1

技研新阳企业文化整合的实践

近年来，随着改革开放的不断深入，中国企业国际化的步伐越来越快，如何管理不同地域、不同文化下的组织和人员，已经成为摆在企业面前的一道难题。技研新阳（以下简称新阳）是日本爱电集团在华设立的全资子公司，公司总经理郭文英认识到：100 人的管理，可以依靠核心团队的身体力行；1 000 人的管理可以依靠制度；而 10 000 人的管理则只能靠文化。在此背景下，普智经盛管理咨询（中国）有限公司协助新阳有限公司进行了企业文化体系的重塑和系统化实施方案的导入，为跨文化管理公司的企业文化整合树立了标杆。

（一）跨文化管理企业的文化困惑

1994 年至今，新阳从当初的 300 多人的公司迅速发展到今天人员规模过万、年收入达数十亿的企业，并成为松下、东芝、索尼、兄弟、理光、柯尼卡、美能达等几十家电子行业巨头和世界知名企业的战略合作伙伴。但在经历了一段持续的高速增长和发展后，新阳内外部环境都发生了急剧变化，由于原有的优秀文化没有进行提炼和很好的继承，新的文化因素没有进行有效的融合，从而使得企业文化不仅没能成为指引企业前进的动力，反而滞后于企业发展，并正逐渐成为制约企业发展的阻力。

1. 文化冲突

一方面，作为一家全面实施本土化管理的日资企业，新阳从管理层到基层的员工基本都是本土化的中国人，因而无论从管理的风格、员工的普遍价值观上都体现着中国传统文化的特点；另一方面，作为一家全日资代加工企业，其文化的形成又不可避免地受到日本文化的影响。

虽然同属于儒家思想影响下的两种民族文化，日本管理文化与中国管理文化所体现出来的员工思维模式和行为方式存在着较大的差异。中国人所固有的灵活、应变与日本人固有的严谨、执著往往会使得他们对于同一件事情产生完全相反的判断，进而产生一些不必要的误会和冲突，且这些矛盾和冲突随着企业的发展而逐步增大。

2. 文化变革

随着新阳战略变革的加快，新阳正由爱电集团下属的一个单纯代加工生产厂向一个集研发、营销为一体的代加工制造商转变。公司战略的变革使得原有的人力资源体系及旧有的企业文化难于支撑公司新一轮的发展和变化，由此，以创新为代表的研发理念和以激情为代表的营销理念需要在新的企业文化理念中得以补充和完善，以使得企业文化真正成为支撑企业战略变革的有力武器，支持企业可持续发展的动力源泉。

尽管经过十多年的飞速发展，新阳已经取得了骄人的成绩，但是，在这十多年中，电子代加工行业正在发生翻天覆地的变化，传统的依靠质量取胜的企业理念已经不足以支撑企业更进一步的发展。行业发展的关注点已经从质量取胜逐渐向以质量为根基、以效率和成本为保障的方向发展。由此，新阳企业战略的发展必须符合行业发展潮流，而企业文化作为企业可持续发展的原动力，必须随企业战略的变革而变化。

3. 文化衰退

在新阳的创业初期，企业为了生存和发展，把时间和精力都放在了产品质量的提升以及工艺和流程的改进上，对于企业文化的关注不够，这就直接导致了新阳在创业阶段所沉淀下来的优秀文化的衰退。

此外，随着企业人数和规模的迅速增大，“80 后”员工的大量加入，外来文化与公司固有文化之间的冲突加剧，在公司固有文化没有进行很好的提炼和继承的情况下，外来文化的进入进一步加剧了原有优秀文化的衰退。

（二）跨文化管理企业的文化提炼

新阳跨文化管理的特点及所面临的较为复杂的战略环境决定了新阳在进行文化提炼的时候不能只是单纯地对新阳原有的文化进行传承，还需要从中日民族文化特征及新阳未来的战略发展方向中进行综合的探索和提炼。

1. 继承优秀的中日民族文化

民族文化在很大程度上影响着员工的思维意识和行为模式，影响着企业的管理模式。对于具备中、日跨文化管理特征的新阳而言，应融合两种民族文化的优秀部分。普智经盛管理咨询公司将日本文化中的敬业、执著、团队意识等融入现有的文化理念体系，以解决现有的文化冲突，实现中、日文化有机的融合。

2. 传承已有的新阳优秀文化

文化的提炼首先是传承已有的优秀文化。在10多年的发展历程中，新阳积累了许多优秀的文化传统、文化理念，如：付出先行、关爱、客户第一、质量取胜等观念已经深入人心，由此，普智经盛管理咨询公司深入挖掘新阳已有的优秀文化，并在此基础上结合企业的现实情况赋予其更为丰富的文化内涵，这是文化提炼的工作重点。

3. 补充战略发展所需要的文化

目标带动战略，战略驱动文化。企业必须确立目标，进而达成目标，达成目标需要战略支持，战略支持需要信念引导。基于此，对新阳企业文化的提炼，在传承原有文化，继承优秀的民族传统文化的基础上，普智经盛管理咨询公司根据企业战略发展的需要，补充和强化未来发展需要的文化要素，如：创新、成本、效率理念等，以使得新的文化体系能为企业战略的发展提供必要的支持。

（三）跨文化管理企业的文化落地

1. 文化管理化，把支部建设到班组上

作为组织中最小的单位，班组文化的培育是企业文化建设的重点，而班组文化建设也是近年来国内外众多中大型企业所关注的热门。而作为一个人数规模过万的大型企业而言，能否把文化落地到班组中，以培育出优秀的班组文化是判定新阳企业文化能否真正落地的关键。

把支部建在连队上。通过借鉴把“支部建到连队上”的做法，新阳创造性地把企业文化支部建到了班组上，通过本部级、部门级、科级到最终班组级的企业文化推进机构的建立，确保每个班组都有企业文化指导员。

把导师植入员工中。一支强大的企业文化导师队伍的建立是企业文化最终得以宣贯到位的保障，由此，普智经盛管理咨询公司提出了建立“十百千人”的企业文化导师计划，即10名部级企业文化导师，100名课级企业文化导师，1 000名班/组级企业文化导师。由部级企业文化导师培训课级企业文化导师，再由课级企业文化导师培训班组文化导师，这种层层递进的培训方式确保文化能及时、准确地宣传到每位员工心上。

2. 文化体系化，把理念根植于心灵上

企业文化建设必须是虚实结合。自企业文化引入国内后，许多进行企业文化建设的企业在企业文化活动的开展上做了许多实践，但是就如何导入系统化的企业文化实施体系，以使得文化理念真正扎根于员工的内心深处还处于摸索阶段。

普智经盛对于新阳企业文化实施体系的导入按照3大阶段，25项工程，从宣传、培训、活动、研讨、仪式、形象、行为、制度、英模和故事这10大方向进行深耕细作，以实现企业文化与企业的实际工作、员工的日常工作生活相结合。

3. 文化行为化,把文化落实到行为上

文化如何落实到行为一直都是企业文化建设领域的重点和难点,也是广大企业文化从业者所面临的最为头疼的一个问题,因为,如果解决不了文化行为化的问题,企业文化无法落地到员工行为的话,企业文化理念就成为了空中楼阁,成为“中看不中用”的花架子。

对普智经盛企业文化重点研究领域之一的员工关键行为规范,经盛有着自己独特的运作方式,即基于核心价值观的员工行为规范分解和提炼。所谓关键行为规范就是基于企业文化理念所分解出来的具有企业特性的行为特征,关键行为规范区别于一般意义上的基本礼仪规范或是员工一般行为规范,它主要表现在其独特性、操作性和统一性上。

关键行为规范的分解、提炼和落实是塑造特色企业行为、形成统一的员工形象的重要手段,通过行为规范引导员工朝公司核心价值观所倡导的方向努力,最终使文化成为员工行为的指引和行动的指南。

4. 文化制度化,把文化固化到制度上

文化能否获得持续的推动力和强大的执行力的关键在于文化能否制度化,而文化制度化的关键即核心价值观制度化。通过核心价值观的制度化将企业文化固化于制度当中,可以防止文化在制度上的模糊性导致的文化和制度都流于形式,文化得不到执行、制度得不到认可等现象。

文化与招聘协同:建立文化关,把好招聘第一关。有什么样的企业文化,直接决定了企业需要招聘什么样的人才,而文化素质测评是把好招聘关口、招聘到符合新阳文化需要的主要手段。由此,新阳提出了三关的招聘方式:第一关是文化关,即文化素质的测评;第二关是技能关;第三关是专业关。只有通过了文化关的应聘人员才能继续闯关。

文化与培训协同:进行文化素质培训,提升员工对文化的认知。进行文化素质测评,选对符合企业文化需要的人才只是提升招聘效率、保持公司的主流文化不至于逐渐衰减的第一步,要使新阳文化为广大的职工所认同,还需要建立完善的企业文化宣贯体系,对于员工的文化素质进行持续的系统化培训,不断强化员工对于新阳文化要素、核心价值观的理解和掌握程度,才能有助于员工更好地去以核心价值观来指引自己的工作,规范自己的行为。

文化与绩效协同:设定文化考核指标,激发员工工作激情。在原有的强调绝对定量的 KPI 指标基础上,融入软性的企业文化指标(CBI)。通过采取 KPI 和 CBI 相结合的方式,简化考核过程,强化团队绩效和激励,把职工个人的绩效与部门(团队)绩效和公司绩效融为一体,使得绩效管理成为真正意义上的文化制度化的有力武器,成为企业战略目标得以分解和落实的有效工具。

文化与晋升协同:进行文化素质等级考试,把好晋升第一关。要使企业文化真正地深入到员工内心和落实到行动上,还得从员工的日常行为上进行检验。由此,新阳建立了企业文化等级考试制度,即按照素质模型中的素质描述对员工的日常行为进行测评。企业文化等级考试制度的建立把企业文化素质测评结果与员工的晋升相挂钩,使得企业文化成为员工晋升的必备条件。

本章思考题

1. 什么是企业文化? 它包括几个层次?
2. 美国民族文化及企业文化有何特征?
3. 日本民族文化及企业文化有何特征?
4. 德国民族文化及企业文化有何特征?
5. 中国民族文化及企业文化有何特征?
6. 跨国企业文化的冲突有哪些特点? 表现在哪些方面?
7. 跨国企业文化冲突的成因是什么?
8. 跨国企业文化冲突会带来那些后果?
9. 什么是企业文化整合? 企业文化整合的内容、原则是什么?
10. 企业文化整合分为哪几个阶段?
11. 企业文化整合有哪些模式?
12. 简述企业文化整合的实施过程。

本章思考案例

戴姆斯—克莱斯勒的合并

德国戴姆斯—奔驰汽车公司与美国克莱斯勒汽车公司曾于1998年5月合并,组建了戴姆斯—克莱斯勒汽车公司。在短短的三年合作中,克莱斯勒股价就暴跌一半以上,并在2002~2004年裁员26 000人;更强引人注目的是,在合并之初,克莱斯勒上层管理人员纷纷"跳槽",导致大量高层管理人员流失。如:曾使克莱斯勒脱离困境的原董事长卢茨(Lutz),业绩显赫,但在合并之初就离开了克莱斯勒,以摆脱日后的麻烦 。于是,伊顿(Eaton)在合并之时成为戴姆斯—克莱斯勒汽车公司双董事长之一,但他于2000年5月提前一年退休,导致德方董事长一统天下,克莱斯勒原总部经理吉姆·霍尔登(Jim Holden),由于不能使克莱斯勒公司的管理与戴姆斯总部融合而被德方总经理蔡澈(Zetsche)取而代之,于是克莱斯勒完全成为戴姆斯的一部分。

斯道坎姆(Stallkam)是吉姆·霍尔登的前任总经理,他在卸任之后坦言:“我们不能忽视不同文化在管理中的影响。”他说,他在董事会上曾提出:“一个成功的合并公司必须抛弃各自的企业文化,应该创建双方都可遵循的一种文化。然而,我们没能整合两种文化,形成强强联合,反而一直在争论该选择哪家企业文化作为新企业的企业文化。”

案例思考题

戴姆斯—克莱斯勒合并失败的根本原因是什么?

第九章　跨文化商务交际能力培训

引入案例

三一集团用培训解决跨文化沟通的难题

经过23年的发展，三一集团已从一家由4名大学生创办的乡村小厂成功跻身全球500强企业，成为中国最大、全球第六的工程机械制造企业。“用国际化资源提升国际化的三一”成就了三一集团的飞速发展且开创了独具特色的国际化之路。

目前，三一集团的产品已销至全球100多个国家，并在美国、德国、印度等地投资建厂。在6万多名在职员工中，7位外籍员工（不含华裔）已成为公司高层领导，超过1 000位外籍员工分布在不同的岗位上。2011年，三一集团（以下简称三一）的足球联赛中也已出现外籍员工的身影。

（一）文化差异导致管理难题频现

在国际化进程和跨文化管理过程中，三一不可避免地遇到了因文化差异而带来的问题。例如，三一印度分公司的一名中方高管在分配工作时，习惯性地由工作秘书进行传达，这遭到印度高管的投诉，原因是印度的种姓制度让高管们认为工作不应该由一名秘书进行传达。

在三一德国，中国员工习惯发散思维，而德国员工习惯直线思维，这种思维上的不同也导致了工作方式的差异性。此外，三一在其他国家的产业园也相继遭遇文化差异带来的管理难题，往往致使中方员工习惯性地聚成一团，中方与外籍员工之间缺乏必要的沟通与交流，导致双方在工作中的合作越来越困难。

（二）用培训解决跨文化沟通的难题

为了促进中外员工相互了解、化解跨文化人才管理和培养的难题，三一特地邀请知名咨询公司量身打造了一个跨文化交流培训项目，旨在提升不同国籍员工交流沟通与相互理解的能力，提升员工的文化认同度。

该项目由三一美国和人力资源总部于2011年9月启动。中国区项目分为三个阶段，分别是跨文化内部讲师培训、跨文化理论培训与中美文化交流。

1. 跨文化内部讲师队伍培养

如何有效提升员工的跨文化工作能力？三一首先从内部讲师入手。只有培养出一批合格的教授跨文化课程的内部讲师，才能提高对不同地域员工的培训效率。基于此，三一首先针对美国、印度、德国、巴西分公司和长沙地区的跨文化内部讲师进行了为期十天的培训。

此次培训旨在提升内部讲师的跨文化课程设计能力以及培训素材的搜集能力。此外，还要训练讲师的培训技巧，以及对授课效果评估工具的使用能力。

通过短短几天的学习，让公司内部讲师掌握了引导式的授课技巧，并学会如何设计跨文化课程及培训工具，有效地提高了其自身的授课水平和自信心。

2. 跨文化理论知识的提升

为了让学员全方位了解跨文化交流的理论知识，学会在不同文化背景下的沟通策略，掌握解决跨文化交流问题的有效途径，三一在长沙地区各单位挑选20名与美国有业务联系的员工，进行了为期两天的跨文化理论知识培训。

鉴于此次培训的基础性和实用性，培训范围覆盖了研发、营销、制造、商务等多个体系，主要向学员讲授如何打造成功的国际化团队以及如何提升国际化领导力。同时，课程针对中美文化的理解误区与学员进行了探讨，对霍夫斯泰德的五大文化维度和跨文化交流的四步法进行了深入的学习。

其中，跨文化交流四步法不仅解决了中美学员们的实际问题，也适用于解决中美之外的其他文化交流问题。通过跨文化理论知识的学习，大大提升了学员的跨文化理论知识水平。

3. 中美文化交流培训

除了以上对员工的跨文化理论知识培训，三一还注重给学员提供实践的机会，中美文化交流培训即是很好的尝试。此次培训旨在提升学员对跨文化交流技巧的现实应用能力，提高学员个人的跨文化交流素质，并且让学员学会在虚拟场景中设计跨国谈判的策略。

在学习中，学员与公司领导一起讨论三一国际化的现状、目标和挑战，三一还为学员专门设计了毕业讨论课题，即为三一的国际化进程出谋划策。

此次跨文化交流与培训分为三个阶段，采用小组讨论、情景模拟、高层采访、团队建设、体会分享等多样化的培训手段，教学方法新颖，极大增强了学员学习的积极性。同时，培训内容也具有很强的适用性，让学员能够真正学以致用。中外学员在课堂中积极交流，相互学习，建立了良好的合作关系，有利于学员后续的工作与交流。

培训项目结束后，94%的中外学员反映，通过学习与交流，加强了相互理解，为后期的工作交流创造了良好的氛围，提高了他们对跨文化交流的信心，也增加了对三一文化的认同度。

三一集团的案例说明，跨文化商务交际能力的提升是可以通过培训和学习实现的。对于商务人士来说，关键是增强文化意识，深入了解各国不同的文化，并学会尊重各自的文化，提高跨文化交流、合作的技巧，化解日常工作中由文化差异而引起的危机。

第一节　跨文化商务交际能力的内涵和构成

一、跨文化交际能力的内涵

跨文化交际学是一门新兴学科，国外学者在跨文化交际能力方面的研究成果颇为丰富。鲁本（Ruben）认为："交际能力是指以与具体环境中的个体的需要、能力、目标和交际期待基本一致的方式进行交际的能力，同时也要满足交际者自身的需要、能力、目标和交际期待。"迈克尔·拜拉姆（Michael Byram）认为："跨文化交际能力要求学员获得跨文化交际方面的知识、技巧、态度和客观评判型的文化意识。"金（Kim）对跨文化交际能力做出更为具体的界定："跨文化交际能力是个体所具有的内在能力，能够处理跨文化交际中的关键性问题，如文化差异、文化陌生感、本文化群体内部的态度，以及随之而来的心理压力等。"

综合上述观点，笔者认为：跨文化交际能力是指进行成功的跨文化交际所需要的各种能力和素质。

二、跨文化交际能力的构成

对于跨文化交际能力构成要素的研究是培养跨文化交际能力的重中之重。许多跨文化交际学领域的专家都对这一问题有所涉猎。

（一）金永运的三维度理论

金永运（Yong Yun Kim）是跨文化交际研究领域杰出的学者，他运用社会心理学、应用语言学和社会学方法，把影响跨文化交际能力的因素结合起来，形成一个新的跨文化交际能力模式。他认为，跨文化交际能力由认知能力、情感能力和行为能力构成，三者相互联系、相互影响，不可分割。一个认知能力强的交际者，如一个熟练掌握目的语、熟悉目的语文化的人，在情感层面上，与目的语文化交流的动机更强烈，表现出积极的交际态度；同时，情感上对目的语文化持积极态度，学习目的语和目的文化的动机强烈，通过掌握目的语交际系统——语言和非语言促进了认知能力的发展，在行为上则会表现出良好的交际技巧。

1. 认知能力

跨文化交际的认知能力要求交际者具有能够理解并破译不同语言和非语言编码的能力,它具体包括三方面的能力:第一,掌握目的文化的交际体系。这里的语言不只包括语言知识还包括语用知识。语用知识能够帮助交际者得体地使用语言,如:以对方习惯接受的方式表达赞扬、邀请、拒绝等意图和情感。第二,文化理解。理解文化是一个浩大的工程,要求互动者了解其历史、政治、宗教、价值观等方面的知识。第三,认知综合能力。即整合信息的能力,在此基础上互动者能形成一种心理倾向,能够辨别本族文化和其他文化的细微差别。

2. 情感能力

情感能力是跨文化交际能力的重要组成部分,要求交际者具有跨文化交际意识、尊重其他文化、克服民族中心主义和种族主义等交际障碍的能力。情感能力具体包括三方面内容:第一,适应动机。指的是互动者在跨文化交际语境中适应异文化系统的主动性。第二,身份弹性。身份弹性是一种基本的社会心理定位,涉及主体对自身、自身文化和目的文化的尊敬,即主体是否愿意改变其建立在原有文化体系中的行为模式和习惯。第三,审美情绪。审美情绪指交际者在跨文化语境中的交际行为是否符合目的文化的审美习惯。

3. 行为能力

跨文化交际能力指主体能与不同文化背景的个人或者群体进行有效沟通的能力。交际是一种行为,交际能力体现在具体交际行为中,所以跨文化交际的行为能力是跨文化交际能力的最终体现。跨文化行为能力包括三方面内容:第一,技术能力,包括基本的语言技能、工作技能、学术技能等一切能够获得有用信息、解决不同问题的技能。第二,协调能力,指交际者能够以得体的举止与当地人和谐相处的能力。第三,应对变化的策略能力,指交际者能够克服文化差异,运用合适的交际策略解决问题、实现交际目标的能力。这三种能力参见图 9-1。

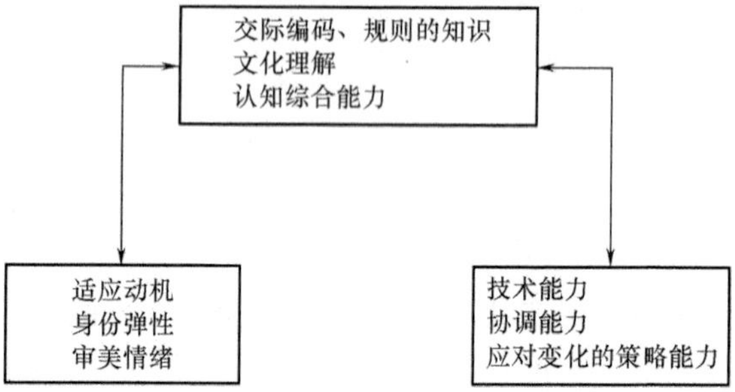

图 9-1　跨文化交际能力构成要素的关系

（二）朱迪思·马丁与托马斯·中山的四维度理论

朱迪思·马丁（Judith Martin）与托马斯·中山（Thomas Nakayama）在长期研究的基础上提出一种新的跨文化交际能力模式，包括知识因素、情感因素、心智活动特征和情境特征四个要素。

1. 知识因素

跨文化交际能力中的知识因素指交际者对交际对象所在文化了解的程度，交际者了解对方文化越多，其跨文化交际能力就越强。交际者应该了解目的文化的价值观念和信仰，了解交际对象来自何种文化模式，掌握目的语文化的语言和非语言交际的特点。

2. 情感因素

跨文化交际中的情感因素指交际者对待来自不同文化的交际对象和跨文化交际行为的态度是接近还是疏远，其重要特点是对跨文化交际活动产生的焦虑，即因正在进行的或预期进行的跨文化交际活动所产生的恐惧和焦虑心情。跨文化交际焦虑程度高的人倾向于避免与来自于外来文化的人交际，在他们眼里，那些人都是行为奇特的"他者"，对"他者"奇特行为的不理解使他们觉得紧张、焦虑，并因此躲避交际。

3. 心智活动特征

跨文化交际能力中的心智活动因素是知识和情感因素的体现，内容包括语言和非语言表达以及角色扮演。语言表达指个体如何运用语言。非语言表达也是重要的心智活动之一。交际者要注意对方文化中肢体语言、时间语言、颜色语言、空间语言、辅助语言等非语言符号的细微差别。角色扮演与语境有关，指交际者在目的文化中如何根据自己的角色身份得体地使用语言和非语言符号。文化是社会角色的行为规范，不同文化对同一社会角色言行的期待不同。跨文化交际者应了解目的文化对自己所扮演角色的期待，并调整自己的行为模式，使自己的言行符合目的文化的要求。

4. 情境特征

跨文化交际能力的第四个因素是发生跨文化交际的真实情境。影响跨文化交际能力的情境特征包括环境语境、预先接触、地位差别和第三方的干扰等。

环境对交际的影响很大。某些环境承载的文化信息量很大，在这样的环境中，交际者很容易感到紧张，从而影响到语言和非语言表达。例如，日本的茶道是一个文化内涵很深的仪式化的活动，而不仅仅是大家在一起喝茶的活动，美国人由于不了解茶道的内涵和程序，在整个茶道仪式中感到莫明其妙和无所适从，那么他下一次参加茶道的动机就会减弱。

与目的文化是否有过预先接触对提高跨文化交际能力的意义重大。如果个体在出国前曾经与目的文化的人有过接触,那么其发展跨文化交际能力要相对容易些。

人们所扮演的社会角色存在社会地位差别,不同文化背景的人们对社会地位有不同的认识,在权力距离高或权力距离低的不同社会,人们往往对与自己平等、低于或高于自己的人在情感态度和言行上表现出不同取向。

第三方的干扰或参与也是改变交际情境的因素之一。第三方的出现可以改变你在交谈中的地位,如:你的上司加入你和同事之间的谈话,你就要注意当前的话题是否得当,并调整语言和非语言表达方式。

(三)迈克尔·拜拉姆的欧盟模式

迈克尔·拜拉姆(Michael Byram)的欧盟模式认为,跨文化交际能力的主要构成要素主要表现在如下方面。

1. 跨文化交际的态度

互动者对文化问题要保持好奇和开放的态度,不再对其他文化和自身文化持怀疑态度。这就意味着,他或她愿意去比较客观地描述自身的价值观、信仰和行为,而且不再假定它们是唯一的和绝对正确的,能够客观地从其他文化的角度看待自身的价值观、信仰和行为。简单地说,他或她不再将自身的文化看做是“中心文化”。

2. 知识

知识是指社会群体的成就性“产品”和自身文化或其他文化的行为规则,以及社会交际和个体交际的具体过程。因此,知识包括两大要素:社会交际过程的知识和解释这些社会交际过程和产物的知识,后者包括他人如何认识你和你对他人的认识与理解。

3. 解释与讲述的技巧

互动者能够从自身文化的角度来解释或者讲述其他文化的文献或事件。

4. 发现和互动的技巧

互动者能够习得文化和文化实践中的新知识并且运用这些知识、态度和技巧来处理实际交际中互动上的一些问题。

5. 客观评判型的文化意识

互动者能够根据来自自身文化和其他文化的外在显性标准、洞察力、实践和结果来客观评判文化问题。

(四)鲁本的七维度模式

鲁本(Ruben)提出了跨文化交际情境中使个体能够有效交际的七大行为要素。

1. 尊重

个体显示出对他人价值和潜在价值的高度尊重。

2. 互动中的姿态

在沟通中,个体以一种描述性而非评价性的态度来回应对方。

3. 对知识的取向

个体只将自身的知识与认知看作个人的知识而非四海皆准的知识。

4. 移情

个体能设身处地从对方的情况入手考虑问题,争取达到“将心比心,感同身受”。

5. 角色行为

个体在特定的群体情境中完成相关的任务与扮演相关的角色。

6. 互动中的管理

个体能适当调控沟通对象的互动表现。

7. 对模糊性的容忍

个体能够适应与预期不同的模糊情况,能够对其充分容忍而不感到过分的不适。

(五)M. 拜拉姆和 G. 萨拉特的理论

M. 拜拉姆(M. Byram)和 G. 萨拉特(G. Zarate)认为,社会文化能力或者说跨文化交际能力由四种不同但相关的能力构成,它们分别是处世能力、沟通能力、知识体系和运用能力。

1. 处世能力

处世能力是一种面对外族文化时能放弃民族中心主义的态度和感知的情感能力,是一种建立和维持本族文化与外族文化之间的联系的认知能力。

2. 沟通能力

沟通能力是一种建构和使用一套用于揭示一些至今仍未为人所知的、属于人们熟悉的或不熟悉的语言或文化的意义、信仰、文化实践的诠释体系(system inter－practice)的能力,即懂得用什么方法来诠释相远或相近的语言文化环境或者已知的语言文化中出现的新现象。

3. 知识体系

知识体系是一个文化参照物体系,它由在语言和文化学习中习得的显性和隐性的知识构成。这就是我们通常所说的语言、文化和礼仪知识。

4. 运用能力

运用能力是一种在已建立的双文化接触的特定情境里,整合处世能力、沟通能力和知识体系的能力。

(六)贾玉新的理论

国内学者贾玉新总结出四类交际能力系统,包括基本交际能力系统、情感与关系能力系统、情节能力系统和策略能力系统。

1. 基本交际能力系统

基本交际能力是由交际个体为达到有效交际所应掌握的包括语言能力在内的、与社会或文化规范相关的交往能力所组成,包括语言和非语言行为能力、文化能力、相互交往能力和认知能力。其中,文化能力是相关的交际知识,包括:与作业程序相关的知识;信息获取的技能与方略;处理不同的人际关系、扮演不同的社会角色、承担不同的社会身份、处理不同的情景和场合的能力;具备交际者所具备的素质,如自我调节、对文化差异高度敏感、对非语言行为有高度的意识性;对交际文化取向、价值观念、世界观、生活方式等知识的了解;相互交往能力是人际交往能力,包括:语言行为能力、语言的社会功能、语言对情境的适应性规则的掌握;交往规则或语用规则:会话合作原则,人际交往礼貌及面子原则和方略,语篇组织规则(话题及其组织语篇的功能,说话顺序:入场、交往、退场、如何开始和如何结束谈话等),话轮结构,毗邻对偶结构,衔接与连贯;认知能力强调认知的心理过程:描述→解释→评价。

2. 情感和关系能力系统

情感能力主要指移情能力,即交际者认同和理解别人的处境、感情和动机;关系能力需要交际者在交往中使用正确的交际策略。

3. 情节能力系统

情节是某一特定文化环境中典型的交往序列定势,具体情节中都有一套独特的语言和非语言规则。

交际者至少应该具备四个方面的情节能力:第一,在具体情节中达到人们期望的能力。期望指某一文化中人们所具备的常识性知识,是指导行为的脚本。第二,在特定情节中,交际者要达到某一目的,并尽一切努力去实现的能力。第三,遵循特定情景中的交往规则的能力,包括如何开始谈话、结束谈话、对对方做出反应等。第四,正确应对社会情节,即在由一切日常会话中反复出现的话题、惯例和礼仪性的会话行为组成交往的场景中得体应答的能力。

4. 策略能力系统

策略能力指交际者因语言能力问题或语用能力问题没有达到交际目的,而采取的补救措施或策略。策略能力是交际能力的重要组成部分,包括:第一,语码转换策略。指当语言局限表达时可在双方共享的语言中选择转借词。第二,近似语策略。指用近似语来弥补因语言能力不足带来的词语或语篇空白,包括笼统化、释意、创造新词语、重新组构等。第三，合作策略。指交谈双方共同努力利用彼此已有的语言知识、文化知识解决交流障碍。

小测试

跨文化交际能力问卷

第一部分：学生的基本信息

1. 你的专业？（　　）

A. 文科　　B. 理科

2. 你的性别？（　　）

A. 女　　B. 男

3. 你来自哪里？（　　）

A. 东北省份　　B. 西南省份　　C. 西北省份　　D. 东南省份

4. 你对外国文化感兴趣吗？（　　）

A. 感兴趣　　B. 有点兴趣　　C. 非常感兴趣　　D. 不感兴趣

5. 你关注外国文化产品（例如电影、小说、电视节目等）。（　　）

A. 经常　　B. 不经常　　C. 有时　　D. 从不

6. 你是否认为学习跨文化交际能力是必须的？（　　）

A. 是　　B. 不是　　C. 有一点　　D. 不知道

7. 学习跨文化交流将会给你带来的帮助。（　　）

A. 学习英语　　B. 学习关于外国文化的新知识

C. 有利于未来的应聘以及工作　　D. 不知道

8. 你认为我们有很多机会涉及跨文化交际吗？（　　）

A. 有　　B. 没有　　C. 不确定

9. 你有在国外的经验吗？（　　）

A. 有　　B. 没有　　C. 未来可能有

10. 你喜欢这门课程吗？（　　）

A. 喜欢　　B. 不喜欢　　C. 没有意见

第二部分：世界观的影响和对文化多样性的接受程度

11. 人们拥有不同的世界观。（　　）

A. 同意　　B. 不同意　　C. 不发表意见

12. 认知受文化的影响。(　　)

A. 同意　　B. 不同意　　C. 不发表意见

13. 在不同的文化中,同一件事情有不同的含义。(　　)

A. 同意　　B. 不同意　　C. 不发表意见

14. 同一个词在不同文化的含义会产生误解以及问题。(　　)

A. 同意　　B. 不同意　　C. 不发表意见

15. 谈判的意义很重要。(　　)

A. 同意　　B. 不同意　　C. 不发表意见

16. 所有的跨文化沟通是没有问题的。(　　)

A. 同意　　B. 不同意　　C. 不发表意见

17. 在今天的工作生活中,容忍差别的存在是必须的。(　　)

A. 同意　　B. 不同意　　C. 不发表意见

18. 由于全球化的进程加快,跨文化能力显得越来越重要。(　　)

A. 同意　　B. 不同意　　C. 不发表意见

19. 跨文化培训的一个主要目标是开发一个多元的世界观。(　　)

A. 同意　　B. 不同意　　C. 不发表意见

20. 在没有过度的焦虑和压力的状况下,能够容忍差异是重要的。(　　)

A. 同意　　B. 不同意　　C. 不发表意见

第三部分:方法和回避倾向

21. 别人与外国人接触是可以的(　　)。

A. 同意　　B. 不同意　　C. 不发表意见

22. 我和外国人接触是可以的。(　　)

A. 同意　　B. 不同意　　C. 不发表意见

23. 我想与外国人有更多接触。(　　)

A. 同意　　B. 不同意　　C. 不发表意见

24. 外国邻居是友好的。(　　)

A. 同意　　B. 不同意　　C. 不发表意见

25. 邻居的国籍不重要。(　　)

A. 同意　　B. 不同意　　C. 不发表意见

26. 如果我的家庭成员与外国人结婚,是可以的。(　　)

A. 同意　　B. 不同意　　C. 不发表意见

27. 我可以嫁给一个外国人。(　　)

A. 同意　　B. 不同意　　C. 不发表意见

28. 我配偶的国籍不重要。(　　)

A. 同意　　B. 不同意　　C. 不发表意见

29. 和对方的文化差异越大,我们越难接受他/她。(　　)

A. 同意　　B. 不同意　　C. 不发表意见

30. 我不想和外国人有任何来往。(　　)

A. 同意　　B. 不同意　　C. 不发表意见

第四部分:对生活在中国的外国人的偏见

31. 在中国,存在种族主义。(　　)

A. 同意　　B. 不同意　　C. 不发表意见

32. 种族主义是民族中心主义,而不是种族歧视。(　　)

A. 同意　　B. 不同意　　C. 不发表意见

33. 自鸦片战争以来,中国人对外国人一直有钦佩感。(　　)

A. 同意　　B. 不同意　　C. 不发表意见

34. 在中国的媒体中,有太多的外国电影和电视节目。(　　)

A. 同意　　B. 不同意　　C. 不发表意见

35. 外国人要求平等是不合理的。(　　)

A. 同意　　B. 不同意　　C. 不发表意见

36. 我不喜欢外国人居住在中国,由于他们和我做相同的工作却得到更多的报酬。(　　)

A. 同意　　B. 不同意　　C. 不发表意见

37. 很多外国人感到自豪,并且对当地人不友好。(　　)

A. 同意　　B. 不同意　　C. 不发表意见

38. 当我与外国人一起时,自我感觉如何?(　　)

A. 优越感　　B. 自卑感　　C. 平等

39. 很多外国人使组织犯罪增加。(　　)

A. 同意　　B. 不同意　　C. 不发表意见

40. 很多外国人传播了艾滋病以及其他疾病。(　　)

A. 同意　　B. 不同意　　C. 不发表意见

第五部分:民族中心主义对抗民族相对主义

41. 我们不需要外国人在中国。(　　)

A. 同意　　B. 不同意　　C. 不发表意见

42. 我用自己的价值观来判断外国人。(　　)
A. 同意　　B. 不同意　　C. 不发表意见
43. 在中国时,我喜欢与中国人一起工作。(　　)
A. 同意　　B. 不同意　　C. 不发表意见
44. 在中国时,我也喜欢和外国人一起工作。(　　)
A. 同意　　B. 不同意　　C. 不发表意见
45. 如果我在国外,我喜欢与外国人一起工作,不喜欢和中国人一起工作。(　　)
A. 同意　　B. 不同意　　C. 不发表意见
46. 如果我在国外,我喜欢与中国人一起工作,不喜欢和外国人一起工作。(　　)
A. 同意　　B. 不同意　　C. 不发表意见
47. 我不知道为什么一些外国人不喜欢中国人。(　　)
A. 同意　　B. 不同意　　C. 不发表意见
48. 外国人的价值观和中国人的价值观一样合理。(　　)
A. 同意　　B. 不同意　　C. 不发表意见
49. 我的同事或同学的国籍不重要。(　　)
A. 同意　　B. 不同意　　C. 不发表意见
50. 我对外国人的态度取决于他们来自于哪个国家。(　　)
A. 同意　　B. 不同意　　C. 不发表意见

第六部分:文化和跨文化交际的概念

51. 我知道对文化概念的不同定义。(　　)
A. 同意　　B. 不同意　　C. 不发表意见
52. 文化包含一定的层次或级别,习俗表示外层文化。(　　)
A. 同意　　B. 不同意　　C. 不发表意见
53. 了解更深层次的规范和价值是重要的。(　　)
A. 同意　　B. 不同意　　C. 不发表意见
54. 除了文化还有其他因素影响人类的行为。(　　)
A. 同意　　B. 不同意　　C. 不发表意见
55. 要了解外国文化,首先我们必须了解自己的文化。(　　)
A. 同意　　B. 不同意　　C. 不发表意见
56. 跨文化能力包含语言能力和社会技能。(　　)
A. 同意　　B. 不同意　　C. 不发表意见

57. 我知道低语境和高语境文化传播之间的差异。(　　)

A. 同意　　B. 不同意　　C. 不发表意见

58. 随着全球化的发展,必须高度重视道德规范文化的差异。(　　)

A. 同意　　B. 不同意　　C. 不发表意见

59. 偏见和种族中心主义等态度是后天学习获得的,因此很难改变。(　　)

A. 同意　　B. 不同意　　C. 不发表意见

60. 规范是解释什么是正确的和什么是错误的一种文化。(　　)

A. 同意　　B. 不同意　　C. 不发表意见

第七部分:跨文化交际的知识

61. 互动听力包括非语言沟通、问问题和使用补白。(　　)

A. 同意　　B. 不同意　　C. 不发表意见

62. 中东人不喜欢遵循时间表,所以那里的企业没有时间表,计划到最后一分钟都可以被改变。(　　)

A. 同意　　B. 不同意　　C. 不发表意见

63. 美国公民可能支持政府从富人到穷人的收入再分配或者为所有人提供工作。(　　)

A. 同意　　B. 不同意　　C. 不发表意见

64. 如果用美国人计算年龄的方法,一个两岁的越南小孩相当于一岁。(　　)

A. 同意　　B. 不同意　　C. 不发表意见

65. 非洲人认为时间是循环的。(　　)

A. 同意　　B. 不同意　　C. 不发表意见

66. 美国人是集体主义者。(　　)

A. 同意　　B. 不同意　　C. 不发表意见

67. 快餐在美国不像在中国那么受欢迎。(　　)

A. 同意　　B. 不同意　　C. 不发表意见

68. 美国文化比中国文化更具侵略性。(　　)

A. 同意　　B. 不同意　　C. 不发表意见

69. 美国文化的价值观比较和谐。(　　)

A. 同意　　B. 不同意　　C. 不发表意见

70. 在公交车上,你会将你的座位让给一位美国老人。(　　)

A. 同意　　B. 不同意　　C. 不发表意见

第二节　跨文化商务交际能力的构成

爱德华·霍尔(Edward Hall)在《The Silent Language》中分析了跨文化交际能力中文化和交际的关系,并最先提出了跨文化交际学与商务之间的关系。

跨文化商务交际学是跨文化交际学的一个分支,它是与跨文化交际学同时发展起来的。

跨文化商务交际是一个十分广泛的领域,它主要是指具有不同文化背景的商务个人或社会团体间的交往,以达到商务经济信息的沟通和交流的目的。跨文化商务交际能力是指在不同的文化背景下,商务人员运用适当的语言和交际策略妥善解决商务活动中的实际问题,以使交际顺利进行的实践综合能力。

在对国际商务人才所应具备的商务交际能力的研究中,美国学者比奇洛(Bigelow)具有重大贡献。比奇洛提出跨文化商务环境下的商务能力应涵盖十个方面:对文化和组织的理解力、适应能力、建立关系的能力、系统和多视角的思维能力、态度、敏感性、语言能力、文化影响下的决策能力、外交能力和跨文化能力。雷恩(Lane)与迪斯特菲诺(Distefano)在回顾了有关全球国际商务战略管理和国际营销领域中急需解决的人力资源能力问题后,强调国际商务管理人才必须具备的能力包括:发展和运用国际商务技巧的能力、管理变化和过渡的能力、在多元文化下进行管理的能力、在各组织结构中设计和运作能力、与人合作的能力、与人沟通的能力和在组织中学习与转移知识的能力。

国内学者普遍认为,跨文化商务交际能力的内容主要涵盖了四个方面:第一,语言,指语法能力、语篇能力和社会语言能力;第二,文化,指具备跨文化意识和正确对待跨文化的态度、学习和比较不同的国家和地区的文化知识和差异、处理文化冲突的能力;第三,交际策略,指为了使交际顺利进行所使用的技能,如回避、释义、求助等;第四,商务知识,指与商务有关的专业知识,包括经济学(贸易实务、金融)、管理学知识等。也有学者提出了更为细化的跨文化商务交际能力模式,即:跨文化思维意识、跨文化知识(包括商务知识)及商务实践。其中,跨文化思维意识是人们对自身、本族文化和异族文化的感知(包括对商务环境中的本族及异族文化的感知)以及对文化现象进行分析、综合、比较和概括的能力,能够理解不同文化背景下人们交际行为的差异,能够对本族文化和异族文化进行比较、归纳异同。跨文化思维意识对商务人士在跨文化商务交际中理解文化差异、解决文化冲突、成功进行商务活动有重要作用。如,商务谈判中,美国人穿着随意,但并不是对该谈判不感兴趣,如果不能理解美国人在谈判中所体现的文化,就会引起商务冲突。跨文化知识主要指跨文化交际知识，包括价值观、社会习俗、宗教、商务知识四个方面的知识，其中价值观又是文化内容的核心，直接影响着人们的生活行为方式。商务活动中，各方的文化价值观会对商务活动的结果造成直接影响。此外，商务知识的学习也是必需的，如商务礼仪、各国谈判方式等。例如，商务接待中，中国接待人员为了让美国外商感到热情，通常会说："You must be tired after such a long journey."对方常常会感到吃惊，甚至感到不高兴，就会这样回答："No，I am fine. I can manage my luggage."此处正体现了美国人个体主义的价值观。商务实践涵盖商务环境中语言交际能力、非语言交际能力和交际策略，强调语言、非语言、交际文化等各种知识的综合、灵活的运用，具体包括：商务活动中使用符合特定文化的社交语言（如问候、道歉等）的能力、非语言交际能力（如身势语、面部表情、眼神、体触、气味、副语言，时间空间等）、商务交际策略（如商务函电写作、商务礼仪、商务谈判、营销策略等）。商务实践是跨文化商务交际能力的重点，所有的知识都需应用于商务实践之中。

基于上述学者的研究成果，结合我们多年的思考，笔者认为，在商务环境中，最重要的跨文化交际能力应当包括六个维度：态度维度、知识维度、情感维度、沟通维度、自我展现维度和管理维度。

第一，态度维度。该维度包括：①对于跨文化商务交际的动机和兴趣；②对于不同文化的积极态度，接受差异的能力；③现实期待；④礼貌、友好、沟通手段；⑤处理不同想法的开放程度和灵活程度；⑥耐心和容忍度；⑦主动精神、自尊和持久度；⑧处理精神压力的能力，保持动机的能力；⑨社会智能。

第二，知识维度。该维度包括：①对于文化差异的常识和注意程度；②对于其他国家及其社会组织的知识；③对于其他文化的规则、模式和习俗的知识；④对于沟通和互动规则的知识；⑤认知综合能力，即接受对他国人行为的解释的能力；⑥有关经济学、管理学方面的理论知识。

第三，情感维度。该维度包括：①文化敏感性；②文化宽容性，即对于其他文化价值观和行为的尊重；③文化情商，即遇到新情况往往能应对自如，能理解不同文化中的细微之处，并轻灵地化解冲突。

第四，沟通维度。该维度包括：①良好的语言掌握能力；②对于不同语言沟通和非语言沟通模式的了解和注意能力；③辨别并有效使用不同沟通风格的能力，对于谈话方式的适应能力；④和来自不同文化的人开始并保持有效对话的能力；⑤避免并澄清误解的能力；⑥反问并有效获取信息的能力。

第五，自我展现维度。该展现维度包括：①为双方建立可以接受的身份的能力；②面对困难时保持冷静和自制的能力；③接受第三种文化角度的意愿和能力；④承认他人需要和愿望的能力；⑤对于文化定势的思考能力；⑥灵活性和适应性。

第六，管理维度。该维度包括：①团队意识；②谈判技巧；③对突发情况快速做出反应的能力；④协同学习；⑤激励技巧；⑥人际关系能力；⑦自信；⑧自立；⑨合作能力；⑩管理文化差异的能力；⑪处理文化冲突的能力。

第三节　跨文化商务交际能力培训的重要性

跨文化商务交际能力培训是一个教育过程，在该过程中，通过开发受训者的认知、情感和行为等跨文化学习能力，从而使得他们能够实现与不同文化背景的人的有效交流，并具备在异文化环境下从事商务活动或进行管理活动的能力。

在跨国企业人力资源管理过程中，对商务人士进行跨文化商务交际能力的培训十分重要，通过培训，可以提升员工的综合素质特别是不同文化环境下的反应和适应能力，强化组织的竞争能力和竞争优势。

一、提升员工的综合素质

跨国企业中，来自不同国家或民族的员工具有不同的文化背景，员工在价值观、需要、态度、行为等方面存在文化上的差异。在企业进行跨国经营中，如果员工缺乏跨文化交流的知识和技巧，文化之间的差异就会导致误解和不必要的摩擦，从而会影响工作效率，最终不利于提高企业的竞争力。因此，跨国公司要想进行成功的跨文化管理，就必须进行跨文化培训。通过跨文化培训，可以提升员工的综合素质特别是对不同文化环境的反应和适应能力，促进不同文化背景影响下员工之间的沟通和理解。

二、强化组织的竞争能力和竞争优势

当今时代，人力资源是一个企业的核心资源，强化人力资源管理已经成为跨国公司竞争的核心。跨文化商务交际能力培训正是在尊重不同国家或民族、地区、组织文化差异的基础上，提高人力资源产出效益的重要手段。通过跨文化商务交际能力培训，可以提高企业的跨文化管理水平，使员工能够尊重、理解、接受乃至欣赏异域文化和风俗；通过跨文化商务交际能力培训，可以减少员工之间由于文化观念不同带来的冲突，加深员工对跨国企业经营理念的理解，保持组织内良好稳定的人际关系；最后，通过跨文化商务交际能力培训，可以提升员工的跨文化知识和技能，积极寻找不同地域中的商业机会，提高企业的竞争优势。

总之，通过跨文化商务交际能力培训，可以提高员工在不同文化背景下的素质，进而提升企业的竞争力。成功的跨文化商务交际能力培训能够使企业改变传

统的单一文化管理的状况，充分发挥各类文化协同的作用，克服文化差异带来的不利影响，使企业在国际竞争中具有更强的竞争力。

当前，跨文化商务交际能力培训正日益受到企业界、教育界的广泛关注，许多公司都开展了自己的跨文化商务交际能力培训项目。日本富士通公司为了开拓国际市场，早在1975年就在美国檀香山设立培训中心，开设跨文化沟通课程，为期四个月。韩国三星公司每年都会派出有潜力的年轻经理到其他国家学习，学习计划由学员自己安排，但是公司提出一些要求，例如：学员不能坐飞机，不能住高级宾馆，除了提高语言能力外，还要深入了解所在国家的文化和风土人情等。通过这样的方法，三星培养了大批谙熟其他国家市场和文化的国际商务人才。通用电气公司在企业内部设立企业学院——“crotonville”管理学院，专门开设跨文化交际课程，前行政总裁杰克·韦尔奇（Jack Welch）每月都要花两天时间亲自到“crotonville”给他的经理们讲课，十几年风雨无阻，“crotonville”成为通用电气全球发展的“引擎”。

跨文化领域的指导也是当今培训行业的一个新的增长点，跨国公司对如何适应文化差异方面的指导和帮助的需求呈现出迅速增长的态势。提供跨文化培训的跨国公司有企顾司（集团）、AMA、DDI等，我国的一些咨询策划公司，如博客中国、磊石等纷纷开展有关跨文化培训的服务项目，甚至一些跨文化培训的专业咨询公司也挂牌成立，如海口博士答跨文化咨询培训有限公司。由此可见，跨文化商务交际能力培训在我国有很广阔的发展前景，适合我国国情的跨文化商务交际能力培训的理论亟待发展。

第四节 跨文化商务交际能力培训的相关理论

一、跨文化能力发展曲线

有效的跨文化素养发展途径要求其培养过程必须符合一定的能力发展顺序。克拉克沃茨（Clark Watts）的跨文化能力发展曲线将跨文化能力发展分为六个阶段：

跨文化能力发展的第一阶段——“质疑”或“无知”阶段。克拉克沃茨把受训者称为“本地专家”。也就是说，受训者具有较表层的文化差异的认识，而他们行事还是以本国文化为标准。在第二阶段——“觉察”阶段，学习者逐渐意识到跨文化差异的存在，同时他们也开始意识到自身的优势和弱点，尤其是跨文化技能的欠缺。到了第三阶段——“理解”阶段，学习者开始深入了解跨文化差异的内涵以及跨文化技能发展的性质和维度。在第四阶段——“合成”阶段，学习者开始将本土文化和异国文化进行融合，这些“二元文化专家”开始掌握以技能为基础的跨文化能力。接着，学习者自然地过渡到了第五阶段——“选择”阶段，这时，学习者又被称为综合者，能够自如地融合两种文化，并结合技能方法构建跨文化能力。到了第六阶段——“能手”阶段，学习者能够利用跨文化能力管理国际贸易项目，达到了一个多元文化“领导者”应具有的能力水平要求。

二、跨文化敏感度发展模式

米尔顿·J. 班尼特（Milton J. Bennett）曾提出了跨文化敏感度发展模式（DMIS），这一模式提供了理解人们经历文化差异的过程，描述了人们如何从不同的文化角度来观察、思考和诠释他们身边发生的事情。这种发展模式在处理文化差异的过程中体现了一系列渐增的敏感性，即通过对差异阶段性的认知和接受，逐渐从民族中心主义中摆脱出来，班尼特把这种现象称为“民族相对主义”（ethnorelativism）。该模式把跨文化敏感度分为六大发展阶段，在连续经过每个阶段后，个体获得了更大的文化理解能力，同时对文化差异有了更为积极的经验。每个阶段的特征如下。

第一，拒绝阶段。拒绝阶段包括：①与来自于自身文化相近似的文化的人交际时，往往感到舒服；②对文化差异大的生活感到焦虑；③没有注意到身边的文化差异现象；④对于与自身不同的个体采取隔离的控制方式。

第二，防御阶段。防御阶段包括：①对关于文化与文化差异的问题，个体执著于自身的看法与情感；②对待与自身文化不同的观点与行为，往往采用不信任的态度；③察觉到周围的文化差异，但是不能够有效地理解这些文化而且对这些文化往往有着比较强烈的消极的文化定势。

第三，差异减小阶段。差异减小阶段包括：①认为来自于不同文化的个体在深层文化上与你相像；②能够意识到周围不同的文化，但是这些知识仅限于对习俗和仪式的认识上；③不再诋毁其他文化；④能够做到“己所不欲，勿施于人”。

第四，接纳阶段。接纳阶段包括：①察觉并意识到自身的文化特点；②将自身的文化看作是经历与理解世界的众多方式之一；③认为其他文化的个体同你自身一样复杂；④认为其他文化中的观点、情感和行为看上去可能不寻常，但是他们的经历与你自身的经历一样丰富；⑤对其他文化更感兴趣，找机会来学习其他文化。

第五，文化调适阶段。文化调适阶段包括：①承认对自身适用的文化价值观多于一种；②能够从其他文化的观点入手来理解和评价自身文化或其他文化的具体情景；③能够主动地调适自身文化的基本行为，使之在与其他文化人们交际时更为得体。

第六，文化融合阶段。文化融合阶段包括：①能够将多种文化观点、意向和行为融合成为你自身的文化身份与世界观；②能够自如地对待文化问题。

班尼特(Bennett)认为，跨文化学习是一个不断进步的过程，在这个过程中有前进或退步的可能，从跨文化敏感度的角度可以衡量跨文化学习所处的阶段。

第五节　跨文化商务能力培训的内容和特点

一、跨文化商务交际能力培训的内容

跨文化商务交际能力培训的主要目的是使来自不同文化背景下的员工了解各国不同的文化，尊重各自的文化并在日常的跨文化环境下能够顺利地展开工作。从知识认知和经验技能的角度出发。我们可以将跨文化商务能力培训分为知识认知类培训、情感情绪类培训和经验技能类培训。

(一)知识认知类

这是跨文化商务交际能力培训的一项基础内容，认知认识类的培训是为了训练个体的思维方式和认知方式。通过培训，受训者更愿意抛弃狭隘主义、偏见和刻板印象等，能根据相关跨文化的知识建立理性认识，接受文化的差异性和复杂性。在跨文化情境中遇到问题，他们更愿意从文化根源来寻找问题，并尝试解决基于文化差异基础上的问题。

知识认知类培训的内容主要包括三项。

1. 文化

文化的概念与内涵、文化的价值模式、特定文化环境的分析介绍等。

2. 文化的影响领域

文化具有广泛的影响力，其中有一些与工作密切相关，如：员工行为、管理风格、决策、行业规范和职能部门等。因此，在培训过程中，根据不同的工作性质和任务特点，要将文化对特定领域的影响告诉受训者。例如：加拿大和中国的人力资源培训就存在较大差异，抛开语言因素，一名在中国非常成功的培训师未必会在加拿大同样受到好评；在美国堪称谈判专家的人到了韩国可能会被认为过于傲慢；一位在日本颇受尊敬的领导到了中国可能会被员工们认为不近人情。此时，他们就需要事先理解文化如何影响授课、谈判以及领导风格等方面的内容。这部分内容与工作息息相关，因而可能直接影响到工作绩效。因此，这方面的内容可以引申出“什么才是适当的行为”，是行为实践的基础和依据。

3. 国际商务方面的知识

这方面的知识主要包括国际贸易的知识、目标国的法律体系等。

(二)情感情绪类

这种培训之所以有必要,是因为直接接触或暴露在异文化中并不会让人们自动地对异文化产生好感。如果人们戴着负面情绪进入异文化,就会感受到焦虑、被歧视或者偏见。由于情绪和人的行为有着密切的关系,所以通过培养积极的情绪,可以改变人们的动机。情感情绪类培训是为了让受训者在情绪、情感和感受等方面对异文化有接受感和愉悦感。

(三)经验技能类

知识认知类的内容主要说明“是什么”的问题,而经验技能类(即行为类)的培训内容则主要解决“怎么做”的问题。知识认知类的内容是行为类内容的基础,行为类则是知识认知类的进一步实践和提升,两者相互联系、相互补充。行为类培训是要把受训者存在于头脑中的知识化为行动,检验其掌握与运用能力的知识。

以行为类为目标的培训是为了提高受训者与异文化的人们互动时的有效性。经过训练,受训者在多文化团队工作时会有更加良好的工作关系,能够理解基于文化差异而发生的冲突,更有可能取得较好的工作绩效。

不同文化背景下人们交往的程度越深且时间越长,其需要掌握的行为技能就越多。这些行为技能中最主要的是跨文化沟通技能。跨文化沟通涉及信息的发出者和接收者属于两种不同的文化。在沟通过程中,信息的发出者如何将信息编码、如何赋予信息以意义,接收者阐释各种信息的条件和解码都受到文化的影响和制约。不同文化的双方其价值观、语言、宗教背景和风俗习惯等文化差异都会影响沟通过程,最终影响到个体的行为。因此,要克服沟通和管理中的障碍,跨文化商务交际能力培训就应该开发行为类的培训,这些技能主要包括:倾听技能、反馈技能、授权技能、冲突管理技能、谈判技能和语言技能等。一些跨国公司如本田公司在国际经营过程中采用全球本土化战略,相当尊重各地的文化差异,视差异为资源,注重跨文化管理,在跨国经营中都摸索出了一套适合自己的跨文化培训的内容。

二、跨文化商务交际能力培训的特点

(一)培训难度大

跨文化商务交际能力培训是为了培养员工对异文化的适应能力。G. 沙默斯指出,绝大多数跨文化商务交际能力培训项目的设计必须围绕以下的目标来进行:

第一,自我意识;第二,文化解读;第三,多样性视野;第四,文化之间的沟通;第五,文化灵活性;第六,文化适应性;第七,建立人际关系的能力。因此,与一般学习课程相比,跨文化商务交际能力培训的难度更大。

(二)抽象性

在实际的培训过程中,很少有专门为了解决文化冲突所实施的培训项目,因此,跨文化商务交际能力培训本身就是一个很宽泛的概念,它往往渗透于各种专题的培训之中。比如:一般的语言培训,它往往包含有对这种语言所从属的文化诠释的内容,因此,从这种意义上理解,它也属于跨文化商务交际能力培训的范畴。再比如:企业组织的各种技能培训,可能也包含了在不同文化背景下处理问题的方法的传授,因此,我们也可以将其归纳到跨文化商务交际能力培训范围之中。这就是说,所谓的跨文化商务交际能力培训本身是很抽象的。跨文化商务交际能力培训的面很广泛,包括从一般的语言培训到旨在促进各种文化交融的培训项目等。

(三)多样性

跨文化商务交际能力培训可以从消弭各种文化冲突的多种角度来实施,主要包括三个维度:时间、空间和内容。从时间上看,跨文化商务交际能力培训可以在任何时间点上进行,以解决阶段性的跨文化问题;从空间上看,跨文化商务交际能力培训包含了在跨国公司母国的培训和在其他经营地的培训等;从内容上看,跨文化商务交际能力培训包含了针对所有可能引起文化冲突的各种因素的培训。

(四)择优性

跨文化商务交际能力培训往往是将两种以上的文化同时向不同文化背景的员工进行讲解和诠释,试图让不同文化背景的员工能更多地了解其他文化的内涵和优势,最终将不同文化的优点融合为企业文化的精髓,这就是跨文化商务交际能力培训的所谓择优性特点。例如,跨国公司在中国合资企业内所进行的有针对性的跨文化商务交际能力培训,不仅向中国本地员工灌输其母国文化,同时也向母国派出人员进行本地文化的教育,最终目的在于创造一种能使不同文化在跨国公司本地分公司融合的环境。

第六节　跨文化商务交际能力培训的基本原则

要使跨文化商务交际能力的培训取得预期的效果,跨国企业在跨文化商务交际能力培训中必须坚持以下四项原则。

一、制定跨文化商务交际能力培训规划

“凡事预则立,不预则废”。通过有效的跨文化商务交际能力培训规划可以事先明确接受跨文化培训的人选,选择跨文化培训的内容和方法,提高跨文化培训的效率。

二、注意归国人员的跨文化逆向培训

大多数跨国企业在对外派人员提供跨文化商务交际能力培训时采用的是“四点”的培训方法,即出发前培训、到职后培训、归国前培训和归国后培训。但是,一般的企业经常忽略归国后培训,他们没有意识到,当外派人员在国外工作很长一段时间后,由于与母国失去了联系,再次回到母国的公司和生活社区时,同样会有文化的逆向冲击,这种逆向冲击造成的伤害有时并不亚于驻外人员初到国外时遇到的文化冲击所造成的伤害,所以,归国人员仍需要进行逆向的跨文化培训。

三、坚持跨文化商务交际能力培训的持久性

跨文化商务交际能力培训是一个长期的过程。从各个角度持之以恒地对员工进行坚持跨文化培训是跨国公司海外业务成功的第一步。

四、注意不同类型人员和不同业务人员的跨文化培训

跨国经营企业中的高层管理者固然需要跨文化商务交际能力培训,企业内的其他成员同样也需要培养文化敏感性。因为,即使是国内的经理人员和一般员工也会接触到来自不同文化的人,如国外的客户、供应商等,对这些不同类型人员和不同业务人员进行跨文化商务交际能力培训有利于企业提高跨文化管理的整体效果。

第七节　跨文化商务交际能力培训的方法

不同的知识认知、不同的情绪体验和不同的行为学习,需要不同的跨文化商务交际能力培训方法。下面介绍跨文化商务交际能力培训中常用的基本方法。

一、讲座法

讲座法主要由专职培训师或曾有过跨文化工作经历的资深员工讲授文化概

念、文化知识、文化理论，由培训对象记忆知识，其效果完全取决于培训师的授课水平。它的应用最为普通，同时也是最古老、最简便、成本最低的一种培训方式。

专家讲授法适用于以下几种情况：第一，专家向受训者介绍文化新领域的可叙述或描述的知识以及受训者可以通过听讲掌握总体概况或基本概念的知识，可以通过讲座来进行；第二，专家讲解一系列可通过主题来分类归纳的相关文化事实，可以以系列文化讲座的形式来完成；第三，在专家即将给受训者布置有关文化学习的研究任务，或者需要解决某个问题之前，受训者需要掌握的基础知识可通过讲座来进行；第四，某些具体的文化资料，受训者自学和阅读十分困难时，讲座可以解决学生因理解困难造成的误解。

讲座法的最大优点是：从教师的角度来看，教师的文化讲座一般都会汇集最新研究成果和最新的研究方法，以及其本人的学习心得与体会，所以能提供给学生许多宝贵的信息资源。从学生的角度来看，学生在听文化讲座时，其听、写和观察能力会得到训练与提高。但是，讲座法也存在缺点：第一个缺点是讲座法是一种单向的交流，学习者很少能获得主动，他们总是被动地处于接受信息的地位，因此很容易对学习感觉无聊，在学习中变得疲惫；第二个缺点是讲座不能达成学习者之间经验或思想的交流和分享；第三个缺点是它强调的是信息的聆听，而且讲授法很难迅速有效地把握学习者的理解程度和转化程度。

在设计上稍作变化，讲座法就可以变成一种比较新的方法，而且也有利于克服单纯的讲座所固有的缺陷。

讲座法的第一种变种是团队讲座。也就是说，由两个或者两个以上的培训师就同一或者不同的文化主题进行讲授。团队讲座有两种用处：一是可以发挥不同培训师的特长，尤其是使这些特长达到一种互补。二是可以使不同的观点进行同台展示，为培训带来更多观点和看法。

讲座法的第二种变种是客座发言。这是事先安排多个发言人，然后让发言人按照事先确定的时间依次出席并进行讲解的方法。这种方法的协调有一定难度，为了使这种方法更加有效，培训师应该事先为发言人设定一个与课程相关的内容框架。

二、影视法

影视法是将要讲授的文化内容或示范的行为拍摄成幻灯片、影片或录像带，或者制成录音带，通过视听的感官刺激，给参加培训的人员留下深刻印象。其优点是：能随时停下播放的片子，伴以培训师的讲解，加深受训者对问题的理解，收到较好的培训效果。多次反复的进行，便于受训者复习所培训的内容。如：通过看电影《勇敢的心》，受训者可以领略原声音乐风笛与呢绒格子裙的魅力，而这些早已成为苏格兰民族的象征。再如:有些电影反映非语言行为的文化差异。在《阿甘正传》中,当丹(Dan)上尉和他的未婚妻出现在佛利斯特(Forrest)与詹妮(Jenny)的婚礼上时,詹妮(Jenny)主动向前和丹(Dan)轻轻拥抱,并贴一下脸,说:"见到你真是太高兴了。"而中国男女初次见面绝不会有此举,在影片中形成鲜明对比的是丹上尉的未婚妻(亚洲人或许是中国人)表现出典型中国人的礼节,她对佛利斯特(Forrest)微笑、握手并用简单的"Hi!"来问候,这与詹妮(Jenny)形成极大的反差。《撞车》反映美国文化;《喜宴》《刮痧》反映中美文化差异;《迷失东京》反映美日文化差异,这些电影都可作为文化学习的素材。

视听资料可以分为两大类:静态的媒体和动态的媒体。静态媒体包括印刷材料、幻灯、投影。现在这些媒体由于计算机技术的使用都已经有些过时了,因为现在所使用的 Power Point 等软件已经完全可以替代这几种媒体,而且在使用的方便程度等多方面都远远优于这些传统的方法。动态媒体多种多样,有录音带、录像带、电影等,是比较传统的能将一个事件按顺序再现的技术,现在这些技术也逐渐为越来越流行的 CD、VCD、DVD 等数字媒体所替代。因为,数字媒体在保存、剪辑、添加字幕等方面的优势是传统的动态媒体无法比拟的。尽管如此,录像带仍然是最流行的跨文化培训技术。在发达国家,对录像资料的使用是很普遍的,有许多现成的电影资料是可供公司选择的。许多公司都自己制作培训节目。它们或者有自己制作录像资料的专家,或者长期聘请这方面的专家为自己服务。这些专家不仅应该是培训方面的专家,还应该懂得影视制作方面的知识。他需要进行拍摄前的准备,包括写剧本、组织演员队伍、布置背景等。录制完成后还需要进行后期制作,包括剪辑和声音与图像的混合等。一些资料显示,录像是除了讲座法之外被利用得最广泛的培训方法。一项比较近期的调查显示,有 69% 的公司使用录像作为跨文化商务交际能力培训的工具。录像带流行的一个重要原因是它可以将培训的材料带到世界各地,而不必将培训师请到现场。现在,微型摄录设备越来越先进,这使得企业制作方面的成本大大降低,而便利程度大大提高,尤其是 DV 方面的进步,使制作变得越来越简单。一些研究者指出,当代青年是看电视长大的一代,对他们来说,视听媒体是一种能获得他们认可的媒体。

三、讨论法

讨论法是将兴趣相同的人聚集在一起讨论并解决某一文化问题,地点一般在宾馆或会议中心,对人数有一定限制。较差的会议效果相当于授课,但较为成功的研讨会则由于结合了其他方法的长处,效果十分理想。这种方法有利于让受训者在讨论中充分表达自己的观点和立场,但是这种方法的一个潜在的弊端是那些对某一文化主题不太了解的受训者可能会产生理解方面的困难。

四、案例研讨法

案例研讨法创始于美国哈佛工商管理学院，之后被广泛应用于管理教育和培训中。

案例研讨法首先由培训师按照培训需求向受训者提供大量真实背景材料并作出相关解释（背景资料通常是一段文字，描述某一个真实的情景并提供足够的细节），之后由受训者依据背景材料来分析问题，提出解决问题的各种方案，并找出最佳方案，达到训练解决实际问题能力的目的。

案例研讨法通常可以通过以下步骤实施：第一，把案例分析材料分发给每个受训者，让他们独立思考，或者以小组为单位分发材料，让他们集体协作，可以要求他们从不同角色的角度分析问题；第二，把小组活动的任务分配给组内不同成员，比如，有的人负责记录小组讨论内容，有的人负责做小组报告；第三，小组报告之后，带领受训者进入经验学习阶段，即让受训者回忆自己的亲身经历，总结自己从案例和小组讨论中得到的结论，并能够应用于实际的跨文化商务交际场景中。

在跨文化商务交际能力培训中，采用案例研讨法的优势在于：第一，案例分析反映了真实的跨文化商务交际的场景，表明这是一个复杂的过程，并不是那么简单。它鼓励受训者向“唯一正确的”或“唯一的途径”等概念提出质疑。第二，案例分析帮助受训者关注影响跨文化商务交际中的各个因素的地位。第三，帮助受训者发现并解决那些由于文化的差异所导致的问题。第四，培养解决问题的不同途径和策略。第五，解决问题的方法是基于不同的文化视角提出的。第六，在案例分析过程中的分析讨论以及辩论，使受训者集思广益、取长补短，扩展了知识面，有很大收获。

案例研讨法的成功与否，取决于培训师和受训者的素质，以及所提供案例的质量。只有这三个方面的有机结合才能创造和谐融洽的学习气氛，产生良好的培训效果。

五、辅导法

辅导是受训者以一对一的方式向经验丰富的员工学习跨文化商务交际能力的在职培训方法。它一般通过指定一个导师或教练，让受训者直接与他们一起密切合作或者工作。一方面，导师或教练负责激励受训者，帮助他们开发跨文化商务交际技能，并对他们的行为提供强化和反馈；另一方面，受训者通过模仿这些优秀管理人员的行为也可以达到提高自己跨文化商务交际能力的目的。一般来说，在使用这种方法时，受训者并不承担具体的经营管理责任，以便于他们能够更好地学习。

六、角色扮演法

角色扮演法是让受训者根据简单的背景资料(如剧本或规定的情景)扮演分配给他们的角色。培训师通常将受训者分成两部分,一部分进入角色情景去处理各种文化问题和矛盾,让其通过表演去体验异文化的感情或体验异文化人们在特定环境中的反应和处理问题的方式。对扮演者来说,从角色扮演中获得的影响是很大的。他或她实际上获得了一个自我发现和自我认知的机会;而另一部分受训者则要认真观察扮演者的行为,在表演结束后要对扮演者的行为进行评价,发表自己的看法。这样就保证了台上台下的受训者都能从这一过程中受益。角色扮演可以应用于跨文化人际关系的培训和跨文化行为领域的培训中。

角色扮演法是在跨文化商务交际能力培训中使用得最广泛的一种体验性培训方法。其优点决定了它受欢迎的程度。角色扮演法的优点包括:第一,具有互动性和行为性。角色扮演法让受训者积极地参与到整个培训过程中,并对受训者的行为演示给予指导,实现了培训者与受训者之间的双向互动。第二,教会受训者进行换位思考。受训者通过扮演与实际工作岗位不同的角色,可以学会从异文化的立场来考虑问题,以及在生活中如何与来自异文化的人们进行更好地交流,进而加深彼此之间的理解,增强合作精神。第三,重塑或改变受训者的态度或行为。角色扮演可以使受训者对过去类似行为或者做法进行反思,在此基础上认真思考并实践新的行为和做法,从而达到重塑、改变其态度或行为的目的,有助于促进新想法、新策略的产生。

但是,这种方法的缺点同样明显:第一,在角色扮演中,角色扮演者所能获得的情景信息比较少,这不利于扮演者的正确参与。第二,受训者的主观反应直接影响培训效果。如果受训者准备充分,态度积极,全神贯注地投入整个扮演过程,那么角色扮演法将是非常有效的培训形式,反之,则将收不到多大成效,受训者可能仅仅将角色扮演看成是儿戏,从中仅仅获得一种娱乐,完成扮演后并不能将体验带回到工作中。第三,受训者按照固定的角色活动,这就限制了他们的发挥空间和创新行为。第四,对培训者和受训者都有比较高的要求,例如,组织能力和表现能力等。

在了解了这一方法的优缺点后,我们就比较容易克服其缺点,发挥其优点。在运用角色扮演这一方法时,为了使受训者获得更好的体验,培训师应该在开始角色扮演活动之前、扮演过程中和扮演之后起到重要的指导作用。在扮演开始之前,培训师应该首先向受训者说明角色扮演的意义,让受训者产生愿意积极地投入到活动中去的动机,培训者还应该认真地挑选扮演者,不是所有的受训者都适合扮演角色,应该挑选那些有表现欲望,性格外向的学员。此外,培训师还应该说明扮演的方法,说明各种各样的角色的情况,说明活动的时间安排,还应该说明观众应该观察什么、准备什么。在角色扮演开始后,则应该对活动进行控制。应该控制的要点包括:活动的时间、受训者感情的投入程度、各个小组的关注点。扮演的活动与受训者的关系越密切,他们就越不会分散精力。在扮演结束后,培训师应该提问,提问可以帮助受训者回忆和理解活动。扮演后的讨论也很重要,这可以使受训者有机会分享自己的感受。可以供讨论的主题包括:在练习中发生的事情,他们在扮演中学到的东西,通过参与活动积累了什么跨文化商务交际经验,他们自己如果再遇到这样的情形将采取什么行动,如何将学习到的东西运用到工作中去等。有许多公司尝试将角色扮演的活动录制下来,在回放中能获得很好的效果,扮演者能更好地对自己的表现和行为进行自我观察。

七、敏感性训练法

敏感性训练法也称"T 小组训练法"。"敏感性"是指对自我、对他人和人与人之间关系的敏感程度,这是美国心理学家勒温(Lewin)于1964年创建的一种改善人际关系和消除文化障碍的方法。这种训练的假设前提是:接受敏感训练而变得敏感的雇员会觉得比较容易作为一个小组的成员和其他组员和睦相处、协调工作。因此,通过敏感性训练可以使员工学会如何进行有效的交流,如何细心地倾听以了解自己和别人的情感,从而加强人们的自我认知能力和对不同文化环境的适应能力,并促使来自不同文化背景的员工之间进行有效的沟通和理解。敏感性训练的一般方法是把10~15名员工集中到实验室或远离企业的地方,由心理学家对他们进行训练,为期1周~2周。在培训过程中,受训员工没有任何任务和负担地相互坦诚地交谈,内容也只局限于他们之间当时发生的事情。通过这种方式,受训者能够发现和学习原来自己没有注意到的文化差异,打破心中的文化障碍,增强不同文化间的合作意识和联系。实践证明,通过敏感性训练可以明显减少跨国企业员工的文化偏见,增加相互间的信任感和内部控制倾向,提高员工对不同文化的鉴别能力和适应能力。

八、关键事件分析法

关键事件是指在某一情景中出现的,由于交际双方的文化差异所导致的误解、问题或者冲突。关键事件只描述发生的事情,并提供交际各方的感受和反应,并不解释在此情景中交际各方的文化差异,受训者通过观察思考,自主发现文化差异。使用关键事件分析法的目的是使受训者经历各种各样的,在与另一文化的人们交际时或是在另一文化中可能遇到的困难问题和冲突情景。

在文化培训中,关键事件策略可以有不同的变化,培训师可以把几个事件组合起来说明一个概念或过程。采用关键事件分析法的目的在于:第一,使受训者意识到自己对关键事件中人物的行为、态度和反应的理解和解释是特殊的而且是由母语文化决定的。第二,分享、比较并且分析受训者不同的解释和理解。第三,澄清关键事件中可能导致误解、问题和冲突发生的文化差异,澄清关键事件中影响到受训者和关键事件中人物的不同解释和理解的文化差异。第四,帮助受训者了解来自不同文化的人们存在差异,不同文化之间也存在差异。第五,帮助受训者了解在相似情景中,什么才是得体而有效的行为。第六,使受训者意识到自己该学什么,增强他们继续学习的动机。第七,为受训者参加培养解决跨文化冲突能力的角色扮演做好准备。

培训师在设计关键事件的时候,要注意以下几个问题:第一,确定关键事件中的主要角色。第二,提供足够的背景知识。第三,必要时,暗示关键事件发生的时间和地点。第四,简要描述事件发生的顺序。第五,描述来自关键事件中人物所在文化的人们会怎样做,他(她)的感受、想法和行动。第六,条件合适的情况下,描述一下来自其他文化的人们会怎么做。

九、文学作品阅读法

文学是一个民族社会文化生活的缩影,是重新解读人与世界关系的历史节点,它反映现实世界的精华。因此,文学作品阅读是必不可少的培养受训者文化差异敏感性的主要途径。文学作品反映的文化背景是相当广泛的,表层的文化背景知识包括民族的风俗习惯、生产方式、文化传统及社交准则等,深层的文化背景知识包括民族的思维方式、价值观念和民族心态。广泛的阅读能够使学员在更深的程度上来理解文化,理解不同民族的意识形态、价值观、民族心理以及行为模式。培训师可以选择一些经典的、可读性较强的文学作品来培养学员的文化敏感性和文化宽容性。

十、行为塑造法

行为塑造法的理论基础是社会学习理论。社会学习理论认为,我们的许多行为模式是通过观察别人而得来的,而我们的行为模式也可以通过看到别人使用这些行为而得到强化。在组织中,员工也要学习各种各样的行为,这当中有工作性行为也有非工作性行为。员工是通过观察主管、经理、同事等来学习行为的。模范角色的行为示范对人的影响是很大的。

在跨文化培训中,行为塑造法利用生动的演示或录像带来说明有效的跨文化人际交往与技巧,以及经理在各种文化情境下应对的方法,培训对象可将自己的行为与角色行为相比较,找到差别,获得启示。

行为塑造法的具体操作如下:第一,向受训者解释所要培训的跨文化管理技能,并说明每一关键行为的理由。第二,向受训者展示良好的跨文化管理技能或行为,这一步一般都通过播放录像带来进行。第三,为受训者提供角色扮演的机会来实践这些管理行为。第四,还要对录像带中的样板行为和受训者的角色扮演行为对比和讨论,帮助受训者理解这些关键行为怎样被应用到实际工作中去,并对他们的角色扮演行为进行反馈和纠正。在行为塑造培训中,受训者所扮演的角色以及被样板化的关键行为,都是根据受训者所处的真实工作环境可能应用到的技能和行为,以及可能发生的各种事件编排出来的。

十一、文化比喻法

文化比喻属于认知培训方式,它是用某种代表性的事物来代表某种文化,并通过对这种事物的描述来深化受训者对该文化特点的把握。

文化比喻培训的具体操作如下:让受训者组成小组,给每个小组分配不同的国别角色,让小组用头脑风暴法完成以下命题:作为某国人,我们将用哪一种事物来比喻这个国家的文化?这种事物可以用来描述这个国家文化的那些侧面?然后每个小组做陈述并回答其他小组成员的提问。

这种培训方法的优点是直观、生动,可以引发人们的深层次思考。它的缺点是有时受训者的思维过于发散,难以准确描述某一种文化的特点;或者由于对文化本身的理解不够,因而回答不太贴切。

美国文化可以被比喻成水蜜桃,皮薄、汁多、核硬。“皮薄”代表美国文化中人际关系很容易建立,走在美国街头的外国人常常有美国人向他们问候致意;“汁多”代表美国文化的多样性,每个人都可以表现自己独特的一面;“核硬”就是强调隐私。虽然美国人的人际关系容易切入,但到一定程度时,个人隐私空间是无法进入的。

德国文化被比喻为记事本。每个德国人都有一个记事本,上面记满了和谁的约定、要做的事。记事本代表德国的时间观是线性的,必须提前预约,遵守约定,在一个时间只能做一件事;记事本代表德国的秩序观,解决问题都是以先来后到的方式进行。

日本文化被比喻成海绵,能大量吸收外来文化。有人估计日本的绳纹文化只相当于中国的仰韶文化,但在数百年间便跃进到接近先秦文化的水平,而这段路程中国走了三千多年;西方从文艺复兴到殖民主义时代经过数百年,而明治维新却只有数十年。这种极其成功的文化上的跃进,在世界上除日本外无第二例,这充分说明了日本民族极其善于学习。跟日本人在一起的时候,千万不要称赞其中一个人,日本人的习惯是要称赞就得称赞整个部门,要么就都不要称赞。其次,在日本公司做事,千万不要做得与别人不一样。

法国文化被比喻为玫瑰花，浪漫但傲慢刺人。法国人喜好社交，社交是生活中的一部分。法国人诙谐幽默、天性浪漫，看到愁眉苦脸的人他们会觉得胃疼。他们的纪律性差，当他们约会迟到时，不要感到惊讶。法国人比较傲慢，自尊心很强，认为世界上的一切法国都是最好的。法国的时装、艺术和美食在世界上是有口碑的。和英国人一样，法国人忌讳数字“13”和“星期五”。他们对艺术品和有纪念意义的礼品情有独钟。

中国文化可以比喻成麻婆豆腐。餐桌礼仪上，谁坐主位、谁是次位，都是权力、关系的线索；“麻婆豆腐”本身就体现了首创这道菜的人名，传递出人情味和亲切感；这道菜的原料是普通的豆腐，加入佐料后，马上变得味道鲜美，这与人际关系一样：普通平淡的关系，一旦被确认为朋友，马上变得特殊，相处起来别有滋味。

十二、图画技术

实践证明，图画技术是跨文化商务交际能力的有效手段之一，它的优势在于：第一，能把抽象的文化理论变得直观、具体。第二，能深入揭示培训主题，触动学员的潜意识。因此，可以从情感和认知两个层面反映学员内心深层次信息。第三，能创造轻松愉悦的培训氛围。

第八节　跨文化商务交际能力培训的新进展

随着人力资源理论和实践的发展以及 IT 技术的应用，传统的培训方式已经不能满足跨文化商务交际能力培训的需求，目前已经发展出了全球性心智模式培训和基于多媒体或互联网的新型跨文化培训模式。

一、全球性心智模式培训

全球性心智模式培训的根本目的是拓宽个体的思路，以便突破过去那种本地区的狭隘眼界，从而形成一个可以包容全世界的心理图式。尽管这种培训模式往往应用在管理者身上，但事实上，这一培训对普通员工和外派人员也同样具有可适性。

全球性心智模式的培训有下述三种主要方式。

（一）利用公司回派人员的作用

回派人员是指在外派到期后，从所在国返回公司总部的管理者或员工。由于这些人员一般具有较好的跨国视野、丰富的海外市场经验、管理技能和良好的语言表达能力,对跨国公司形成全球性心智模式具有较为重要的指导作用。通过回派人员有组织地给母公司同事和下属传授他们的跨文化技能、经验和洞察力,将有利于跨国企业形成“全球性思考,本地行动”的学习习惯,有利于员工的跨地域工作、学习和生活。

(二)海外实地实习

海外实地实习的核心思想是把员工置于海外一段时间,能保证员工学到当地人们的行为方式,又不至于损失员工的宝贵的工作时间。海外实地实习方法具有模拟性,能使涉及此培训的员工在一定程度上“沉浸于国外的文化”之中,能帮助员工形成所谓的全球性领导技能,如:减少主观偏见、拓宽视野和提高人际交往技能。

(三)运用评估中心技术

除了用于传统的人员选拔、员工培训和职业生涯规划外,评估中心能够给管理者提供海外派遣的态度信息、确立企业全球导向的企业文化、形成企业员工的全球性心智模式。近年来,人们设计了特定的评估中心技术并应用在国际商业派遣中,跨文化评估中心(Intercultural Assessment Center,简称 IAC)就是其一。其方法是运用跨文化角色扮演、案例研究、小组讨论和国际谈判模拟等方法来测量候选人对不确定性的容忍度、目标导向、交际能力和元沟通技能等,以此来评估外派候选人的多文化胜任能力。

二、基于多媒体/互联网的培训

随着 IT 技术的发展,网络和计算机的应用使人们在日常生活和学习时更加方便、快捷,于是,大量的教育软件被开发出来帮助人们提高学习的效果。与此同时,多媒体软件和基于因特网的培训也被应用到外派员工的跨文化商务交际能力培训中来。基于多媒体/互联网的培训主要包括以下两项。

(一)多媒体软件

跨文化培训中,有两种著名的多媒体软件:Park Li 公司出品的名为“衔接文化(bridging cultures)”和 Trompenars Hampden - Turner 公司出品的“文化指南(culture compass)”。由 Park Li 公司出品的衔接文化软件,主要是为旅行或居住海外的人而设计的跨文化自我培训项目,企业中未来要被外派的人员也可以用它来进行自我跨文化知识和技能的培训,或者和跨国工作启程前的培训一起使用。“文化指南”软件是根据各国风俗习惯而设计的互动式学习软件工具,在不同文化的商业旅行者、外派人员与具体国家的互动培训中具有引导作用。在外派人员培训中，文化指南软件可以用来解释独特的跨文化问题。

（二）基于互联网的学习和培训

网络技术的飞速发展，使得越来越多的咨询公司通过网络来推销它们的产品，如问卷、信息和其他服务等。在互联网中，各国管理者以及对这些跨文化人力资源管理问题感兴趣的人员可以回忆各自的文化震荡情况以及如何克服这些震荡。这些网站中的许多信息和交流为外派人员提供了可供选择的外派信息资源。

此外，互联网给外派人员提供的另一个价值就是外派人员可以从中获得免费的信息资源。通过互联网，外派员工可以根据自己的实际情况选择不同的跨文化内容来提高自己的海外适应能力。

本章思考题

1. 跨文化交际能力的构成有哪些模型？
2. 你如何理解跨文化商务交际能力？
3. 跨文化商务交际能力培训的作用是什么？
4. 跨文化商务交际能力培训的理论基础是什么？
5. 跨文化商务沟通能力培训的主要内容是什么？有何特点？
6. 跨文化商务沟通能力培训的基本方法有哪些？
7. 跨文化商务交际能力培训有什么新进展？

本章思考案例

我在中兴公司做跨文化商务沟通培训

文化意识培训是企业跨文化沟通培训的基础，只有员工的意识和观念改变了，行为才会随之改变。中兴公司在给管理干部和员工做跨文化沟通培训时，重点宣贯以下的五步思路：定义第一文化、包容第二文化、尊重第二文化、了解第二文化和建立第三文化。

第一步：定义第一文化。

出于人类的本能，我们会倾向于肯定自己多过否定自己，进而认为只有自己的文化才是正统的，而其他文化的人也会认为他们的才是正统的。当我们走出国门，会被夸赞中华民族聪明、勤劳，但也要做好心理准备，可能会听到有人评价中国人善钻营、唯利是图。作为一个专业的跨国经理人，应该学会用中性词来描述和文化相关的事物，避免文化偏见。文化没有好与坏之分，只有合适与不合适之分。每一种文化都有自己的特点，只有在文化和文化的比较中才能显示出来。

在进行跨文化培训时，我经常会用一个提问开始授课："在这个世界上哪一种文化是最好的?"这本身就是一个错误的问题。然后再告诉学员(或者由学员回答)：这个世界上没有可以被称为"最好的文化"，因为每个人都会认为自己的文化是最好的。我们可以热爱自己的母国文化，为她的杰出和优秀而自豪，但如果给外籍人士宣讲时告诉他们中国文化是世界上最好的，贬低了其他文化，就会伤害到其他国家的同事和客户，引起排斥心理。

第二步：包容第二文化。

正如黑格尔(Hegel)所说："存在即合理。"无论是基督教文化、伊斯兰教文化，还是中国的儒家文化，它们强大的生命力都证明了自身的合理性。承认文化差异的存在，是一个现代跨国经营管理者必备的意识和思维模式。有一次在印度进行跨文化培训，我向大家介绍中国："中国有13亿人口，是世界上人口最多的国家"，下面的印度学员马上接口："我们是第二多"，我接着说："中国有5 000年的历史"，印度学员又答："我们的历史比这个还长"。两个文明古国的同事若希望和睦相处，只有互相包容。能够走过几千年而屹立至今的每一种文化都有足够的理由引起我们的重视。

第三步：尊重第二文化。

尊重，是企业文化管理的前提，更是跨文化管理的前提。如果一位国际企业中的经理认为自己的文化价值体系优越，坚持以自我为中心的管理观对待不同文化价值体系的员工，必然会导致管理失败，甚至遭到抵制。

在进行跨文化沟通培训时，要强调跨文化意识存在很多感性的因素。我在授课时谈到的思路和想法都是我自己的，如果学员有任何不同的感受可以随时打断，发表自己的看法，培训是一次分享而不是单纯的授课。

在海外安排培训时间，要尽量配合当地同事的习惯，比如：国内的企业经常会利用晚上或周末的时间给员工进行培训，而在海外很多国家，公司是不可以利用员工的业余时间组织培训的。培训工作者就要按照当地做法，让大家放下手中的工作，利用上班时间参加培训。如果是在伊斯兰国家，还要调整上课时间以避免和本地员工的祷告时间冲突。

第四步：了解第二文化。

有了包容的意识、尊重的态度，对于一个跨国旅行者来说已经足够了，你可以做出一些错误和可笑的行为，当地人会因为你是外国游客而予以同情和谅解。但是，对于一个跨国公司的专业人士而言，仅有尊重和包容是不够的，还要进一步对自己提出专业的要求——了解第二文化，以此作为跨文化培训管理者的努力方向。

有些文化会把宗教信仰或者享受生活排在努力工作之前，企业的人事制度就要考虑到这一点，不能把中国的做法整套照搬。有些文化，甚至地方劳动法，忌谈年龄、婚姻状态等，企业招聘时就要留意，避免被动。小的方面则包括生活习惯，例如，不要试图和穆斯林女性握手；也尽量不要在晚上十点之后打电话给一个天主教家庭，这些细节能够表现出一个跨国培训管理者的专业素养。

一次在孟买的培训中，坐在最前排的一个印度员工在我授课时一直很有节奏地摇着脑袋，开始我以为他不同意我的观点，可他发言时表达的想法却和我的完全一致，然后继续有节奏地摇头。我实在忍不住了，就问他："据我了解，印度文化也是点头代表肯定；摇头表示否定的，你是不同意我的意见吗?"经过他的解释才知道：在印度，如果是有节奏地、缓慢地向两边摆动脑袋是表示同意你的观点，如果不同意，他们会较急促、用力地摇头，动作是不一样的。

在海外做跨文化培训，要学会随时请教，请听课的同事介绍一些当地的文化，比如最流行的食物是什么？婚丧习俗是怎样的？社会的权力距离、个人主义的程度、时间观念、人们崇尚的生活方式等，善于把每一次授课的机会都当成向不同文化学习的机会，在培训学员的同时不断地进行自我培训和提升。

第五步：建立第三文化。

当第一文化和当地的第二文化相遇时，通常会出现三种情形：一是用第一文化同化第二文化，用母国文化对东道国文化实施渗透，甚至侵略。这种方式早期时被少数跨国公司采用，在实践中已遭到当地文化多方面的抵制。二是第一文化被第二文化同化。这是本地化走向另一个极端的例子，努力的方向是好的，但实际上没有哪个跨国公司可以完全摆脱自己母国的管理模式，全盘放弃自己先进的经营理念和优秀的企业文化而无条件地适应当地文化，这样的结果反而会适得其反。当前被普遍采纳的跨文化管理模式是第三种，即建立一种双赢的第三文化。将企业文化建立在一种核心的价值观上，这种价值观应具有开放性、兼容性和持久性的特点，可以和不同的文化融合，以适应本地化管理的需要。

1990 年，麦当劳在中国开了一家分店，地点设在深圳的老街，我马上成了它的常客，巨无霸和罗宋汤都是我的最爱，后来去了北美，找遍了美国和加拿大的麦当劳，竟然没有看到有任何一家供应热汤。后来才知道，热汤是专为中国客人准备的。而据法国回来的朋友讲，法国的麦当劳还有酒水供应，以照顾法国人的餐饮习惯。后来我在印度德里吃巨无霸，居然是咖喱鸡做成的，因为印度教不吃牛肉，这充分体现了麦当劳文化融合的能力，值得其他跨国企业学习。

在企业中，我们还需要时刻关注通过沟通培训促使员工行动的改进。尤其在强调了文化差异以后，帮助大家建立一个高效的跨文化团队、增强员工的凝聚力和归属感，使大家为一个共同的企业愿景和工作目标努力是更加关键的，我经常把“国际员工职业规范”的培训安排在紧接着跨文化培训之后，使各种不同文化的同事在尊重文化差异的基础上一起来执行公司的职业规范，求大同存小异，建立起自己的第三文化。

案例思考题

中兴公司的跨文化商务沟通培训有何特点?

参考文献

中文文献

[1][丹麦]理查德・R.盖斯特兰德.跨文化商业行为[M].北京:企业管理出版社,2004.

[2][美]爱德华・霍尔.无声的语言[M].刘建荣,译.上海:上海人民出版社,1995.

[3][美]爱德华・霍尔.超越文化[M].韩海深,译.重庆:重庆出版社,1996.

[4][美]露丝・本尼迪克特.菊花与刀[M].北京:商务印书馆,2006.

[5][英]史密斯,[加拿大]彭迈克,[土耳其]库查巴落.跨文化社会心理学[M].权大勇等译.北京:人民邮电出版社,2009.

[6][美]埃德加・沙因.组织文化与领导力[M].马红宇,王斌,译.北京:中国人民大学出版社,2011.

[7][美]查尔斯・米歇尔.国际商业文化[M].上海:上海外语教育出版社,2009.

[8][美]海伦・德雷斯基.国际管理:跨国与跨文化管理[M].宋丕丞,译.北京:清华大学出版社,2011.

[9][英]特朗皮纳斯,[英]伍尔莱姆斯.跨文化企业[M].陈永倬,译.北京:经济管理出版社,2011.

[10][瑞士]希尔伯.跨国人力资源管理——管理人译丛[M].李向红,徐卫卫,译.北京:中央编译出版社,2006.

[11]石伟.组织文化[M].上海:复旦大学出版社,2004.

[12]严文华.跨文化沟通心理学[M].上海:上海社会科学院出版社,2008.

[13]陈晓萍.跨文化管理[M].北京:清华大学出版社,2009.

[14]赵曙明.跨国公司人力资源管理[M].北京:中国人民大学出版社,2000.

[15]徐子健.国际商务文化差异管理[M].北京:对外经济贸易大学出版社,2009.

[16]陈春花,曹洲涛,曾昊.企业文化[M].北京:机械工业出版社,2010.

[17]窦卫霖.跨文化商务交际[M].北京:高等教育出版社,2005.

[18]金英,陈勇.国际商务谈判[M].北京:北京交通大学出版社,2010.

[19]贾玉新.跨文化交际学[M].北京:外语教学与研究出版社,1997.

[20]刘圆. 国际商务谈判[M]. 北京:中国人民大学出版社,2011.

[21]姚孝军. 国际商务管理沟通的跨文化研究[M]. 北京: 对外经济贸易大学出版社,2010.

[22]高嘉勇. 跨国公司外派人员跨文化培训——理论与实证[M]. 天津:南开大学出版社,2008.

[23]窦卫霖. 跨文化商务交流案例分析[M]. 北京:对外经济贸易大学出版社, 2007.

英文文献

[1] Mastumoto D, Jang L. Culture and Psychology[M]. 3 Edition. Wadswotth: Thomson learning,2005.

[2]Trompenaars Fons. 21 Leaders for the 21st Century[M]. New York: McGraw – Hill Companies,2001.

[3] Carley H Dodd. Dynamics of Intercultural Communication[M]. 5 Edition. New York: McGraw – Hill Education, 1998.

[4] Hofsted G. Culture ' s Consequences, Comparing Values, Behaviors, Institutions and Orgnization Across Nations[M]. 2 Edition. CA:Sage,2011.

[5] Eva Alcon Soler. Intercultural Language Use and Language Learning[M]. Beijing: Chemical Industry Press, 2007.

[6] Judith N Martin, Thomas K Nakayama. Experiencing Intercultural Communication: An Introduction [M]. 3 edition. USA: McGraw – Hill Education, 2008.

[7]Hall E T. The hidden Dimension[M]. New York: Garden City, New York: Doubleday,1996.

[8] Triandis H C. Culture and Social Behavior[M]. New York: Mcgraw – Hill,1994.

[9]Spitzbery B H, Cupach W R. Interpersonal Communication Competence[M]. Beverly Hills, CA:Sage, 1984.

[10] Thiagarajan S, Steinwachs, B. Barnga: A simulation game on culture clashes. Yarmouth, ME:Intercultural Press,1990.

[11] Belly G. Toward a paradigm shift for intercultural and international communication: New research directions[M] // S A Deetz. Communication yearbook 16. Newbury Park, CA:Sage,1993.

[12] Hall E T. Beyond culture[M]. Anchor Press. New York: Doubleday

Garden, New York. 74 -90.

[13]Brislin R W. Intercultural communication training[M]//M K Asante, W B Gudykunst. Handbook of international and intercultural communication. Newbury park: Sage,1989.

[14] Berry J W, Poortinga Y H, Segall M H, Dasen P R. Cross - culture psychology: research and applications [M]. 2 edition. Cambridge: Cambridge university press,2002.